Daniela Jamin | Heino Stöver [Hrsg.]

Zwischen Haft und Freiheit

Bedarfe und Möglichkeiten einer guten
Entlassungsvorbereitung von Drogengebrauchenden

Onlineversion
Nomos eLibrary

Die Deutsche Nationalbibliothek verzeichnet diese Publikation in
der Deutschen Nationalbibliografie; detaillierte bibliografische
Daten sind im Internet über http://dnb.d-nb.de abrufbar.

ISBN 978-3-8487-8074-7 (Print)
ISBN 978-3-7489-2460-9 (ePDF)

1. Auflage 2021
© Nomos Verlagsgesellschaft, Baden-Baden 2021. Gesamtverantwortung für Druck
und Herstellung bei der Nomos Verlagsgesellschaft mbH & Co. KG. Alle Rechte, auch
die des Nachdrucks von Auszügen, der fotomechanischen Wiedergabe und der Übersetzung, vorbehalten. Gedruckt auf alterungsbeständigem Papier.

Inhaltsverzeichnis

Vorwort   7

1 Aktuelle Praxis   11

    1.1 Aktueller Umgang mit Drogengebrauchenden bei Haftentlassung (Heino Stöver)   11

    1.2 Suchtmittelbelastung von Inhaftierten – Ergebnisse aus der „Bundeseinheitlichen Erhebung zur stoffgebunden Suchtmittelproblematik im Justizvollzug" am Beispiel Niedersachsens (Ulrike Häßler)   41

2 Überblick über Bedarfe, Bedürfnisse und Konsummuster   55

    2.1 Illegale Substanzen im Jugendstrafvollzug – Prävalenz, Entwicklung und Prädiktoren des Konsums (Esther Bäumler)   55

    2.2 Perspektive der Drogengebrauchenden und Fachkräfte – Ergebnisse des EU-Forschungsprojekts „My first 48 hours out" (Daniela Jamin)   70

3 Verbesserte Handlungsmöglichkeiten für die Praxis   93

    3.1 Medizin – Praxis der Substitutionsbehandlung in Haft (Karlheinz Keppler)   93

    3.2 Soziale Arbeit; Drogenberatung, AIDS-Hilfe   103

       3.2.1 Begleitung von drogengebrauchenden Frauen während und nach der Haft (Bianca Shah)   103

       3.2.2 Vorbereitung der Haftentlassung bei Menschen mit chronischen Infektionserkrankungen (Bärbel Knorr)   116

       3.2.3 Das „Therapie statt Strafe"-Prinzip (§ 35 BtMG) im niedersächsischen Justizvollzug – Entwicklungen, Stand und Chancen für die Resozialisierung (Jan Weber & Thimna Klatt)   123

       3.2.4 Drogenhilfe nach Entlassung – Praxisbeispiel Bielefeld (Jan-Gert Hein & Mark Neidert)   165

Inhaltsverzeichnis

    3.3 Übergangsmanagement, Kooperation und Netzwerk   173
          3.3.1 Übergangsmanagement. Erfolgserwartungen und Behandlungsabbruch einer stationären Suchtmitteltherapie (Ulrike Häßler & Marcel Guéridon)   173
          3.3.2 Übergangsmanagement als Netzwerkaufgabe im Fokus von Gesundheit und Substitution (Farschid Dehnad)   193
          3.3.3 Das PLUS für die Haftentlassung – Versorgungsverbesserung durch sektorübergreifende Netzwerke (Gero Moog & Thomas Walker)   211

Autor*innenverzeichnis   227

Vorwort

Zwischen Haft und Freiheit liegen Welten! Hier ein von der Totalen Institution Gefängnis (Goffman) vorgegebener Lebensrhythmus, dort ein relativ selbstbestimmtes Leben (sogar, wenn eine Abhängigkeit von psychoaktiven Substanzen vorliegt). Wie lassen sich Übergänge zwischen den Welten so organisieren, dass drogenabhängige Menschen möglichst wenig Schaden nehmen? Wie kann es gelingen, dass sie Morbiditäts- und Mortalitätsrisiken entgehen und gut ankommen? Die Autor*innen dieses Bandes geben Anregungen – und Beispiele guter Praxis aus den unterschiedlichen Haftformen.

Zunächst wird die aktuelle Praxis vorgestellt; hierbei werden der aktuelle Umgang mit Drogengebrauchenden bei Haftentlassung und die Suchtmittelbelastung von Inhaftierten aufgezeigt. Im Anschluss folgt ein Überblick über Bedarfe, Bedürfnisse und Konsummuster von drogengebrauchenden Inhaftierten. Der Fokus liegt hierbei auf illegalen Substanzen im Jugendstrafvollzug und den Bedürfnissen, Bedarfen und Strategien von Drogengebrauchenden bei Haftentlassung: Welche Haft- und Entlassungserfahrungen bringen sie bereits mit, welche Ressourcen haben sie, um nicht sofort wieder einen Rückfall zu erleben.

Der größte Teil des Sammelbands beschäftigt sich mit Handlungsmöglichkeiten für die Praxis. Hier werden konkrete Handlungsmöglichkeiten in der Praxis aus multiprofessioneller Sicht sowie Beispiele guter Praxis vorgestellt.

Heino Stöver beschäftigt sich mit dem aktuellen Umgang mit Drogengebrauchenden bei Haftentlassung vor dem Hintergrund der notwendigen Überleitungen in Therapien (z.B. HCV-Therapien), Fortführungen von Behandlungen (z.B. Substitutionsbehandlung für Opioidabhängige) und Risikominimierung durch Angebote der Überlebenshilfe (z.B. Ausgabe des Take-Home-Naloxons).

Ulrike Häßler zeigt die Suchtmittelbelastungen von Inhaftierten am Beispiel des Niedersächsischen Justizvollzugs anhand der Ergebnisse aus der „Bundeseinheitlichen Erhebung zur stoffgebunden Suchtmittelproblematik im Justizvollzug" auf. Danach waren zum aktuellen Stichtag 2020 rund 50 % der niedersächsischen Inhaftierten zum Haftantritt entweder abhängig von Drogen oder haben diese missbräuchlich konsumiert. Diese Ergebnisse bilden die Grundlage für eine systematische Ermittlung von Behandlungsbedarfen, v.a. im Bereich des Übergangsmanagements von drogenabhängigen Personen.

Esther Bäumler analysiert die Prävalenz, die Entwicklung und die Prädiktoren des Konsums illegaler Substanzen im Jugendstrafvollzug. Etwa 21,5–30 % der Jugendstrafgefangenen gebrauchen während ihrer Inhaftierung Drogen, v.a. Cannabis. Sie untersucht außerdem nach Geschlechtsunterschieden im Konsumverhalten junger Männer im Vergleich zu dem junger Frauen, nach Veränderungen des Konsums über die Haftzeit hinweg und analysiert Prädiktoren für den haftinternen Drogenkonsum.

Daniela Jamin beschäftigt sich mit den Perspektiven von Drogenkonsumierenden und Fachkräften bei Haftentlassung und referiert dabei die Ergebnisse des EU-geförderten Forschungsprojektes „My first 48 hours out". Besonders für Drogenkonsumierende birgt die Schnittstelle zwischen Haft und Freiheit ein erhöhtes Risiko im Zusammenhang mit erneutem Drogenkonsum (Morbiditäts- und Mortalitätsrisiko) und massiven Auswirkungen auf die psychosoziale Gesundheit.

Karlheinz Keppler zeigt als pensionierter Gefängnisarzt die aktuelle Substitutionspraxis auf und schildert hierbei insbesondere die Herausforderungen für Mediziner*innen im Kontext des Justizvollzugs. Hierbei legt er den Fokus auf die Praxis beim Eintritt in die Haft, während der Inhaftierungszeit und bei Haftentlassung.

Bianca Shah von der Frankfurter Anlaufstelle für straffällig gewordene Frauen beschreibt, wie Frauen so zu unterstützen und zu begleiten sind, dass sie sich nach ihrer Entlassung aus dem Gefängnis im kommunalen Hilfesystem zurechtfinden können und nicht wieder in ihre bekannte alte Umgebung zurückkehren müssen.

Bärbel Knorr von der Deutschen Aidshilfe untersucht die Vorbereitung der Haftentlassung bei Menschen mit chronischen Infektionserkrankungen. Gerade die Gruppe der Drogen gebrauchenden Gefangenen ist gekennzeichnet von hohen Infektionsrisiken durch fortgesetzten Konsum, starken physischen und psychischen Belastungen bis hin zu einer höheren Mortalitätsrate nach Haftentlassung. Chronische Infektionserkrankungen wie Hepatitis C, Hepatitis B und HIV sind in dieser Population verbreitet.

Jan Weber und Thimna Klatt beschäftigen sich mit den Entwicklungen, dem Stand und den Chancen des Prinzips „Therapie statt Strafe (§ 35)" für die Resozialisierung von Gefangenen am Beispiel des Niedersächsischen Justizvollzuges. Sie diskutieren mögliche Ursachen für den auffälligen Rückgang der Anwendung dieses Übertritts in eine Suchttherapie.

Jan-Gert Hein und Mark Neidert untersuchen die Angebote nach Haftentlassung am Praxisbeispiel Bielefeld. Netzwerkarbeit ist auch hier ein zentrales Thema.

Ulrike Häßler und Marcel Guéridon analysieren den Übergang von der Haft in die stationäre Entwöhnungsbehandlung (nach § 35 BtMG) und betrachten in diesem Zusammenhang die Erfolgserwartungen und Behandlungsabbrüche. Bundesweit werden ca. 230 Inhaftierte pro Monat aus der Haft heraus in eine stationäre Entwöhnungsbehandlung entlassen.

Farschid Dehnad aus dem Niedersächsischen Justizvollzug berichtet von einem erfolgreichen Projekt aus Hannover, in dem bei dem Übergangsmanagement der Fokus auf Gesundheit und Substitutionsbehandlung Opioidabhängiger gerichtet wird. Das wurde in einem weiten Netzwerk aller relevanten Akteur*innen realisiert.

Gero Moog und Thomas Walker berichten über die PLUS-Gesundheitsinitiative, die eine ganzheitliche Versorgung mit einem partizipativen Ansatz verfolgt: „Das PLUS für die Haftentlassung – Versorgungsverbesserung durch sektorübergreifende Netzwerke" Die PLUS-Initiative* verfolgt das Ziel, die regionale Gesundheitsversorgung von Drogenkonsumierenden und Substituierten nachhaltig und strukturell zu verbessern. Ein 2014 gegründetes Netzwerk will gesundheitliche Chancenungleichheiten abbauen und die Betroffenen besser an das Versorgungssystem anbinden. Zu diesem Zweck werden niedrigschwellige Präventions- und Unterstützungsangebote initiiert, Zuweiser-Strukturen aufgebaut und Substitutionspatient*innen weiter stabilisiert.

Wir hoffen, allen Leser*innen eine gute Grundlage für die Verbesserung des Übergangsmanagements zu geben und würden uns freuen, wenn Sie mit Anregungen, weiterführenden Materialien und Ideen auf uns zukommen würden!

Frankfurt am Main im Januar 2021

Daniela Jamin   Prof. Dr. Heino Stöver

1 Aktuelle Praxis

1.1 Aktueller Umgang mit Drogengebrauchenden bei Haftentlassung (Heino Stöver)

Einleitung

Trotz gegenläufig ausgerichteter Bestrebungen der Strafverfolgungsbehörden wird deutlich, dass der *Konsum illegaler und auch legaler Drogen für Inhaftierte in den letzten 30 Jahren zur Alltagsrealität* geworden ist – und zwar mit steigender Tendenz (Jamin/Stöver 2020 a+b; Stöver 2020; Gerlach/ Stöver 2012; Thane 2013). Damit verbunden sind gesundheitliche Folgeprobleme für die Betroffenen (vor allem Abhängigkeiten, virale Infektionskrankheiten, Drogennot- und todesfälle, Komorbiditäten) und soziale Notlagen (Beschaffungsdruck im Gefängnis mit neuen Abhängigkeiten, Gewalt, Verschuldungen). Das Gefängnis bildet spiegelbildlich gesellschaftliche Probleme und individuelle Notlagen Drogenabhängiger ab: Drogennotfall, Drogentod in Haft, aber vor allem unmittelbar nach Haftentlassung, Zunahme der Zahl der Drogengebraucher*innen, Händlerhierarchien, verunreinigte und gestreckte Stoffqualitäten mit unkalkulierbaren Reinheitsgehalten, Infektionsrisiken (HIV/Hepatitiden) durch gemeinsamen Gebrauch insteriler Spritzbestecks, da offiziell keine sterilen Spritzen im Vollzug erhältlich sind. Die Organisation des Drogenkonsums, der Beschaffung, des Verkaufs von Gegenständen verbunden mit Bedrohungen – auch von Freunden und Familienangehörigen in Freiheit, Schuldeneintreiben und Erpressungen schafft ein Klima von Hektik, Dynamik, oftmals auch Gewalt, das von vielen als völlig vom Drogenthema dominiert erlebt wird.

Die Gruppe der Gefangenen, *die abhängig von einer oder mehrerer illegaler Substanzen sind*, bildet etwa ein Drittel im Männer- und mehr als die Hälfte im Frauenvollzug (Jamin/Stöver 2020a+b; Jakob/Stöver/Pfeiffer-Gerschel 2013). Für diese Gruppen stellt sich die Frage, ob die Abhängigkeit bei der Inhaftierung verschwiegen wird, um befürchteten Nachteilen während des Vollzugs der Strafe zu entgehen (Angst vor Stigmatisierung und Diskriminierungen, oder davor von Mitgefangenen unter Druck gesetzt zu werden, keinen Zugang zu bestimmten Privilegien – wie z.B. Küchendienst – zu erhalten etc.). Allerdings sind viele Gefangene bereits in den Anstalten als

1 Aktuelle Praxis

"Drogenabhängige/-gefährdete" bekannt oder es geht aus dem Urteil, persönlichen Angaben oder positiver Urinkontrollen bei Inhaftierung hervor. Kann die Abhängigkeit oder der fortgesetzte Missbrauch von Drogen verschwiegen werden, wird der oder die Gefangene versuchen Entzugssymptome selbst zu bewältigen, ggf. unter Zuhilfenahme bestimmter schmerzlindernder Substanzen. Möglicherweise ist auch bereits im Polizeiarrest ein Entzug durchgeführt worden. Wird der Drogenkonsum, die Abhängigkeit in der Eingangsuntersuchung benannt, kann der medizinische Dienst adäquate Entzugsbehandlungen einleiten. Dies ist vor allem für Opioidabhängige von besonderer Bedeutung, denn eine qualifizierte Entzugsbehandlung hier sieht die Anwendung anerkannter Substitutionsmitteln – wie Methadon oder Buprenorphin – in angemessenen Schritten vor (Keppler 2009; Kastelic et al. 2008).

Übereinstimmend wird heute *Drogenabhängigkeit als Krankheit* verstanden (Poehlke et al. 2020. Der vollzugliche Umgang mit Drogenabhängigen schwankt jedoch zwischen den Bewertungen „krank", „charakterschwach" und „kriminell". Die gleichzeitige Etikettierung als krank – infolgedessen nicht verantwortlich für das eigene Handeln- und als kriminell verursacht außer der Doppeldiskriminierung situative, interaktionelle und Verwirrung bei den Bediensteten. Bei den Betroffenen führt sie zu Verunsicherung über die eigene Identität und Rollenerwartung.

Kriminalisierung der Konsument*innen und Drogenkonsum in Haft

Der Prozess der Kriminalisierung der Konsumierenden illegaler psychoaktiver Substanzen hat in Deutschland ein hohes Ausmaß angenommen. Die Zahl der polizeilich festgestellten Rauschgiftdelikte steigt seit vielen Jahren kontinuierlich an (siehe Abb. 1) und belief sich 2019 auf 359.747 Fälle (Cousto/Stöver 2020: 120ff.). Bei den auf Cannabis bezogenen Delikten stieg im Zeitraum von 1993–2019 die Zahl der erfassten Delikte um mehr als das Vierfache, nämlich von 50.277 im Jahr 1993 auf 221.866 im Jahr 2019. Dies entspricht einem Anstieg um 341,3 Prozent, seitdem 1993 zum ersten Mal nach dem Beitritt der sogenannten „neuen Bundesländer" zur Bundesrepublik eine gesamtdeutsche Kriminalstatistik erschien.

Obwohl mit dem BtMG in erster Linie Händler*innen und Schmuggler*innen verfolgt werden sollten, lag der Anteil der auf den Konsum bezogenen Delikte (allgemeine Verstöße gemäß § 29 BtMG) nie unterhalb von 60 Prozent. Bis kurz nach der Jahrtausendwende schwankte der besagte Anteil stets zwischen 60 Prozent und 70 Prozent (einzige Ausnahme 1972), um dann im Jahr 2004 seit Jahrzehnten wieder die 70 Prozent Marke zu überschreiten. Im Jahr 2019 erreichte dieser Anteil den neuen historischen Höchstwert von 79,1 Prozent. Bei Cannabis-bezogenen Delikten liegt der Anteil der sog. konsumnahen Delikte (BKA), d.h. um Mengen zum Eigenbedarf, sogar bei 84 %.

Die Zahl der Tatverdächtigen wegen Verstoßes gegen das BtMG lag 2019 bei 284.390 Personen; ca. 30 % davon waren Jugendliche und Heranwachsende.

Die Repression gegen die Drogenkonsument*innen hat in den letzten Jahren ein Rekordniveau erreicht. Die Zahl der Delikte, die im Zusammenhang mit Cannabis standen, betrug 221.866, darunter entfielen auf sog. konsumnahe Delikte im Zusammenhang mit Cannabis und seinen Zubereitungen im Jahre 2019 186.367 Strafanzeigen. Damit ist ebenfalls ein neuer Höchststand erreicht und stellt ca. 51 % der gesamten Rauschgiftkriminalität.

Abb.1: Betäubungsmitteldelikte in Deutschland insgesamt und Delikte bezogen nur auf Cannabis (Cousto/Stöver 2020: 121)

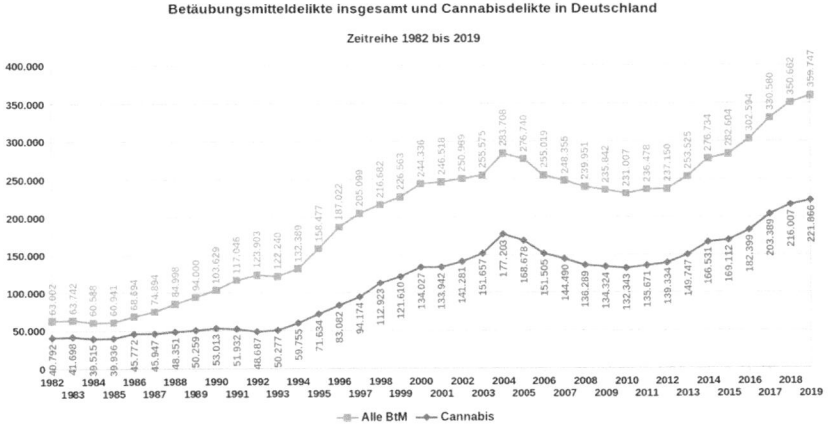

Die häufigsten Formen der Verurteilungen nach dem BtMG sind Geldstrafen, Freiheitsstrafen auf Bewährung und Freiheitsstrafen ohne Bewährung. Im Jahr 2017 wurden 9.304 (18,2 %) derjenigen, die eine Straftat nach dem BtMG begangen haben, nach dem BtMG zu einer Freiheitsstrafe auf Bewährung verurteilt.

1 Aktuelle Praxis

Im Jahr 2018 wurden 64 350 Personen aufgrund eines BtMG-Verstoßes verurteilt (Statistisches Bundesamt 2018). Davon befanden befanden sich zum Stichtag 31.03.2019 insgesamt 6 796, d.h.13,4 % aller Gefangenen, in Einrichtungen des Freiheitsentzugs (50 589 Strafgefangene und Sicherheitsverwahrte insgesamt). Unklar ist, ob es sich dabei um Konsumierende, Abhängige oder Händler handelt. Man geht aber davon aus, dass ein erheblicher Teil, der wegen BtMG-Verstößen Inhaftierter selbst Drogen konsumiert bzw. davon abhängig ist, und darüber hinaus weitere Drogenkonsumierende beispielsweise wegen Beschaffungskriminalität verurteilt wurden, die in den Statistiken unter anderen Kategorien als BtMG-Verstößen aufgelistet werden (Jakob/Stöver/Pfeiffer-Gerschel 2013; Stöver 2012). Zudem sind vermutlich auch einige „unauffällige" Drogenkonsumierende inhaftiert, d.h. Personen, die noch nie wegen ihres Drogenkonsums polizeilich auffällig geworden sind, und auch solche, die erst in Haft beginnen Drogen zu nehmen (Thane 2013).

Hellmann et al. zeigen in ihrer Untersuchung auf, dass Drogendelikte der Anlass für die gegenwärtige Haftstrafe bei 19,5 % der Männer, 26,2 % der Frauen und 15,4 % der Jugendlichen war (Hellmann et al. 2014). In Baden-Württemberg (Reber 2011) haben laut einer Untersuchung 21 % der Inhaftierten kurz vor ihrem Haftantritt illegale Substanzen konsumiert, v.a. Cannabis (40 %) und Opiate (19 %). In niedersächsischen JVA's berichteten rund 40 % einen Konsum von illegalen Drogen kurz vor Haftantritt, vor allem von Marihuana (27 %) und Opiaten (17 %). In einer großangelegten Studie des Wissenschaftlichen Institut der Ärzte Deutschlands mit 1.582 befragten Inhaftierten wurde die Lebenszeitprävalenz von Gefangenen für verschiedene Substanzen wie folgt ermittelt: 66 % Cannabis, 37 % Heroin, 45,3 % andere Drogen. Von den befragten Inhaftierten gaben an in Haft schon konsumiert zu haben: 40,7 % Cannabis, 25,2 % Heroin, 23,9 % andere Drogen (Eckert/Weilandt 2008). Hierbei gibt jeweils ein kleiner Anteil (1,8 %-3,5 %) an, diese Substanzen nur in Haft zu konsumieren (ebd.).

Gegenwärtig muss man bei etwa 50.589 (31.3.2019) Strafgefangenen und Sicherungsverwahrten (Statistisches Bundesamt 2020) von ca. 30 % opioiderfahrenen Gefangenen (ca.15.000) ausgehen (ohne Maßregelvollzugsanstalten, Polizeiarrest) – im Verlaufe eines Jahres von etwa doppelt so vielen. Etwa jeder Zehnte der allgemein angenommenen Gesamtzahl von mind. 160.000 problematischen Drogenabhängigen ist somit inhaftiert. Bei 11.000 zur Verfügung stehenden Therapieplätzen befinden sich also etwa 1,5 Mal mehr Drogenkonsument*innen im Gefängnis als in Therapieeinrichtungen (Stöver 2012).

1.1 Aktueller Umgang mit Drogengebrauchenden bei Haftentlassung (Heino Stöver)

Die repräsentative "DRUCK"-Studie des Robert Koch Instituts (2016) beschreibt den Prozess der Kriminalisierung von Drogenabhängigen: Von den mehr als 2.000 in Freiheit befragten Drogenabhängigen waren 81 % bereits inhaftiert. Die mittlere Haftdauer betrug fünf Jahre, im Mittel waren die Befragten 5,6 Mal inhaftiert. Drogenabhängige verbüßen also überwiegend Kurzstrafen, zu einem erheblichen Teil auch Ersatzfreiheitsstrafen, weil sie die Geldstrafe nicht zahlen können (Hößelbarth/Stöver/Vogt 2011). Die hohe Anzahl der Strafen bewirkt erhebliche Brüche vor allem im Übergang von der Haft in die Freiheit, wo Wohnungs- und v.a. Krankenversicherungsprobleme entstehen. Laut einer Problemanzeige der Sucht-Fachverbände dauert es oft mehrere Wochen bis die Inhaftierten nach der Entlassung wieder gesetzlich krankenversichert sind. Dies stellt insbesondere für chronisch Kranke mit hohem Medikamenten- bzw. Behandlungsbedarf ein erhebliches gesundheitliches Risiko dar.

Die hohen Hafterfahrungen zeigen, dass soziale Exklusion zum regelhaften Teil der Biographie vieler Drogenkonsumierenden wird – im Verlauf ihrer Drogenkarriere scheint der Haftaufenthalt früher oder später kaum vermeidbar mit entsprechendem Risikoverhalten während der Haft und Stigmatisierungen nach der Haftentlassung.

Laut der Daten der „DRUCK"-Studie haben 30 % der jemals Inhaftierten in Haft Drogen injiziert, und 11 % der je Inhaftierten mit intravenösem Drogengebrauch haben in Haft ihren i.v.-Konsum begonnen. Boys u.a. (2002) berichten, dass über ein Viertel der Heroinkonsumierenden angab, mit dem Konsum in Haft begonnen zu haben. In einer anderen britischen Studie gab rund ein Fünftel der intramuralen Drogenkonsumierenden an, den Konsum, v.a. von Heroin, in Haft begonnen zu haben (Singleton/Farrell/Meltzer 2003). Von Inhaftierten mit einer gegenwärtigen medizinischen Problematik gaben rund 40 % an, Drogen missbräuchlich oder abhängig zu konsumieren (Marushak 2008). Studien in Europa fanden, dass bis zu 60 % der intravenös (i.v.) Drogenkonsumierenden auch nach einer Inhaftierung weiterhin i.v. Drogen konsumieren (Stöver/Weilandt/Zurhold et al. 2008).

Insgesamt muss davon ausgegangen werden, dass es sich bei drogenbezogenen Delikten im Wesentlichen um Kurzstrafen handelt, d.h. aber auch gleichzeitig, dass die Übergänge von der Freiheit in die Haft und von der Haft in die Freiheit erhebliche gesundheitliche und soziale Risiken bergen, insbesondere was fatale Überdosierungen, Infektionsrisiken unmittelbar nach Inhaftierung und Haftentlassung anbelangt (WHO 2014), aber auch den Wohnungsverlust, Wiedereintritt in die gesetzliche Krankenversicherung. Der Strafvollzug – das zeigen diese Daten – wird zu einer

1 Aktuelle Praxis

Durchgangsstation, zu einem wichtigen Teil der Biographie für die meisten Drogenkonsumierenden.

Damit wird deutlich, dass eine Inhaftierung ein hohes Risiko darstellt, gesundheitlich risikoreiche Konsumpraktiken einzuüben, die nicht nur hohe Drogennotfall- sondern vor allem Infektionsrisiken bergen (UNODC 2016).

Der *Anteil von Frauen mit Drogenkonsumerfahrungen und Drogenkonsumproblematik* ist unter Inhaftierten hoch. In Deutschland wird davon ausgegangen, dass ca. 50 % der inhaftierten Frauen einen problematischen Drogenkonsum bzw. eine Abhängigkeit aufweisen (Stöver/Trautmann 2009). Eine Untersuchung im Bremer Frauenvollzug ergab einen Anteil von 73 % Drogenkonsumentinnen der am Stichtag inhaftierten Frauen für den geschlossenen Vollzug (Kolte/Schmidt-Semisch 2006). Insbesondere jüngere Frauen unter 30 konsumieren zu einem größeren Anteil Drogen als ältere Frauen (Plugge/Yudkin/Douglas 2009: 215). Drogenkonsumierende inhaftierte Frauen sind mit einer Vielfalt an Problemlagen konfrontiert. Dazu gehören die instabile familiäre Situation, eine ungenügende Schul- und Berufsbildung, finanzielle Abhängigkeiten von staatlichen Versorgungsleistungen, Drogenkonsum als Bewältigungsverhalten, eine hohe Zahl an Vorverurteilungen und wiederholte Hafterfahrungen, die Häufung psychischer Problemlagen, sowie die Vielzahl an schwerwiegenden Infektionen und Erkrankungen (Kolte/Schmidt-Semisch 2006: 21f.).

Gesundheitliche Chancenungleichheit

Eine Verurteilung zu einer Freiheitsstrafe bedeutet für Drogenabhängige nicht nur soziale Exklusion und regelhaft ein Leben in relativer Einkommensarmut, sondern darüber hinaus auch den Ausschluss von gewohnten oder notwendigen suchtmedizinischen Angeboten. Während bspw. in Freiheit ca. 40–50 % aller Opioidabhängigen von der medikamentengestützten Behandlung Opioidabhängiger mit Agonisten oder Partialagonisten einer mittlerweile breiten Medikamentenpalette (Methadon, Buprenorphin, retardierte Morphine, Diacetylmorphin, Codein) profitieren, sind es in Haft nur ca. 23 % aller opioidabhängigen Gefangenen (Die Drogenbeauftragte der Bundesregierung 2019; Stöver 2014), denen dann auch nur eine eingeschränkte Medikamentenpalette zur Verfügung steht (Stöver 2013). Sie profitieren also nicht, bzw. nicht ausreichend vom Fortschritt der Suchtmedizin/-therapie und bleiben ausgeschlossen von modernen Beratungs- und Behandlungsmöglichkeiten.

1.1 Aktueller Umgang mit Drogengengebrauchenden bei Haftentlassung (Heino Stöver)

Der Strafvollzug steht insbesondere unter dem Druck der Öffentlichkeit, das Gefängnis als „drogenfreien Raum" zu gestalten. Nur wenige Anstalten sprechen offen über vorhandene Drogenprobleme und bieten adäquate Hilfen an: Dies wird oft gleichgesetzt mit einem Scheitern des Sicherheitsauftrages und einer Desillusionierung in Bezug auf Undurchlässigkeit des Gefängnissystems. Nach wie vor gibt es eine erhebliche Zahl von Anstalten, die einen Drogengebrauch entweder nicht beobachten oder ihn aus justizpolitischen Motiven ignorieren und leugnen. Unter diesem Umstand, dass eigentlich „nicht sein kann, was nicht sein darf", ist der Umgang mit Drogenabhängigen im Vollzug ein Balanceakt zwischen einerseits den Erwartungen an die Erfüllung seines Resozialisierungsauftrages und andererseits den Realitäten eines verbreiteten Drogenkonsums vieler Gefangener und z.T. politisch stark eingeschränkter Handlungsmöglichkeiten zur Bewältigung dieses Phänomens. Gegenüber diesen Entwicklungen existieren lediglich zwei Reaktionsmuster: Zum einen kann versucht werden, den Strafvollzug noch weiter abzuschotten. Sofern dadurch Drogenzufuhr und -konsum überhaupt reduziert werden könnte, ist dies vor dem Hintergrund eines resozialisierenden Auftrags mit dem Ziel von weitgehender Außenorientierung des Strafvollzuges kritisch zu betrachten. Zudem würde dies zu Lasten auch Nicht-Betroffener Gefangener gehen. Zum anderen kann man innerhalb des Spannungsfeldes von Sicherheit und Ordnung auf der einen und Hilfsangeboten auf der anderen Seite realitäts- und bedürfnisgerechte Hilfen entwickeln. Diese sollten pragmatische Ziele verfolgen und machbar sowohl für den Vollzug als auch für die Gefangenen sein. Deutlich wird allerdings, dass die Arbeit mit Drogenkonsumierenden im Justizvollzug nur unter sehr eingeschränkten räumlichen und methodischen Bedingungen stattfinden kann. Drogenszene und Hilfeangebote fallen räumlich zusammen, es gibt keine Toleranz des Konsums: Sicherheits- und Ordnungsaspekte strukturieren und dominieren klar den Anstaltsalltag und die Umgangsweise mit den drogengebrauchenden Gefangenen.

Drogenkonsumierende und -abhängige Gefangene werden systematisch von Schutzmitteln und -möglichkeiten ausgeschlossen und können sich deshalb nicht wirksam vor Infektionskrankheiten schützen. Evidenz-basierte Strategien, wie die Spritzenvergabe auch in Haft (Stöver/Knorr 2014; Stöver/Hariga 2015) als wirksame Mittel zur Reduktion der Verbreitung von viralen Infektionskrankheiten und des illegalen Drogenkonsums, sind in Deutschland äußerst selten: Lediglich die Frauenhaftanstalt Lichtenberg in Berlin gewährt den Gefangenen seit etwa 20 Jahren einen Zugang zu

1 Aktuelle Praxis

sterilen Spritzbesteck (Staack 2014), was bedeutet, dass nur etwa 0,5 % aller Haftanstalten eine effektive Infektionsprophylaxe betreiben.

Ein weiteres Beispiel für die Schwierigkeit des Umgangs mit Drogenabhängigen besteht darin, dass sie in der Regel als „nicht lockerungsgeeignet" betrachtet werden, so dass hier von einer Schlechterstellung gegenüber anderen Gefangenen ausgegangen werden kann. Da von Seiten des Vollzuges gemutmaßt wird, es würde zu einem Konsum illegalisierter Substanzen während der Lockerung oder des Urlaubs kommen, wird dies häufig abgelehnt. Somit kommt für diese Gefangenengruppe auch die vorzeitige Entlassung häufig nicht zum Tragen, da hierfür die Voraussetzung einer Bewährung unter Lockerungen gilt. Dies kann für Gefangene ein Argument sein ihre Konsumerfahrungen der JVA zu verschweigen, wenn es möglich ist (Stöver 2016).

Drogenbedingte infektiologische Folgeerkrankungen: HIV/AIDS, HCV, Tuberkulose, sexuell übertragbare Erkrankungen (STIs)

Seit Mitte der 80er Jahre ist der Justizvollzug zunehmend mit der Verbreitung *viraler und bakterieller Infektionskrankheiten* wie HIV/AIDS, Hepatitiden (A, B und C), STIs und Tuberkulose konfrontiert. Die anfängliche Hysterie ist mehr und mehr einer nüchternen Betrachtung der tatsächlichen Gefährdung für (Mit-)Gefangene und Bedienstete gewichen. Anfängliche Rufe nach Isolation und Zwangstestung aller Gefangenen sind weitgehend verstummt. Der Normalisierungsprozess gegenüber HIV/AIDS drückt sich aus in dem Abbau diskriminierender formaler Umgehensweisen in den Verwaltungsvorschriften vieler Justizbehörden (Stöver/Lines 2006). Mehr und mehr setzt sich – allerdings mit erheblichem Zeitverzug – auch in den Gefängnissen die Wahrnehmung von HIV/AIDS als einer chronischen, aber behandelbaren Krankheit durch.

Trotzdem bestehen nach wie vor erhebliche Problembereiche für HIV-Infizierte oder bereits an AIDS erkrankte Gefangene. Dazu kommt, dass mit der langjährigen Fixierung auf HIV/AIDS den ebenso existentiell bedrohlichen Hepatitis-Infektionskrankheiten (B u. C) zu wenig Beachtung geschenkt wurde (vgl. *Aktionsbündnis HCV* 2013). Die Herausforderung für den Strafvollzug und die Gesundheitsfürsorge lautet daher: Bekämpfung der Infektionskrankheiten allgemein und nicht mehr nur von HIV. Eine vormalige Inhaftierung hebt das Risiko einer Ansteckung mit Infektionskrankheiten erheblich (Bayrer et al. 2003: 153).

1.1 Aktueller Umgang mit Drogengebrauchenden bei Haftentlassung (Heino Stöver)

Die hohe Verbreitung von Infektionskrankheiten bedeutet aber auch für das Übergangsmanagement, dass sowohl eine Kontinuität der Behandlung viraler und antiviraler Infektionskrankheiten als auch nach Haftentlassung Angebote zur HIV/HCV-Testung und Beratung sichergestellt werden müssen.

Überdosierungen: insbesondere an der Schnittstelle Haft – Freiheit

Im Vollzug ändern sich nicht nur Verfügbarkeit, Reinheit und die Kosten der Drogen, sondern häufig auch die Motive, die präferierte/n Substanz/en, die Häufigkeit sowie die Applikationsform (Thane 2013: 73). Mit jeder zusätzlichen Droge wird das Risiko einer Überdosierung verdoppelt (European Monitoring Centre for Drugs and Drug Addiction 2016: 38f.). Ausschlaggebend ist jedoch die *gesunkene Toleranz des Körpers gegenüber den Opiaten*, welche sich nach längeren Abstinenzphasen, sowie dem veränderten Konsum in Haft einstellt. Binswanger zeigt in einer Studie auf, dass viele Inhaftierte die geringe Kenntnis über eine verminderte Toleranz der Drogen gegenüber als Hauptursache eines Drogennotfalls nennen (vgl. Binswanger 2014; Merral et al. 2010). Des Weiteren spielt das Umfeld, in das die Gefangenen entlassen werden, eine entscheidende Rolle. Stressoren infolge des Haftaufenthaltes, wie Obdachlosigkeit, Arbeitslosigkeit, fehlende soziale Bezüge und soziale Isolation stellen ein signifikantes Rückfallrisiko dar (Schäffer/Höpfner 2011; Binswanger 2014). Zu den bekannten Risiken für die Drogenmortalität gehören Szenarien des Wiedereinstiegs in den Konsum nach erzwungenen Abstinenzperioden bzw. Perioden unregelmäßigen Konsums. Nach längeren Abstinenzphasen, wie zum Beispiel bei einem Haftaufenthalt üblich, steigt das Risiko einer Überdosierung an. Laut Schätzungen der WHO (WHO Regional Office for Europe 2012) sterben ca. 20 % aller sogenannten Drogentoten aufgrund eines Rückfalls aus „erzwungener Abstinenz". Ein typischer Risikozeitraum für Konsumierende harter Drogen ist die Phase nach Entlassung aus der Haft. Besonders die ersten 7 Tage nach Entlassung unterliegen nach internationaler Literatur einer besonderen Erhöhung des relativen Risikos, an einer Drogenintoxikation zu versterben. Dies gilt zunächst für die Todesfallraten im Vergleich zur Allgemeinbevölkerung, die, je nach Studie, zwischen 30 und 120fach erhöht sind. Es gilt weiter für die Erhöhung des Risikos speziell in der ersten und zweiten Woche nach Haftentlassung gegenüber späteren Zeiträumen (das relative Risiko in den ersten 2 Wochen wird zumeist etwa 4–7-fach erhöht beschrieben). Das Risiko sinkt wöchentlich um 50 %

1 Aktuelle Praxis

ab und stabilisiert sich nach vier Wochen (WHO Regional Office for Europe 2012; Stöver/Hariga 2015). Das bayerische Landeskriminalamt ermittelte, dass 33 der 246 im Jahr 2008 registrierten Drogentodesfälle in den 2 Monaten vor ihrem Tod aus der Haft entlassen worden waren (entsprechend 13 %). Ein solcher Abgleich wird allerdings nicht systematisch durchgeführt. Es wird davon ausgegangen, dass zu den typischen Umständen des Drogentodes kurz nach Haftentlassung intravenöser Konsum, prekäre Wohnumstände, Arbeitslosigkeit sowie psychiatrische Komorbidität mit Suizidalität gehören. In einer bereits länger zurückliegenden Analyse der Hafterfahrung von Drogentodesfällen aus dem Zeitraum 1990 bis 1997 in Hamburg zeigten sich assoziiert mit einem zeitnahen Tod nach Gefängnisaufenthalten im Vergleich zu späteren Todesfällen die Faktoren jüngeres Lebensalter bei Haftende, häufige Haftaufenthalte in der Vorgeschichte, hohe Lebenshaftzeitsumme sowie eine längere Dauer des letzten Haftaufenthaltes (Heinemann/Kappos-Baxmann/Püschel 2002).

Übergangsprobleme und Übergangsübungen

Drogenkonsument*innen gelten im Justizvollzug ganz überwiegend als nicht lockerungstauglich, so dass hier von einer Schlechterstellung gegenüber anderen Gefangenen ausgegangen werden kann. Sogenannte *"vollzugsöffnende Maßnahmen"* kommen für Gefangene, die „erheblich suchtgefährdet sind", nur im Ausnahmefall in Betracht, in der Regel nur dann, wenn besondere Umstände die Annahme begründen, dass eine Missbrauchsgefahr nicht gegeben ist. Dies bedeutet in der Praxis, dass der Sozialdienst vollzugsöffnende Maßnahmen für Drogenkonsumierende mit erheblichem Mehraufwand begründen muss. Da in diese Entscheidungen das Vollzugsverhalten mit einbezogen wird, können Disziplinarmaßnahmen, die in Verbindung mit illegalisierten Drogen stehen zu einem Ausschluss führen. Eine Ausführung, die durchaus gewährt werden kann, ist daran gekoppelt, dass genügend Personal vorhanden sein muss. Bei geplanten Ausführungen und einer z.B. hohen Krankheitszahl der Bediensteten an einem solchen Tag, kann dazu führen, dass die Ausführung nicht stattfinden kann. Somit kommt für diese Gefangenengruppe auch die vorzeitige Entlassung häufig nicht zum Tragen, da hierfür die Voraussetzung einer Bewährung unter Lockerungen gilt (Eder 2012: 91). Dies kann für Gefangene ein Argument sein, ihre Konsumerfahrungen der JVA zu verschweigen, wenn es möglich ist. Die angenommene Nicht-Eignung bedeutet aber auch, dass drogenkonsumierende/-abhängige Gefangene kein Probehandeln von Freiheit einüben können und somit wenig Chancen auf einen geregelten Wiedereinstieg in die Gesellschaft haben.

Die meisten Landesstrafvollzugsgesetze treffen keine Aussagen über die *Gewährung von Lockerungsmaßnahmen und Urlaub speziell bei drogenabhängigen Gefangenen* (anders in Hessen § 13 Abs. 5, Nr. 3 HStVollzG). Verwaltungsvorschriften ohne gesetzliche Entsprechung können auch keine Einschränkungen rechtfertigen (vgl. die alte Kommentierung zu § 11 StVollzG). Maßnahmen der Gewährung von Lockerungsmaßnahmen und Urlaub, speziell bei drogenabhängigen Gefangenen, werden in der Praxis oft abgelehnt. Hintergrund dieser Einschränkungen ist die Sorge der Anstalt, dass konsumierende Gefangene die Lockerung missbrauchen könnte. Sie gelten von vorneherein als weniger einschätzbar als nicht-konsumierende Gefangene. Meist wird ausschließlich mit dem Wortlaut der VV das Versagen der Lockerungen begründet, obwohl es rechtlich unzulässig ist und jeder Einzelfall individuell gerechtfertigt werden müsste. Infolge dieser Handhabung scheidet für Drogenabhängige vielfach auch eine vorzeitige Entlassung aus, die im Allgemeinen nur genehmigt wird, wenn sich die Inhaftierten vorab in den unterschiedlichen Stufen der Lockerungsmaßnahmen bewährt haben (Deutsche AIDS-Hilfe e.V. (DAH) 2012). Eine Haftentlassung zur Hälfte der Strafe erfolgt nur vereinzelt, wobei die Drogenabhängigen reelle Erfolgsaussichten zur Entlassung nach zwei Dritteln der Haftzeit haben (meist geknüpft an die Auflagen, eine Therapie zu absolvieren). Vorzeitige Entlassungen richten sich nach dem Abhängigkeitsgrad und der positiven Sozialprognose durch den Sozialdienst und die externe Drogenberatung. Bspw. wurde in Hessen im Jahr 2009 eine Zurückstellung der Strafvollstreckung nach § 35 BtMG in 300 Fällen, eine Strafaussetzung zur Bewährung nach § 57 StGB (oftmals verbunden mit einer Therapieauflage) in ca. 80 Fällen berichtet. Für Inhaftierte, die entweder bereits vor der Haft substituiert wurden oder erst im Gefängnis damit begonnen haben, sind die Aussichten auf eine Befürwortung einiger Maßnahmen (bspw. Ausgang, Hafturlaub) eher günstig. Die Chancen auf eine Gewährung erhöhen sich zudem, wenn Einrichtungen schriftlich einladen oder Ausgänge für Ämtergänge beantragt werden. Vor der Entlassung müssen viele Angelegenheiten persönlich geregelt werden (bspw. Anträge beim Arbeitsamt, Vorstellungsgespräche). Ohne dementsprechende Vollzugslockerungen ist dies aber nicht möglich. Somit beginnt der Neustart in Freiheit mit einer Vielzahl von unerledigten Aufgaben.

Angesichts mangelnder Handlungsalternativen und sozialer Kontakte sowie persönlicher Defizite endet dies vielfach im erneuten Anschluss an

1 Aktuelle Praxis

die Drogenszene. Diese Desintegration gilt es durch eine angemessene Entlassungsvorbereitung zu verhindern.

Übergangsstrategien

Im Spannungsfeld von Kontroll- und Hilfestrategien orientiert sich der Vollzug in seinen Hilfemaßnahmen fast ausschließlich auf die *Abstinenz als einzigem Behandlungs- und letztlich auch Vollzugsziel* („künftig ein Leben ohne Straftaten zu führen", § 2). Die Methode der Wahl stellt die Überleitung in externe Behandlungseinrichtungen dar („Therapie statt Strafe" nach §§ 35 ff. BtMG). Viele Staatsanwaltschaften und Gerichte legen allerdings den Kausalzusammenhang zwischen Tat und Betäubungsmittelabhängigkeit seit kurzem enger aus, bzw. lehnen mit der Begründung „fehlender Kausalzusammenhang" eine Strafrückstellung nach § 35 BtMG und den Beginn einer Drogentherapie ab. Den Hintergrund bildet ein BGH-Urteil (v. 4.8.2010 – 5AR (VS) 23/10), das die vielfach übliche Praxis der Umstellung der Vollstreckungsreihenfolge mehrerer Strafen nicht mehr zulässt. „Der BGH regelt einheitlich, dass jede Strafe zwingend erst zum 2/3-Termin unterbrochen werden kann. Sobald mehrere Strafen ausgesprochen wurden, müssen alle bis zum 2/3-Zeitpunkt verbüßt werden, und eine Entlassung ist frühestens zum „Gesamtzweidritteltermin" möglich. Die Folge sind längere Aufenthalte im Justizvollzug (Bürkle et al. 2010: 34).

Bei der *bedingten Entlassung* aus der Haft nach §§ 57 StGB bzw. 88 JGG werden ebenfalls Probleme sichtbar: Durch die Rechtspraxis beim § 57 StGB i.V.m. § 12 Abs. 1 Nr. 5 SGB VI sind Rentenversicherungsträger z.T. nicht mehr bereit eine Zusage für die Kostenübernahme der Rehabilitation zu geben, sondern erst dann, wenn die Strafvollstreckungsbehörde mitteilt, dass der § 57 StGB Anwendung findet. „Daraus entsteht ein Teufelskreis, der zu einer Verlängerung der Haftzeit führt und nicht selten dazu, dass gar keine Reha-Maßnahme mehr angetreten wird." (Bürkle et al. 2010: 34). Vor diesem Hintergrund ist auch zu erklären, dass die Zahlen der Drogenabhängigen im Maßregelvollzug (Unterbringung nach § 64 StGB) seit Jahren kontinuierlich ansteigt (Seifert/Leygraf 1999). Der tatsächliche Kausalzusammenhang zwischen Straftat und Drogenabhängigkeit ist also bei der strafrechtlichen Prüfung durch Staatsanwaltschaften/Rechtspflegern zu beachten.

Therapievorbereitende Kurse, Therapiemotivationsgruppen etc. sollen die Gefangenen auf eine mögliche Abstinenztherapie vorbereiten. Diese Angebote existieren in den meisten Justizvollzugsanstalten. Ein Beispiel hierfür

1.1 Aktueller Umgang mit Drogengengebrauchenden bei Haftentlassung (Heino Stöver)

ist die Therapiemotivationsgruppe in der JVA Wittlich: „Ziel der Therapiemotivationswohngruppe ist, die Inhaftierten für eine intensive Auseinandersetzung mit ihrer drohenden, bzw. bereits manifesten Abhängigkeitsproblematik zu motivieren" (Leitges/Reineh 2012: 28). Durch die in dieser Wohngruppe vorgeschriebene Abstinenzüberprüfung mittels Urinkontrollen (*ebd.*) wird das Therapieziel der Abstinenz jedoch bereits zur Voraussetzung der Teilnahme an der Motivationsgruppe. Ein Vorschlag aus Schottland hierfür sind Assessment Instrumente, die die Veränderungs- und Therapiemotivation abschätzen sollen, damit sich die begrenzte Behandlungskapazität auf diese motivierten Gefangenen konzentrieren kann (McIntosh 2006).

Drogenfreie Stationen sind in der Regel in sich geschlossene Abteilungen, die Gefangenen ein Leben ohne Drogen in Haft ermöglichen und einüben sollen. Dies wird durch größere Kontrollintensität (Urinkontrollen), meist, aber nicht immer, begleitet von therapeutischen oder anderen Behandlungsangeboten und weitgehender Trennung von anderen Stationen erreicht. Häufig erfahren die Insassen solcher Stationen mehr Privilegien wie z.B. längeren Umschluss, Freizeitangebote oder Lockerungen bzw. eine „positivere Prognose ihrer Suchterkrankung" (Eder 2012: 267). Die Gefangenen unterschreiben häufig eine „Vereinbarung" und erklären sich mit den speziellen Regeln einverstanden (WHO, UNODC, UNAIDS 2007). Drogenfreie Stationen können Konsumierende während der Haft in einer abstinenten Lebensweise unterstützen, die Effektivität solcher Stationen ist jedoch nicht nachgewiesen (ebd.: 22).

Unter *Contingency Management* werden Maßnahmen verstanden, die darauf abzielen unmittelbar Wohlverhalten zu belohnen. Der Leitgedanke dabei ist: Es muss sich für den inhaftierten Drogengebraucher lohnen, auf Drogen zu verzichten und abstinent zu leben. In einer Kosten- und Nutzenrechnung spielen attraktive Angebote die Hauptrolle – Vergünstigungen, Privilegien, mehr Lebensqualität für den Haftaufenthalt, Pakete, Besuche etc.

In einigen Sozialtherapeutischen Haftanstalten in Deutschland wird jungen Gefangenen mit einer Drogenproblematik, die entweder wegen rechtlicher Hindernisse, mangelndem Durchhaltevermögen oder sonstigen Gründen an einer externen Drogentherapie nicht teilnehmen können, die Möglichkeit geboten, eine *Drogentherapie innerhalb des Strafvollzugs* durchzuführen. Im sog. „Crailsheimer Modell" bilden fünf Bereiche die Behandlungsschwerpunkte (Stelly/Thomas 2013):
- Arbeit an der Drogenproblematik,
- Heranführen an Arbeit und soziale Pflichten,

- körperliches Aufbautraining,
- Nachreifung der Persönlichkeit und
- Entlassungsvorbereitung.

Die therapeutische Arbeit erfolgt in Einzel- und Gruppengesprächen und orientiert sich am Ansatz der kognitiven Verhaltenstherapie. Die Therapiegespräche sind Teil gemeinsamer Freizeit- und Arbeitsabläufe innerhalb eines strukturierten Tagesablaufs im Sinne der Milieutherapie. Die Gefangenen sind in zwei Wohngruppen untergebracht. Neben der Arbeit in internen Betrieben, der sozialarbeiterischen Betreuung, sportlicher Aktivitäten sowie angeleiteter und eigenverantwortlicher Freizeitgestaltung sieht das Behandlungskonzept auch Veranstaltungen außerhalb der Anstalt wie erlebnispädagogische Maßnahmen, Stadteinkauf, Termin bei Ämtern etc. vor. Die Behandlung umfasst plangemäß neun Monate und ist in vier Stufen mit zunehmenden Pflichten und Freiheiten gegliedert (zwei Monate Zugang, zwei Monate zentrale Behandlung Teil I, drei Monate zentrale Behandlung Teil II, zwei Monate Entlassungsvorbereitung). Die Behandlung/Betreuung erfolgt durch eine*n Pädagog*in, eine*n Psychotherapeut*in, eine*n Sozialarbeiter*in und 16 Bedienstete im Allgemeinen Vollzugsdienst. Stundenweise tätig sind zwei Köch*innen, ein*e Ärzt*in und ein*e externe*r Sportlehrer*in.

Die o.g. Entwicklung, jedoch auch allgemein die Fixierung auf Abstinenzorientierung in der Behandlung von Drogenabhängigkeit führt dazu, dass ein erheblicher Teil von Gefangenen mit auch im Vollzug praktiziertem problematischem Drogenkonsum, für die das Abstinenzziel nicht, nicht mehr oder noch nicht realistisch ist oder für Abstinenztherapien aus Gründen des Versagens der Kostenübernahme durch die Leistungsträger, von adäquaten Drogenhilfemaßnahmen nicht erreicht wird. Dies steht in Gegensatz zu den Entwicklungen außerhalb des Vollzuges in den letzten 30 Jahren: *Unterhalb des Abstinenzzieles haben sich differenzierte, auf Schadensminimierung und Suchtbegleitung* abzielende Versorgungs-, Beratungs- und Behandlungsangebote für Drogenabhängige entwickelt (Stöver/Michels 2010). Diese Angebote gehen von der Definition von Drogenabhängigkeit als Krankheit aus, d. h. eines nicht oder nicht in jeder Lebensphase zu steuerndes und folglich nicht zu beendendes Drogenkonsumverhalten der Suchtkranken.

Die Behandlung Drogenabhängiger muss – soll sie erfolgreich sein – Angebotscharakter besitzen, und am besten muss sie Wahlmöglichkeiten bieten (da nicht eine Strategie für alle passt): gesundheitliche Hilfen auch im Suchtbereich im Vollzug setzen allgemein auf persönliche Einsicht, Eigenmotivation und Freiwilligkeit der Betroffenen. Diese kann mehr oder we-

1.1 Aktueller Umgang mit Drogengengebrauchenden bei Haftentlassung (Heino Stöver)

niger offensiv angesprochen werden. Zwangsbehandlungen hingegen sind Maßnahmen, die sich grundsätzlich nur zum Schutz der Gesundheit Dritter legitimieren lassen (vgl. § 67 LandesR)); sie dienen der Abwendung akuter Gefahr und sind an sich keine medizinischen oder therapeutischen Heilverfahren. Die Überlegung, durch Androhung oder Zufügung von Übel für eine Therapie zu motivieren, ist nur dann überzeugend, wenn auch Betroffene subjektiv den erhofften Gewinn für bedeutsamer halten als den Schaden durch das unerwünschte Verhalten. In der Regel werden aber Drogenabhängige den Schaden durch Drogenkonsum zu kompensieren versuchen. Es gelingt zwar, unter Einsatz rigoroser Kontrollen und Reglementierungen vorübergehend Anpassung durchzusetzen. Das Suchtverhalten wird aber hierdurch nicht verändert, sondern wahrscheinlich eher verstärkt.

Trotz und wegen der schwierigen Lage Drogenabhängiger im Vollzug erfordert der Behandlungsauftrag, dass auch der Gruppe der Drogenabhängigen über Angebote der Drogenhilfe hinaus die *Teilnahme an Maßnahmen zur Rehabilitation, Verbesserung der Chancen und Erhöhung der Handlungskompetenz* angeboten werden muss. Der Aufenthalt im Vollzug an sich verstärkt Tendenzen zur Regression, Realitätsflucht und Passivität; Verhaltensdispositionen, die auch bei der Sucht eine Rolle spielen. Die Fähigkeit zu Widerstand gegenüber Verführung und Gelegenheit wird dagegen eher zerstört. Vor diesem Hintergrund ist es geboten, sinnvolle Arbeits-, Ausbildungs- oder Qualifizierungsprojekte auch für drogenkonsumierende oder -gefährdete Gruppen zu entwickeln und sie in den offenen Vollzug zu integrieren.

Zunächst ist der *Sozialdienst die erste Ansprechstation für drogenkonsumierende Gefangene*. Weil jedoch (insbesondere der in der Anstalt fortgesetzte) Drogenkonsum ein hochsensibles Thema für die Gefangenen darstellen kann, sind in vielen Bundesländern bereits in den 1970er Jahren externe Drogenberatungen (EDBs) eingeführt worden. Diese sollten insbesondere zu einer höheren Akzeptanz und Vertraulichkeit beitragen. Das Ziel der externen Suchtberatung ist die Notwendigkeit einer professionellen und auch von den Gefangenen akzeptierten Betreuung und Haft und auch eine Weiterbetreuung nach der Haftentlassung. Damit sollte der Übergang erleichtert, die Drogenhilfeinfrastruktur in Freiheit bekannt und eine vertrauensvolle Arbeit mit den Drogen konsumierenden Gefangenen begonnen werden. Gleichwohl ist die EDB gehalten bei der Vollzugsplanung mitzuwirken, Beratungs-, Motivations- und Informationsarbeit zu leisten, und eine Vermittlung in ambulante und (teil-)stationäre Therapien sowie Betreuungseinrichtungen vorzunehmen.

1 Aktuelle Praxis

Eine wesentliche Erweiterung des therapeutischen Spektrums in der Behandlung Opioidabhängiger ist durch die *Opioid-Substitutionsbehandlung (OST)* erreicht worden. Gemäß Äquivalenzprinzip gelten auch intramural die 2010 überarbeiteten Richtlinien der Bundesärztekammer zur Durchführung der substitutionsgestützten Behandlung Opiatabhängiger (Bundesärztekammer 2017). Entsprechend der Richtlinien ist bei einem Wechsel in eine Krankenhausbehandlung, Rehabilitationsmaßnahme, Inhaftierung oder andere Form einer stationären Unterbringung dafür zu sorgen, dass die Behandlung fortgeführt wird. Darüber hinaus kann eine OST von gegenwärtig abstinenten Opiatabhängigen in beschützender Umgebung wie Krankenhaus oder Gefängnis eingeleitet werden. Sie kann seit ihrer Einführung erhebliche Reduktion des Konsums illegaler Opioide, Erfolge bei der Verbesserung der gesundheitlichen Lage und bei der sozialen Stabilisierung vorweisen (Michels et al. 2009). Zudem kann OST dazu beitragen, dass die im Gefängnis verfügbaren Gesundheitsdienste stärker in Anspruch genommen werden. Außerdem gibt es Hinweise darauf, dass OST sich auch günstig auf kriminelles Verhalten auswirkt und drogenbedingte Bestrafungen (Stallwitz/Stöver 2007), kriminelles Verhalten (Vorma et al. 2013; Gordon et al. 2008) und damit eine erneute Inhaftierung reduziert (Kastelic et al. 2008), ebenso wie die Verstrickung in intramurale Subkulturen (Husmann 2010) und die Wahrscheinlichkeit nach der Haftentlassung gegen Bewährungsauflagen zu verstoßen (Clark et al. 2014). Darüber hinaus ist nachgewiesen, dass substituierte Inhaftierte weniger stark in den Drogenhandel im Gefängnis involviert sind, ein geringeres Risiko haben, unmittelbar nach Haftentlassung zu versterben, sich häufiger in weiterführende Drogenbehandlungen begeben, v.a. bei OST in Verbindung mit PSB (Magura et al. 1993), und dort auch länger verweilen sowie unter aufrechterhaltender OST generell niedrigere Rückfallquoten aufweisen bzw. erst später rückfällig werden als nicht Substituierte (Keppler et al. 2011a; Clark et al. 2014; Gordon et al. 2008). Zusätzlich zu all diesen Vorteilen verhindert die Fortsetzung einer in Freiheit begonnen OST einen Anstieg von Hepatitis C-Neuinfektionen in Haft (Hedrich et al. 2012).

Zu einem umfassenden *Therapiekonzept gehört der Bundesärztekammer zufolge immer auch die Vermittlung in psychosoziale Maßnahmen*. Entsprechend dieser Richtlinie soll eine OST nur dann beendet werden, wenn sie nicht die geeignete Therapieform darstellt oder sie mit einem wiederholten problematischen Konsum anderer Substanzen einhergeht, die die Gesundheit der*s Konsument*in gefährden. Auch ist ein Abbruch bei wiederholten Regelbrüchen indiziert, unter anderem bei der Androhung oder Ausübung von Gewalt gegenüber Personen in der Behandlungseinrichtung,

bei der Weitergabe oder Verkauf des Substitutionsmittels, bei einer Verweigerung von Kontrollmaßnahmen oder keiner Teilnahme an psychosozialen Begleitmaßnahmen. In den ärztlichen Behandlungsempfehlungen zur OST im Justizvollzug in Nordrhein-Westfalen (Justizministerium NRW/Ärztekammern Westfalen-Lippe und Nordrhein 2010) wird der positive Effekt von OST im Vollzug sowohl auf den Krankheitsverlauf der Opioidabhängigkeit als auch auf die Erreichung des Vollzugsziels betont. Darum wird als Ziel genannt, „die Anzahl von Substitutionsbehandlungen im Justizvollzug deutlich zu erhöhen". Diese Behandlungsempfehlungen sollen:
- Todesfälle aufgrund einer gesunkenen Toleranz in Haft und nach Haftentlassung verhindern
- Illegale und subkulturelle Aktivitäten reduzieren
- Die körperliche und seelische Gesundheit verbessern
- Dauerhafte Abstinenz fördern.

Grundsätzlich gilt in Nordrhein-Westfalen, dass bei Aufnahme in eine JVA bei bereits substituierten Patient*innen die Weiterbehandlung erfolgt und dass die Dauer der Haftstrafe keinen Einfluss auf die Indikation zur Behandlung haben darf. Dennoch wird hier empfohlen, dass bei einer OST in Untersuchungshaft und Strafhaft unter zwei Jahren ein Platz für die Weitersubstitution bekannt sein soll. Spätestens zur Haftentlassung soll ein Platz für die Weiterbehandlung sicher sein.

In einer Verwaltungsvorschrift des Justizministeriums Baden-Württemberg wird seit 2002 die Substitution im Justizvollzug geregelt. Es sind klare Aussagen enthalten über die grundsätzlichen Ziele der OST sowie Vorgaben über Indikation, Ausschluss, Aufnahme, Durchführung, Dokumentation und Beendigung der OST. Darüber hinaus ist seit Inkrafttreten der überarbeiteten und ergänzten Version der Verwaltungsvorschrift am 15.07.2011 auch die Substitution mit Diamorphin möglich. In Niedersachsen ist die Grundlage für eine OST in Haft ein Erlass aus dem Jahr 2003, der sich weitgehend auf die betäubungsmittelrechtlichen Vorgaben bezieht. Im Erlass werden die Voraussetzungen und die Durchführung der OST geregelt. Die Indikationsstellung zur OST obliegt, wie alle ärztlichen Behandlungsmaßnahmen, dem ärztlichen Personal, das für jeden Einzelfall feststellt, ob diese begründet ist und der beabsichtigte Zweck auf andere Weise nicht erreicht werden kann. Im Rahmen des Äquivalenzprinzips erfolgt die OST nach den Vorgaben des SGB V und den entsprechenden Richtlinien.

Angesichts der Situation Drogenabhängiger im Justizvollzug scheint es daher dringend geboten, die *Substitutionsbehandlung auch im Vollzug, und* *zwar gut verzahnt mit den Behandlungen außerhalb des Vollzuges anzubieten.* Sie kann als medizinisch begründete Behandlungsform nicht abhängig vom Aufenthaltsort der Patient*innen sein. Abbruchgründe dürfen sich nur aus medizinisch/therapeutischen Überlegungen ergeben, nicht aber aus der Kontroll- und Sanktionspolitik des Vollzugs. Die Substitutionsbehandlung ist also keine besondere Behandlung für Wohlverhalten, kein Beschwichtigungsinstrument für einen „geordneten Vollzug", sondern eine Krankenbehandlung, die unter den besonderen Bedingungen der Haft den Regeln für Substitution außerhalb der Haftanstalten folgen muss. Ist eine Substitutionsbehandlung indiziert, kann eine Fort- bzw. Durchführung der Therapie eingeklagt werden (seit 1994, Landgerichte in Dortmund (StV 1995, 143) und OLG Hamburg StV 2002, 265).

Die *Fortführung einer in Haft durchgeführten/begonnenen Substitutionsbehandlung nach Entlassung* muss rechtzeitig geplant und fest vereinbart werden. Um Übergangsprobleme in der Fortführung der Substitutionsbehandlung zu vermeiden unterstützt die JVA Bremen „eine Fortsetzung der Methadonbehandlung bis zu vier Wochen nach der Entlassung, damit entlassene Gefangene Gelegenheit erhalten, sich eine*n Arzt/Ärztin zur Weiterbehandlung zu suchen" (Bremische Bürgerschaft 2012). Ähnlich hat auch das Gesundheitsamt Köln für Patient*innen aus der Haft, die noch keine Zusicherung von einer*m niedergelassenen Arzt oder Ärztin haben oder (noch) nicht krankenversichert sind, können in der Ambulanz des Gesundheitsamts versorgt werden. Die JVA entlastet es, wenn die Anschlussversorgung sichergestellt ist und sie sich nicht darum kümmern muss. In die Ambulanz kommen neben den aus der Haft Entlassenen auch beurlaubte Gefangene, die ihr Substitutionsmittel benötigen.

Bundesweit (und auch international, (Hedrich et al. 2012)) zeigt sich eine äußerst *uneinheitliche Praxis der Substitutionsbehandlung im Vollzug* (Fährmann et al. 2021; Stöver et al. 2019; Stöver/Keppler 1998; Keppler/Stöver 2002; Keppler et al. 2011b): es besteht ein Nord-Süd, Ost-West, Stadt-Landgefälle in der Verbreitung der Substitutionsbehandlung. In einigen Ländern ist eine flächendeckende Substitution sichergestellt (z.B. NRW, Bremen und Hessen), in anderen Ländern wird trotz hoher Belegung der Gefängnisse mit Opioidabhängigen sehr wenig Gebrauch gemacht von der Substitution (z.B. Bayern; siehe Bayrischer Rundfunk 2020). In vielen Bundesländern werden in Freiheit begonnene Substitutionsbehandlungen weitergeführt, oftmals in sehr geringer Anzahl erfolgt der Neubeginn einer Substitutionsbehandlung. Die in Freiheit geforderte Psychosoziale Betreuung erfolgt entweder durch den Sozialdienst oder externe Drogenberatungen.

1.1 Aktueller Umgang mit Drogengengebrauchenden bei Haftentlassung (Heino Stöver)

Von einer Vielfalt der Medikamente wird in der Regel kein Gebrauch gemacht: DL-Methadon ist das Mittel der Wahl der meisten Anstaltsärzt*innen, L-Polamidon aufgrund des Preises und Buprenorphin aufgrund der schwierigeren Überwachung bzw. des höheren Personalaufwandes der ordnungsgemäßen Einnahme (sublingual) wenig verbreitet. Retardierte Morphine und Diamorphin spielen so gut wie keine Rolle. Um Gefangenenbewegungen so gering wie möglich zu halten, angesichts der Corona-Pandemie, sollte mehr Gebrauch gemacht werden vom seit einigen Jahren zugelassenem Depot-Buprenorphin, d.h. verstärkte Nutzung der verfügbaren Wochen- oder Monats-Depot-Applikationen. Durch beide Maßnahmen könnten sieben Kontakte pro Woche auf zumindest einen Kontakt pro Woche reduziert werden, bei Nutzung der jetzt möglichen 30 Tage Take-Home-Vergabe und dem bereits erwähnten Monatsdepot möglicherweise sogar von 30 Tagen im Monat auf einen Tag im Monat. Eine Maßnahme, die sicher im Interesse der von der Bundesregierung getroffenen Maßnahmen ist und das Übertragungsrisiko erheblich reduziert.

Insgesamt kann festgehalten werden, dass Gefangene nur zu einem geringen Teil von den Fortschritten in der Suchtmedizin profitieren: nur etwa 23 % aller in Frage kommenden opioidabhängigen Gefangenen erhalten eine Substitutionsbehandlung (Die Drogenbeauftragte 2019; im Gegensatz zu ca. 50 % in Freiheit), und in vielen Fällen nicht das Medikament ihrer Wahl, sondern das Medikament, das aus anstaltlichen Interessen (Preis, Kontrollierbarkeit etc.) verabreicht wird. In manchen Bundesländern werden Substitutionsbehandlung durchgeführt, ohne die außerhalb anerkannten Indikationen und Dosierungen zu akzeptieren: So wird in der Regel eine Verschreibung von Substitutionsmedikamenten als durchgehende Behandlung allenfalls bei Kurzstrafen in wenigen Anstalten angeboten. Bei Drogenentzugsbehandlungen erfolgt sie – oftmals entgegen fachlichen Regeln -in übermäßig schnellen und großen Abdosierungsschritten. Die verbreitete Praxis eines Abbruchs der in Freiheit begonnenen Substitutionsbehandlungen (ca. 70 % der Substituierten) erscheint umso weniger nachvollziehbar, da diese ausdrücklich nach medizinischer Indikation begonnen wurden (vgl. Stöver 2011: 44), und die Substitutionsbehandlung in Gefängnissen in den Richtlinien der Bundesärztekammer ausdrücklich vorgesehen ist.

1 Aktuelle Praxis

Selbsthilfe und Peer Support

Abgesehen von der Unterstützung der inhaftierten Drogenabhängigen durch professionell – extern, wie intern betreute – Einzel- und Gruppenangebote der Anstalt finden sich letztendlich in einigen Haftanstalten *Selbsthilfegruppen* (z.B. Narcotic Anonymous, JES – Junkies, Ehemalige und Substituierte-, AIDS-Hilfe) für drogenabhängige Gefangene. In Anlehnung an die Einzelfallbetreuung entsteht auch bei Selbsthilfegruppen häufig die Problematik, dass sich die drogenabhängigen Häftlinge bei der Anmeldung für entsprechende Angebote als Drogenkonsumierende offenbaren müssen. Jedoch ist dieses haftinterne Angebot bezüglich ihrer Schnittstellenfunktion von großer Bedeutung, da nach der Haftentlassung ein nahtloser Übergang in Selbsthilfegruppen außerhalb der JVA am Wohnort gewährleistet werden kann (Stöver/Trautmann 2009).

Die Subkultur ist im repressiven und marginalisierenden System der JVA von großer Bedeutung, weshalb die Methode des *"Peer-Support"* eine hilfreiche Methode im Rahmen der Drogenarbeit darstellen könnte. Unter dem Begriff Peer-Support wird verstanden, dass sich Menschen innerhalb einer sozialen Bezugsgruppe (hier: Drogenabhängige), wechselseitig unterstützen. Durch Peer-Education und Peer-Support können die Risiken für Drogengebrauchende reduziert sowie das Bewusstsein für Probleme und die Verantwortung für das eigene Handeln gestärkt werden. Hierbei sind Insiderwissen, individuelle Erkenntnisse sowie eine vertrauensvolle Beziehung zwischen den Peers von großer Bedeutung (v.a. bei Themen wie bspw. Drogenkonsum und Sexualität). „Soziales Wissen" weiterzugeben ist bedeutsamer und effektiver als reine Kenntnisse über bestimmte Fakten vermitteln zu wollen. Infolgedessen spielt beim Peer-Support die vorbildhafte (Ein-) Wirkung von Mitgliedern der Peergroup (Peer-Leader) eine entscheidende Rolle. Peer-Support gehört zum täglichen Leben, ist somit generell unabhängig von (gesellschaftlich anerkannten) festen Formen und erfolgt oft sogar automatisch (bspw. anderen durch spezielles, aber unwillkürliches und unbeabsichtigtes Verhalten zu helfen). Insgesamt gesehen beinhaltet das Konzept als risikominimierende Maßnahme nicht nur eine bewusste Einflussnahme auf verbaler Ebene, sondern beschäftigt sich unter anderem auch mit dem Erwartungsdruck innerhalb der Peergroup und Vorbildfunktionen (Stöver/Trautmann 2009: 369f.) Lebensweltnahe Hilfeangebote zur Risikominimierung können durch Peers viel einfacher geschaffen werden. Die Maxime in der Arbeit des Peer-Supports „... zielt auf die Förderung eigener Ressourcen und Kompetenzen, um tragfähige, selbstorganisierte Netzwerke der Hilfe und Selbsthilfe zu erhal-

1.1 Aktueller Umgang mit Drogengengebrauchenden bei Haftentlassung (Heino Stöver)

ten." (Jacob 2001: 17). In diesem Kontext können Fachkräfte von großer Bedeutung sein: Sie tragen wichtige und fachlich richtige Informationen zusammen und verhindern dadurch im Vorfeld die Weitergabe von Fehlinformationen (Stöver/Trautmann 2009: 370). Überdies können sie auf versteckte Risiken (beim Drogenkonsum) hinweisen (bspw. Übertragung von Infektionen beim Needle-, Work- und Drug-Sharing). Im Rahmen der Erhaltung der Gesundheit ist es essenziell, die Kenntnisse der Drogenabhängigen durch Fachpersonen zu erweitern, indem lebenswelt- und konsumnahes Wissen vermittelt wird. Dies sollte jedoch am besten durch Personen mit ähnlichem Betroffenenhintergrund geschehen, die authentisch sind, zumindest aber Erfahrungen mit der Zielgruppe mitbringen und überzeugend Informationen transportieren können, die für Betroffene interessant sind.

Die Basis für den Erfolg des Peer-Supports ist die *inhaltliche und methodische Ausbildung der Peers*, beispielsweise durch Peer-Tutor*innen oder durch Gruppenarbeit. In diesem Rahmen sollte ein „Schneeballeffekt" erreicht werden, indem ausgebildete Inhaftierte ihre Kenntnisse anderen Gefangenen vermitteln. Diese Schulungen sollten zum einen die Übermittlung von Kenntnissen zu risikominimierenden Maßnahmen beinhalten und zum anderen den Teilnehmer*innen Fähigkeiten und Arbeitsweisen lehren, diese Kenntnisse und Fähigkeiten weiterzugeben. Außerdem ist es sinnvoll, die Beteiligten damit vertraut zu machen, wie sie auf Sichtweisen und soziale Normen nachhaltig Einfluss nehmen können (Stöver/Trautmann 2009: 370ff.). Der intramurale Peer-Support ist für drogenabhängige Häftlinge erfolgversprechend: Die Angehörigen der Peergroup – besonders die Peer-Leader – sind authentisch und vertrauenswürdig. Auch Drogenabhängigen, zu denen haftinterne Mitarbeiter*innen keinen Zugang finden, können Safer-Use-Botschaften nähergebracht und sie dadurch positiv beeinflusst werden. Zudem geben Peers größtenteils Wissen aus eigenen Erfahrungen mit riskanten Situationen (bspw. Überdosis, Risikokonsumformen, Sexualkontakte ohne Kondom) an die drogenabhängigen Mithäftlinge weiter. Inhaftierte Drogenabhängige können im Rahmen des Peer-Supports für Risikosituationen sensibilisiert werden, um dadurch das eigene Handeln zu reflektieren und sich im Vorfeld über mögliche Gefahren Gedanken zu machen. Auch im Hinblick auf die versteckten Risiken beim Drogenkonsum können Kenntnisse innerhalb der Peergroup weitergegeben werden (Stöver/Trautmann 2009: 371). Aufgrund der Tatsache, dass sich die meisten Drogenabhängigen nur wenig über die Risikofaktoren beim Drogenkonsum und bei sexuellen Kontakten bewusst sind, ist der Peer-Support umso wichtiger. Im Gegensatz zur Drogenszene in Freiheit,

1 Aktuelle Praxis

sind die inhaftierten Drogenabhängigen jederzeit kontaktierbar, wodurch in der JVA Schulungen mit aufeinander aufbauenden Modulen leichter umsetzbar sind und von einer guten Haltequote ausgegangen werden kann. Ein kontinuierlicher Kontakt und Austausch mit den Betroffenen (insbesondere mit Peer-Leadern) ist umsetzbar. In diesem Rahmen können die drogenabhängigen Inhaftierten über gesundheitsrelevante Themen aufgeklärt und schon vermittelte Kenntnisse wiederholt werden (Jacob 2001: 17f.). Das Konzept bietet für Fachkräfte die Möglichkeit, einen authentischen Zugang zu den Drogenkonsumierenden in Haft, auch zu den ansonsten schwer erreichbaren, zu bekommen und diesen Kontakt langfristig aufrechtzuerhalten. Letztlich verursacht der Peer-Support als präventiver Ansatz keine hohen Kosten. Dieser Vorteil ist hinsichtlich der geringen finanziellen Mittel in Haft nicht unbedeutend (Stöver 2000: 436).

Die *Entlassungsvorbereitung* spielt insbesondere bei drogenabhängigen Inhaftierten eine wichtige Rolle. Vor allem in den ersten beiden Wochen nach der Haftentlassung besteht für diese Gruppe ein besonders großes Risiko an einer Überdosierung zu sterben (Farrell/Marsden 2008; Wolff 2010; Binswanger et al. 2007; Merrall et al. 2010). Angemessene Programme zur Prävention von drogenbezogenen Todesfällen nach Haftentlassung können das diesbezügliche Bewusstsein fördern, über aufrechterhaltende OST aufklären und in entsprechende extramurale Einrichtungen vermitteln sowie die Verschreibung von Opioid-Antagonisten, wie Naloxon, vor Haftentlassung fördern (Farrell/Marsden 2008; Yokell et al. 2011). Da ein Großteil der drogenbezogenen Todesfälle nach Haftentlassung im häuslichen Rahmen stattfinden, kann außerdem ein Drogennotfalltraining von Familienmitgliedern und Freund*innen hilfreich sein (Farrell/Marsden 2008). Viele Inhaftierte Drogenkonsumierende und deren Familienmitglieder sind an einem Drogennotfalltraining, u.a. an Naloxon-Schulungen, interessiert (Wakeman et al. 2009; Strang et al. 2013). Deren Effektivität wird momentan noch evaluiert (*Strang* 2013). Strukturierte Trainings zur Aufklärung über Überdosierungen stellten sich dabei als effektiver heraus als reine Maßnahmen der Wissensvermittlung (Williams et al. 2014). Beispielhaft für Deutschland soll hier das Projekt „Notfalltraining für Drogenkonsumenten" der mudra-Drogenhilfe in Nürnberg genannt werden (Mudra e.V. 2011). Es wendet sich an Konsumierende in den Hilfseinrichtungen, inhaftierte Drogenabhängige in der JVA und professionelle Helfer*innen in der Drogenarbeit. Im Training sollen Drogenkonsumierende für den Fall einer Überdosis als Ersthelfer geschult werden.

Der Beginn einer Maßnahme der medizinischen Rehabilitation für Suchtkranke nach Haftentlassung gestaltet sich für viele ehemalige Gefangene schwierig. So ergab eine Umfrage in stationären Suchthilfeeinrichtungen, dass ein Großteil der gerade Entlassenen keinen Krankenversicherungsschutz aufwies (Bürkle et al. 2010). In den befragten Einrichtungen (n=141) kamen knapp 30 % der Patienten mit einer drogenbezogenen Problematik direkt aus der Haft. Über 75 % von ihnen waren ohne Krankenversicherungsschutz. Diese Zahlen verdeutlichen einen Handlungsbedarf bei der Regelung des therapiebezogenen Übergangs zwischen Haft und Freiheit. Einige Veränderungen zeichnen sich bereits ab. Beispielsweise haben drogenabhängige Gefangene seit einem Beschluss des Sozialgerichts Fulda vom November 2010 Anspruch auf die feste Zusage der Kostenübernahme einer Drogentherapie durch die Rentenversicherung (Sozialgericht Fulda 2010). Dies gilt, wenn eine vorzeitige Haftentlassung von der Zusicherung des Therapieplatzes abhängt.

Zukünftige Perspektiven für den Umgang mit und den Übergang für drogenkonsumierende/n Gefangene

Die Voraussetzung einer *adäquaten Hilfe für die große Zielgruppe drogenabhängiger Gefangener* ist ein umfassendes und differenziertes Drogen- und Infektionsschutzkonzept in jeder JVA, das mit allen Abteilungen abgestimmt ist, und mit weiterführenden Hilfen in der (Heimat-)Kommune, und schließlich der Selbsthilfe verzahnt ist. Dieses Drogen- und Infektionsschutzkonzept sollte die auf wissenschaftlicher Evidenz basierenden Erkenntnisse und systematisierten Praxiserfahrungen reflektieren, und die Angebote zur Behandlung und Prävention von Drogenabhängigkeit/-missbrauch, sowie zur Infektionsprophylaxe anbieten, die sich in Freiheit als effektiv und effizient erwiesen haben (WHO Regional Office for Europe 2014). Um die Expertise zu behandelnder Personen zu steigern und Betroffene zu Beteiligten zu machen, haben sich in den letzten Jahren außerhalb des Justizvollzugs *Schulungen für verschiedene Patient*innengruppen* etabliert. Sie ermöglichen es, sich in einem geschützten Rahmen mittels Information und Austausch mit einer schweren chronischen Erkrankung auseinanderzusetzen, Ängste abzubauen sowie selbstbestimmter mit der Erkrankung und dem behandelnden ärztlichen Fachpersonal umzugehen. Beispielhaft führten die Berliner Aids-Hilfe und die Deutsche AIDS-Hilfe 2011 und 2012 in zwei Berliner Haftanstalten (JVA Moabit und JVA Lichtenberg) gemeinsam eine Patient*innenschulung als Modellprojekt durch. Sie umfasste sieben Veranstaltungen pro Gruppe zu folgenden Themen:

1 Aktuelle Praxis

- Fragen rund um die Behandlung von HIV- und Hepatitis-Infektionen
- Nebenwirkungsmanagement
- Ernährung
- Sexualität
- Umgang mit Drogen
- Umgang mit psychischen Belastungen, Entspannungsübungen
- freies Thema und Abschluss der Patientenschulung.

Wie in Freiheit auch könnten durch Patient*innenschulungen, Peer-Support/-Education, Psycho-Edukation in stärkerem Maße die Betroffenenkompetenz von Drogenabhängigen/-gefährdeten in die Beratung und Behandlung integriert werden.

Literaturverzeichnis

Aktionsbündnis Hepatitis C und Drogengebrauch (2013): Hepatitis C und Drogengebrauch – Ein Handbuch (2. Überab. Aufl.), Berlin: akzept – Selbstverlag.
Bayrer, C./Jittiwutikarn, J./Teokul, W. et al. (2003): Drug Use, Increasing Incarceration Rates, and Prison-Associated HIV Risks in Thailand. In: *AIDS and Behavior* 7 (2), 153–161.
Bayrischer Rundfunk (2020): Heroinsucht – Kalter Entzug im Knast. Online verfügbar unter: https://www.br.de/mediathek/video/heroinsucht-kalter-entzug-im-knast-av:5f9983b54bcdfb001a69f478 [Stand 27.12.2020].
Binswanger, Ingrid (2014): Subgroup differences in post-release mortality Subgroup differences in post-release mortality. Implications for access to diverse and effective treatments, Commentary on Forsyth et al. In: *Addiction* 109 (10), 1684–1685.
Binswanger, Ingrid A./Stern, Marc F./Deyo, Richard A. et al. (2007): Release from prison–a high risk of death for former inmates. In: *The New England Journal of Medicine* 356 (2), 157–165. DOI: 10.1056/NEJMsa064115.
Bremische Bürgerschaft (2012): Drogentherapie und -beratung im Justizvollzug. Antwort des Senats auf die kleine Anfrage der Fraktion der CDU. Drucksache. 18/574 (5). Online verfügbar unter: http://www.bremische-buergerschaft.de/drs_abo/Drs-18-574_a28.pdf [Stand 27.12.2020].
Boys, A. et al. (2002) Drug use and initiation in prison: results from a national prison survey in England and Wales. Addiction 97(12): 1551–1560
Bundesärztekammer (2017): Richtlinien der Bundesärztekammer zur Durchführung der substitutionsgestützten Behandlung Opiatabhängiger. Online verfügbar unter: https://www.bundesaerztekammer.de/fileadmin/user_upload/downloads/pdf-Ordner/RL/Substitution.pdf [Stand 27.12.2020].
Bürkle, S./Koch, A./Leune, J. et al. (2010): Kranken-versicherungsschutz nach der Haft. Beim Übergang in die medizinische Rehabilitation stehen viele Haftentlassene ohne KV-Schutz da. In: *Konturen* (6).

Clark, C. Brendan/Hendricks, Peter S./Lane, Peter S. et al. (2014): Methadone maintenance treatment may improve completion rates and delay opioid relapse for opioid dependent individuals under community corrections supervision. In: *Addictive behaviors* 39 (12),1736–1740. DOI: 10.1016/j.addbeh.2014.07.011.

Cousto, H.; Stöver, H. (2020): Repression und kein Ende?! Erneute Würdigung der polizeilichen Zahlen zur Kriminalisierung von Drogengebrauchern. In: akzept e.V. (Hrsg.): 7. Alternativer Drogen- und Suchtbericht, S. 120–133.

Die Drogenbeauftragte der Bundesregierung (2019): Drogen- und Suchtbericht 2019. Bundesministerium für Gesundheit. Online verfügbar unter: https://www.bundesregierung.de/breg-de/service/publikationen/drogen-und-suchtbericht-2019-1688896 [Stand 27.12.2020].

Deutsche AIDS-Hilfe e.V. (DAH) (2012): Keine Kennzeichnung HIV-positiver Gefangener mehr, Mecklenburg-Vorpommern. Online verfügbar unter http://aidshilfe.de/de/aktuelles/meldungen/mecklenburg-vorpommern-keine-kennzeichnung-hiv-positiver-gefangener-mehr [Stand 27.12.2020].

Eckert, J./Weilandt, C. (2008): Infektionskrankheiten unter Gefangenen in Deutschland: Kenntnisse, Einstellungen und Risikoverhalten. Teilergebnisse des Projekts: Infectious Diseases in German Prisons–Epidemiological and Sociological Surveys among Inmates and Staff, Bonn: Wissenschaftliches Institut der Ärzte in Deutschlands gem. e.V.

Eder, Simone (2012): Beratung, Betreuung und Behandlung Drogenabhängiger im Justizvollzug (Schriftenreihe "Gesundheitsförderung im Justizvollzug", Band 22), Oldenburg: BIS-Verl. der Carl von Ossietzky Univ.

Fährmann, J./Schuster, S./Stöver, H./Häßler, U./Keppler, K. (2021); Der Anspruch auf Substitutionsbehandlung im Gefängnis. Über eine umstrittene Praxis im Justizvollzug und vor Gericht. In: NStZ (im Druck).

European Monitoring Centre for Drugs and Drug Addiction (2016): EU Drug Markets Report. In-depth Analysis. Online verfügbar unter http://www.emcdda.europa.eu/system/files/publications/2373/TD0216072ENN.PDF [Stand: 27.12.2020].

Farrell, Michael/Marsden, John (2008): Acute risk of drug-related death among newly released prisoners in England and Wales. In: *Addiction (Abingdon, England)* 103 (2), 251–255. DOI: 10.1111/j.1360 – 0443.2007.02081.x.

Gerlach, Ralf/Stöver, Heino (Hg.) (2012): Entkriminalisierung von Drogenkonsumenten – Legalisierung von Drogen. Frankfurt a. M.: Fachhochsch.-Verl. (Bd. 32).

Gordon, Michael S./Kinlock, Timothy W./Schwartz, Robert P./O'Grady, Kevin E. (2008): A randomized clinical trial of methadone maintenance for prisoners: findings at 6 months post-release. In: *Addiction (Abingdon, England)* 103 (8), 1333–1342. DOI: 10.1111/j.1360 – 0443.2008.002238.x.

Hedrich, Dagmar/Alves, Paula/Farrell, Michael et al. (2012): The effectiveness of opioid maintenance treatment in prison settings: a systematic review. In: *Addiction (Abingdon, England)* 107 (3), 501–517. DOI: 10.1111/j.1360 – 0443.2011.03676.x.

1 Aktuelle Praxis

Heinemann, A./Kappos-Baxmann, I./Püschel, K. (2002): Haftentlassung als Risikozeitraum für die Mortalität drogenabhängiger Strafgefangener. In: *Suchttherapie* 3 (3), 162–167.

Hellmann, D.F. (2014): Repräsentativbefragung zu Viktimisierungserfahrungen in Deutschland. (KFN Forschungsbericht No. 122). Hannover: KFN.

Hößelbarth, S./Stöver, H./Vogt, I. (2011): Lebensweise und Gesundheitsförderung älterer Drogenabhängiger im Rhein-Main-Gebiet. In: Vogt, Irmgart (Hg.): Auch Süchtige altern. Probleme und Versorgung älterer Drogenabhängiger, Frankfurt a. M.: Fachhochsch.-Verl. (Bd. 34), 137–166.

Husmann, K. (2010): Wie kann die Substitution in Haft weiterentwickelt werden? Das Beispiel NRW. In: Heino Stöver (Hg.): Weiterentwicklung der Substitutionsbehandlung in Haft. Praxis, Probleme und Perspektiven; Dokumentation der Akzept-Fachtagung vom 20.4.2010 in Berlin. Berlin: Akzept.

Jacob, Jutta (2001): Drogenhilfe im Justizvollzug. In: Jutta Jacob (Hg.): LebHaft: Gesundheitsförderung für Drogen Gebrauchende im Strafvollzug. Berlin: Dt. AIDS-Hilfe, 17ff.

Jakob, L./Stöver, H./Pfeiffer-Gerschel, T. (2013): Suchtbezogene Gesundheitsversorgung von Inhaftierten in Deutschland – Eine Bestandsaufnahme. In: Sucht 1/2013.

Jamin, D./Stöver, H. (2020a): Schnittstelle Haft und Freiheit – Zur Entlassungssituation von Drogengebrauchenden – Das Risiko „Haftentlassung" für Drogengebrauch. In: Forum Strafvollzug, 3/2020, 209ff.

Jamin, D./Stöver, H. (2020b): Mehr als Substitution – Notwendigkeit von Harm Reduction-Maßnahmen für Drogenkonsumierende in Haft. In: Public Health Forum 28, H. 4; DOI: https://doi.org/10.1515/pubhef-2020-0073. Online verfügbar unter: https://www.degruyter.com/view/journals/pubhef/28/4/article-p284.xml [Stand 27.12.2020].

Justizministerium NRW/Ärztekammern Westfalen-Lippe und Nordrhein (2010): Ärztliche Behandlungsempfehlungen zur medikamentösen Therapie der Opioidabhängigkeit im Justizvollzug. Substitutionstherapie in der Haft. Online verfügbar unter https://www.akzept.org/pdf/volltexte_pdf/4_10/fin_beh_empfNRW2010.pdf [Stand: 27.12.2020].

Kastelic, Andrej/Pont, Jörg/Stöver, Heino (2008): Opioid substitution treatment in custodial settings. A practical guide (Schriftenreihe "Gesundheitsförderung im Justizvollzug", 17). Oldenburg: BIS-Verl. der Carl-von-Ossietzky-Univ.

Keppler, K./Knorr, B./Stöver, H. (2011a): Substitutionsbehandlung in Haft. In: Stöver, Heino/Hönekopp, Inge (Hg.): Beispiele Guter Praxis in der Substitutionsbehandlung. Freiburg: Lambertus Verlag (Sucht und Abhängigkeit), 79–97.

Keppler, K./Stöver, H. (2002): Zwei Systeme – eine Substitution. Von den Schwierigkeiten beim Wechsel Substituierter von der Gesetzlichen Krankenversicherung in das Gefängnis und umgekehrt. In: *Suchttherapie* 3 (3), 168–172. DOI: 10.1055/s-2002-34325.

Keppler, Karlheinz (Hg.) (2009): Gefängnismedizin. Medizinische Versorgung unter Haftbedingungen; 18 Tabellen. Unter Mitarbeit von Regina Agostini. Stuttgart New York, Delhi, Rio: Thieme Verlagsgruppe.

Kolte, B./Schmidt-Semisch, H. (2006): Spezifische Problemlagen und gesundheitliche Versorgung von Frauen in Haft. Projektbericht: Universität Bremen.

Leitges, R./Reinehr, K. (2012): Suchtberatung in der JSA Wittlich. In: *Onlinezeitschrift für Suchtstoff-Recht – OzSR* (4), 28.

Magura, Stephen/Rosenblum, Andrew/Lewis, Carla/Joseph, Herman (1993): The Effectiveness of In-Jail Methadone Maintenance. In: *Journal of Drug Issues* 23 (1), 75–99. DOI: 10.1177/002204269302300106.

Marushak, L. (2008) Medical Problems of Prisoners. US Department of Justice, Bureau of Justice Statistics. Online verfügbar unter: http://www.bjs.gov/content/pub/pdf/mpp.pdf [Stand 27.12.2020].

McIntosh, Saville (2006): The Challenges associated with Drug Treatment. In: *Prison Probation Journal* 52, 244.

Merrall, Elizabeth L. C./Kariminia, Azar/Binswanger, Ingrid A. et al. (2010): Meta-analysis of drug-related deaths soon after release from prison. In: *Addiction (Abingdon, England)* 105 (9), 1545–1554. DOI: 10.1111/j.1360 – 0443.2010.02990.x.

Michels, I. I./Sander, G./Stöver, H. (2009): Practice, problems and perspectives of opioid substitution treatment (OST) in Germany. In: *Bundesgesundheitsblatt, Gesundheitsforschung, Gesundheitsschutz* 52 (1), 111–121. DOI: 10.1007/s00103–009–0756–1.

Mudra e.V. (2011): Notfalltraining für Drogenkonsumenten. In: BAS (Hg.): Gesundheitsförderung und ärztliche Versorgung Drogenabhängiger in Justizvollzugsanstalten. BAS Fachtagung.

Plugge, E./Yudkin, P./Douglas, N. (2009): Changes in women's use of illicit drugs following imprisonment. In: *Addiction* 104 (2), 215–222.

Poehlke, Thomas/Heinz, Werner/Stöver, Heino (2020): Drogenabhängigkeit und Substitution – ein Glossar von A-Z (5. Aufl.), Berlin, Heidelberg: Springer Berlin Heidelberg.

Reber, B. (2011) Gesundheitsberichterstattung 2010 über die Gefangenen in Baden-Württemberg. Stuttgart: Justizministerium Baden-Württemberg.

Robert Koch-Institut (2016): Drogen und chronische Infektionskrankheiten in Deutschland – DRUCK-Studie. Online verfügbar unter http://www.rki.de/DE/Content/InfAZ/H/HIVAIDS/Studien/DRUCK-Studie/Abschlussbericht.pdf?__blob=publicationFile [Stand: 27.12.2020].

Schäffer, Dirk/Höpfner, Christine (Hg.) (2011): Drogen, HIV, AIDS, Hepatitis. Ein Handbuch (2., neu bearb. Aufl.) Berlin: Dt. AIDS-Hilfe.

Seifert, D./Leygraf, N. (1999): Drogenabhängige Straftäter im Maßregelvollzug. In: *Nervenarzt* 70.

Singleton, N./Farrell, M./Meltzer, H. (2003): Substance misuse among prisoners in England and Wales. In: *International Review of Psychiatry* 15 (1–2), 150–152.

Stallwitz, A./Stöver, Heino (2007): The impact of substitution treatment in prison – a literature review. In: International Journal of Drug Policy, Volume 18(6), 464–474

1 Aktuelle Praxis

Sozialgericht Fulda (2010): Beschluss vom 8.11.2010, Az. S 3 R 250/10 ER

Staack, D. (2014) Normalisierung eines Modellprojektes? Spritzentausch in der JVA Lichtenberg. In: Stöver H; Knorr B, Hrsg. HIV und Hepatitis-Prävention in Haft–keine Angst vor Spritzen! Bd. 28 der Schriftenreihe "Gesundheitsförderung im Justizvollzug". Oldenburg: BIS-Verlag: 49–66

Statistisches Bundesamt (2018): Fachserie 10, Reihe 4.1, 2018

Statistisches Bundesamt (2020): Fachserie 10, Reihe 4.1, 2019. Online verfügbar unter: https://www.destatis.de/DE/Themen/Staat/Justiz-Rechtspflege/Publikationen/Downloads-Strafverfolgung-Strafvollzug/strafvollzug-2100410197004.pdf?__blob=publicationFile [Stand 27.12.2020].

Stelly, W./Thomas, J. (2013): Strukturevaluation des baden-württembergischen Jugendstrafvollzugs. In: *Forum Strafvollzug* (6).

Stöver, H. (2013): Gesundheit und Gesundheitsförderung im Strafvollzug. In: BAG-S Informationsdienst Straffälligenhilfe 21(1): 7–13. Online verfügbar unter: http://www.bag-s.de/fileadmin/user_upload/PDF/Infodienst/1_2013_BAG-S_Infodienst_Webseite_Archiv.pdf [Stand 27.1 [Stand 27.12.2020].

Stöver, H. (2014): Gedanken zur Gesundheitsförderung von Gefangenen. Wir brauchen Healthy Prisons! In: Informationsdienst Straffälligenhilfe 22(3): 16–24. Im Internet: http://www.bag-s.de/fileadmin/user_upload/PDF/BAG-S_Infodienst_DOKU_3_2014_fuer_WEBSEITE.pdf [Stand 27.12.2020].

Stöver, H./Hariga, F. (2015): A handbook for starting and managing needle and syringe programmes in prisons and other closed settings. Hg. v. UNDOC (6). Online verfügbar unter https://www.unodc.org/documents/hiv-aids/publications/Prisons_and_other_closed_settings/ADV_COPY_NSP_PRISON_AUG_2014.pdf [Stand: 27.12.2020].

Stöver, H./Weilandt, C./Zurhold, H./Hartwig, C./Thane, K. (2008): Final Report on Prevention, Treatment, and Harm Reduction Services in Prison, on Reintegration Services on Release from Prison and Methods to Monitor/Analyse Drug use among Prisoners. European Commission, Directorate – General for health and Consumers. Drug policy and harm reduction. SANCO/2006/C4/02. Online im Internet: http://ec.europa.eu/health/ph_determinants/life_style/drug/documents/drug_frep1.pdf [Stand: 27.12.2020].

Stöver, H./Keppler, K. (1998): Die Substitutionsbehandlung im deutschen Justizvollzug. In: *Sucht* (2), 104–119.

Stöver, H./Lines, R. (2018): Silence Still = Death. 25 years of HIV/AIDS in Prisons. In: World Health Organisation/WHO – Regional Office for Europe (Hg.): 25-Years of HIV/AIDS in Europe, 67–85.

Stöver, H./Trautmann, F. (2009): Risikominimierung im Strafvollzug. Arbeitsmaterialien zur HIV-Prävention für Praktiker/innen. Hg. v. Deutsche AIDS-Hilfe e.V. (DAH). Berlin. Online verfügbar unter: https://www.frankfurt-university.de/fileadmin/standard/Hochschule/Fachbereich_4/Forschung/ISFF/Publikationen/2017/2017_02_21_risikominimierung_im_strafvollzug_2017.pdf [Stand: 27.12.2020].

Stöver, Heino (2000): Healthy Prisons: Strategien der Gesundheitsförderung im Justizvollzug. Univ., Habil.-Schr.-Oldenburg, 2003. Oldenburg: Bibliotheks- und Informationssystem der Univ (Schriftenreihe "Gesundheitsförderung im Justizvollzug", 5).

Stöver, H./Michels, I. (2010): Drug use and opioid substitution treatment for prisoners. In: *Harm Reduction Journal* (7), 17.

Stöver, H. (2011): Barriers to opioid substitution treatment access, entry and retention: A survey of opioid users, patients in treatment, and treating and non-treating physicians. In: European Addiction Research 2011;17, 44–54.

Stöver, H. (2012): Drogenabhängige in Haft – Epidemiologie, Prävention und Behandlung in Totalen Institutionen. In: Suchttherapie 13, 74–80.

Stöver H./Knorr, B. (2014) Spritzenvergabe in (deutschen) Haftanstalten: Geschichte und Perspektiven. In: Stöver, H./Knorr, B. (Hrsg): HIV und Hepatitis-Prävention in Haft – keine Angst vor Spritzen! Bd. 28 der Schriftenreihe "Gesundheitsförderung im Justizvollzug". Oldenburg: BIS-Verlag: 13–3

Stöver, H. (2016) Querschnittsthema Drogenabhängige in Haft. In: Feest, J./Lesting, W. (Hrsg): Kommentar zum Strafvollzugsgesetz, Köln: Carl Heymanns Verlag

Stöver, H./Meroueh, F./Marco, A. et al. (2019): Offering HCV treatment to prisoners is an important opportunity: key principles based on policy and practice assessment in Europe In: BMC Public Health 2019 19:30). Online verfügbar unter: https://link.springer.com/epdf/10.1186/s12889-018-6357-x?author_access_token= VlJ_rD22jQeS5BjJJOc1rG_BpE1tBhCbnbw3BuzI2RMUt7bfEjy4ypCM3HSjtbP Ei150NyXbWuMWjpl1NlkRZLYQKRisGJmW3QBcNRvWOKdIo8WFSqw0CC FY_tnIS5LjxkfQOIy0McWGiM_KBZc0kQ%3D%3D und https://doi.org/10.118 6/s12889-018-6357-x [Stand 27.12.2020]

Strang, John/Bird, Sheila M./Parmar, Mahesh K. B. (2013): Take-home emergency naloxone to prevent heroin overdose deaths after prison release: rationale and practicalities for the N-ALIVE randomized trial. In: *Journal of urban health: bulletin of the New York Academy of Medicine* 90 (5), 983–996. DOI: 10.1007/s11524–013–9803–1.

Thane, Katja (2015): Strukturelle Defizite in der Gesundheitsversorgung in Haft. Das Beispiel DrogenkonsumentInnen. Dissertation zur Erlangung der Doktorwürde durch den Promotionsausschuss Dr. phil. Universität Bremen, Bremen.

Vorma, Helena/Sokero, Petteri/Aaltonen, Mikko et al. (2013): Participation in opioid substitution treatment reduces the rate of criminal convictions: evidence from a community study. In: *Addictive behaviors* 38 (7), 2313–2316. DOI: 10.1016/j.addbeh.2013.03.009.

Wakeman, Sarah E./Bowman, Sarah E./McKenzie, Michelle; et al. (2009): Preventing death among the recently incarcerated: an argument for naloxone prescription before release. In: *Journal of addictive diseases* 28 (2), 124–129. DOI: 10.1080/10550880902772423.

UNODC (2016) A handbook for starting and managing needle and syringe programmes in prisons and other closed settings. Online verfügbar unter: http://www.unodc.org/documents/hiv-aids/publications/Prisons_and_other_closed_settings/ADV_COPY_NSP_PRISON_AUG_2014.pdf [Stand 27.12.2020].

WHO Regional Office for Europe (2012): The Madrid Recommendation: Health protection in prisons as an essential part of public health. Online verfügbar unter http://www.euro.who.int/__data/assets/pdf_file/0012/111360/E93574.pdf?ua=1 [Stand: 27.12.2020].

WHO Regional Office for Europe (2014): Prisons and health. Copenhagen: WHO Regional Office for Europe.

WHO, UNODC, UNAIDS (2007): Interventions to address HIV in Prisons. Drug dependence treatment. Evidence for Action Technical Paper. Genf. Online verfügbar unter: https://www.unodc.org/documents/hiv-aids/EVIDENCE%20FOR%20ACTION%202007%20drug_treatment.pdf [Stand: 27.12.2020].

Williams, Anna V./Marsden, John/Strang, John (2014): Training family members to manage heroin overdose and administer naloxone: randomized trial of effects on knowledge and attitudes. In: *Addiction (Abingdon, England)* 109 (2), 250–259. DOI: 10.1111/add.12360.

Wolff, H. (2010): Substitution in Haft: Zeit zum Handeln! Evidenz und Praxisbeispiele aus der Schweiz. In: Heino Stöver (Hg.): Weiterentwicklung der Substitutionsbehandlung in Haft. Praxis, Probleme und Perspektiven; Dokumentation der Akzept-Fachtagung vom 20.4.2010 in Berlin. Berlin: Akzept, 55–64.

Yokell, M.A. et al. (2011): Opioid Overdose Prevention and Naloxone Distribution in Rhode Island. In: Med Health R I. 2011 Aug; 94(8): 240–242.

1.2 Suchtmittelbelastung von Inhaftierten – Ergebnisse aus der „Bundeseinheitlichen Erhebung zur stoffgebunden Suchtmittelproblematik im Justizvollzug" am Beispiel Niedersachsens (Ulrike Häßler)

Viele Jahrzehnte wurde die Anzahl der suchtmittelabhängigen Inhaftierten geschätzt, über ihre Häufigkeit gemutmaßt oder vereinzelt auf Grundlage kleiner, wenig verallgemeinerbarer Studien ermittelt. Valide, systematische Erfassungen darüber, wie viel Inhaftierte tatsächlich vor Haftantritt einen problematischen Suchtmittelkonsum aufweisen, gab es für Deutschland nicht. Die Angaben und Schätzungen, auf deren Grundlagen immerhin politische Entscheidungen getroffen und auch Behandlungsmaßnahmen für Inhaftierte im Suchtbereich geplant wurden, variierten stark. So nahm der Wissenschaftliche Dienst des Deutschen Bundestages im Jahr 2016 beispielsweise an, dass 30–40 % der Inhaftierten in deutschen Haftanstalten drogenabhängig sind (Wissenschaftliche Dienste des deutschen Bundestages, 2016: 7). International wurde in einem systematischen Review von Fazel et al. (2006) festgestellt, dass 10–48 % der Männer und 30–60 % der Frauen vor Haftantritt illegale Suchtmittel konsumiert haben oder von diesen abhängig waren (ebd.). Ein Suchtmittelproblem wurde international also bei der Hälfte der Inhaftiertenpopulation angenommen (Vandam 2009: 242f.). Ob dies auch für die Inhaftierten in deutschen Haftanstalten gilt, war lange Zeit nicht klar.

Systematisch Behandlungsbedarfe im Suchtbereich festzustellen, passende Maßnahmen zu entwickeln und Bedarfe im Bereich des Übergangsmanagements von suchtmittelabhängigen Personen zu ermitteln, erscheint ohne eine solide Datengrundlage wenig zielführend und ist mit großer Wahrscheinlichkeit zum Scheitern verurteilt. Um eine solche Datenbasis zu schaffen, beschloss der Strafvollzugsausschuss der Länder im Jahr 2012 eine bundeseinheitliche Erhebung der Suchtmittelproblematik inhaftierter Personen einzuführen. Eine länderübergreifende Arbeitsgruppe entwickelte daraufhin ein Konzept zur systematischen und vollständigen Erhebung dieser Zahlen. Im Jahr 2016 startete die Erhebungen auf Grundlage der Hauptsubstanzen nach den Leitlinien der „Internationalen Klassifikation psychischer Störungen" der Weltgesundheitsorganisation (ICD-10). Im Rahmen der medizinischen Zugangsuntersuchung wird bei Haftantritt für jede*n Inhaftierte*n[1] einmalig festgestellt, ob eine Substanzmittelabhängigkeit, ein missbräuchlicher Konsum oder ob kein Suchtmittelproblem

---

1 Der Begriff „Inhaftierter" wird im Folgenden für alle sich im Justizvollzug befindlichen Personen verwendet, d.h. für alle Personen, die sich im Vollzug der Frei-

1 Aktuelle Praxis

vorliegt. Ebenso wird die Substanz bzw. Substanzklasse angegeben, die die/der Inhaftierte konsumiert hat. Zudem wird zum Stichtag die Anzahl derjenigen Inhaftierten erhoben, die sich in Substitutionsbehandlung befinden.[2] Auch wenn diese neu installierte Erhebung einige methodische Schwächen aufweist,[3] liefert sie dennoch die erste solide Datengrundlage zum Thema Suchtmittelbelastung von inhaftierten Personen in Deutschland. Diese Daten können sowohl auf Ebene der einzelnen Anstalten, auf Länderebene oder zusammengefasst auf Ebene des Bundesgebietes ausgewertet werden. Beachtet werden muss, dass es sich hier nicht um personenbezogene Angaben handelt, sondern die Angaben aggregiert ausgewertet werden.

Nachfolgenden wird am Beispiel Niedersachsens die Entwicklung der Suchtmittelbelastung inhaftierter Personen zwischen 2017 und 2020 beschrieben.[4] Die niedersächsischen Daten können mit den Ergebnissen der Auswertung der Länderarbeitsgruppe für das Bundesgebiet für den Stichtag 2018 verglichen und eingeordnet werden (Stoll et al. 2019).[5]

Suchtmittelbelastung durch eine Abhängigkeitserkrankung oder missbräuchlichen Konsum

Zum aktuellen Stichtag 2020 waren rund 50 % der niedersächsischen Inhaftierten zum Haftantritt entweder abhängig von Suchtmitteln oder ha-

---

heits- oder Jugendstrafe, der Untersuchungshaft sowie in den Einrichtungen der Sicherungsverwahrung befinden.
2 Des Weiteren wird im Rahmen einer Jahresverlaufserhebung die Anzahl der Personen erhoben, die medizinisch begleitet entgiftet werden sowie die Anzahl der Personen, die nach der Inhaftierung in eine Entwöhnungsbehandlung entlassen wurden (weiterführend Stoll et al. 2019: 3).
3 Die Validität wird z.B. dadurch eingeschränkt, dass in den Ländern zum Teil verschiedene Berufsgruppen die Daten erfassen und diese Daten in einigen Ländern elektronisch verarbeitet und in anderen „per Hand" gezählt werden. Zudem weist das Klassifikationssystem der ICD-10 Grenzen auf und mit der Erfassung mittels Stichtagserhebung gehen außerdem weitere Einschränkungen einher. Die Limitationen der bundesweiten Erhebung sind ausführlich bei Stoll et al. (2019: 7ff.) beschrieben.
4 Der Stichtag 31.03.2016 wird nicht einbezogen, da sich die Erhebungsmodalitäten von den nachfolgenden Stichtagen unterschied und der Vergleich dadurch möglicherweise nicht valide ist.
5 Dabei muss beachtet werden, dass in den bundesweiten Daten von Stoll et al. (2019) auch die Daten aus Niedersachsen enthalten sind, so dass es sich um „teilweise abhängige" Daten handelt.

ben diese missbräuchlich konsumiert. Insgesamt wurde für Niedersachsen zwischen 2017 und 2020 zunehmend „kein Suchtmittelproblem" notiert (s. Abbildung 1). Die weiteren Ergebnisse sind der Abbildung 1 zu entnehmen.

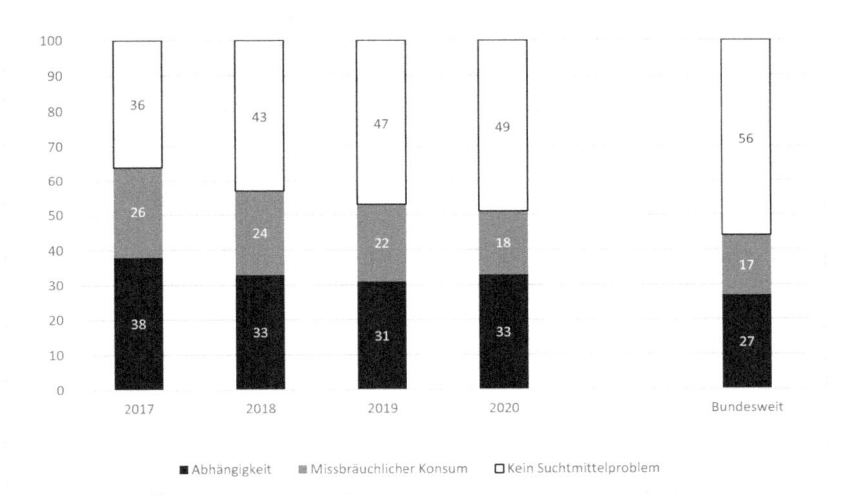

Abbildung 1: Verteilung der Suchtmittelbelastung für Niedersachsen[6] sowie im bundesweiten Vergleich,[7] in %

[Stacked bar chart: 2017: 38 / 26 / 36; 2018: 33 / 24 / 43; 2019: 31 / 22 / 47; 2020: 33 / 18 / 49; Bundesweit: 27 / 17 / 56. Legend: ■ Abhängigkeit ■ Missbräuchlicher Konsum ☐ Kein Suchtmittelproblem]

Während zum Stichtag 2017 insgesamt 64 % aller niedersächsischen Inhaftierten durch missbräuchlichen Konsum oder eine Abhängigkeitserkrankung belastet waren, sank deren Anteil bis zum Stichtag 2020 auf 51 %. Damit nähert sich Niedersachen immer mehr dem bundesdeutschen Durchschnitt an: Zum Stichtag 2018 wurde bundesweit eine Gesamtbelastung von 44 % aller 41.896 Inhaftierten festgestellt (in 27 % eine Abhängigkeit und in 17 % ein missbräuchlicher Konsum). Dennoch ist in der Gruppe der Inhaftierten in Niedersachsen weiterhin eine höhere Belastung mit problematischem Suchtmittelkonsum festzustellen als im bundesweiten Durchschnitt. Weiterhin lässt sich erkennen, dass der Anteil der abhängigen Inhaftierten relativ stabil bei circa einem Drittel der Gesamtpopulation bleibt und sich nur der Anteil der missbräuchlich konsumierenden In-

---

6 N: 2017 = 4.680, 2018 = 4.549, 2019 = 4.761, 2020 = 4.503.
7 N: 2018 = 41.896 (Stoll et al. 2019: 11).

1 Aktuelle Praxis

haftierten über die vier Jahre reduziert hat. Ob dies tatsächlich auf einen Rückgang des missbräuchlichen Konsums schließen lässt, es sich um systematische „Messfehler" oder natürliche Schwankungen handelt, kann zum jetzigen Zeitpunkt dieser noch „jungen" Erhebung nicht festgestellt werden.[8]

Im „Epidemiologischen Suchtsurvey" (ESA) des Instituts für Therapieforschung in München erfolgen regelmäßig repräsentative Bevölkerungsumfragen zum Substanzkonsum bei Erwachsenen zwischen 18 und 64 Jahren. Dort zeigt sich für das Jahr 2018, dass ein Anteil von 0,6 % der Bevölkerung einen missbräuchlichen Konsum (mindestens) eines Suchtmittels und 0,8 % eine Abhängigkeitserkrankung aufweisen (Seitz et al. 2019b: 8). Die hier vorgestellten Ergebnisse zeigen, dass inhaftierte Personen wesentlich häufiger durch missbräuchlichen Konsum oder eine Abhängigkeitserkrankung belastet sind als die Allgemeinbevölkerung. Inhaftierte Personen sind bundesweit also, unter Betrachtung des Stichtags 2018, 28-mal häufiger durch missbräuchlichen Konsum und 34-mal häufiger durch eine Abhängigkeitserkrankung betroffen als Personen in der Allgemeinbevölkerung.

Favorisierte Substanzklassen

Im Rahmen der Suchtmittelerhebung wurde auch erfasst, welche Substanzen von den Inhaftierten konsumiert werden. Dabei kann pro Inhaftierte*r nur eine Substanzklasse angegeben werden. Die favorisierten Substanzen werden dabei nachfolgend für diejenigen Inhaftierten beschrieben, die eine Suchtmittelproblematik aufweisen (Abhängigkeit oder missbräuchlicher Konsum). In der bundesweiten Erhebung kann insgesamt zwischen neun Substanzklassen – analog zum ICD-10[9] – unterschieden werden. Nachfolgend werden zur besseren Übersichtlichkeit die „Top 4" der Substanzklassen dargestellt. Die anderen fünf Substanzklassen lagen prozentual nur im einstelligen Bereich.

---

8 Dazu müssten weiterführende messtheoretische Untersuchungen angestellt werden, die die Gütekriterien der Erhebung systematisch betrachten.
9 Abweichend vom ICD-10 wird Tabak nicht berücksichtigt (weiterführend Stoll et al. 2019: 4).

1.2 Suchtmittelbelastung von Inhaftierten

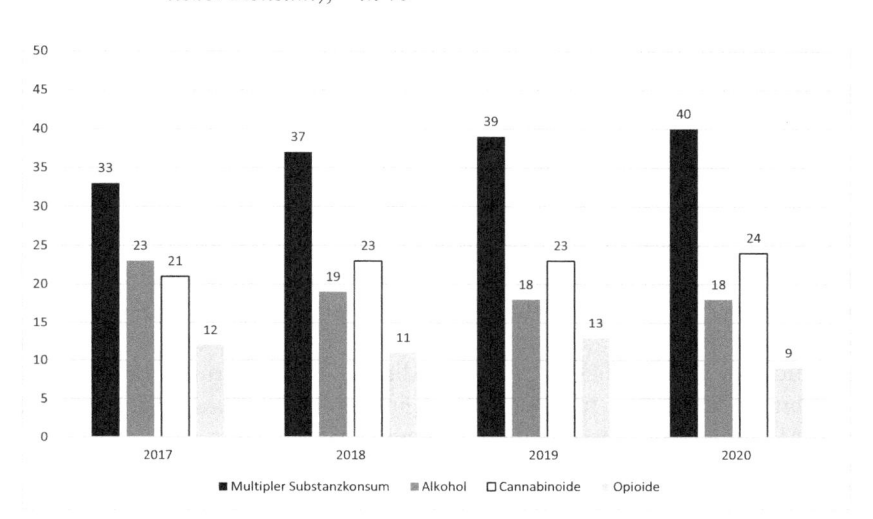

Abbildung 2. Favorisierte Substanzklassen der niedersächsischen Inhaftierten mit einer Suchtmittelproblematik (Abhängigkeit oder missbräuchlicher Konsum),[10] in %

Jahr	Multipler Substanzkonsum	Alkohol	Cannabinoide	Opioide
2017	33	23	21	12
2018	37	19	23	11
2019	39	18	23	13
2020	40	18	24	9

Am häufigsten, in circa einem Drittel der Fälle (in 2017) bis in 40 % der Fälle (in 2020) konsumieren diejenigen Inhaftierten mit einer Suchtmittelproblematik mehr als zwei Substanzen (multipler Substanzkonsum[11]). Die am häufigsten missbräuchlich konsumierten Substanzen sind die aus der Klasse der Cannabinoide (circa ein Fünftel der Fälle) gefolgt von Alkohol. Inhaftierte, die ausschließlich abhängig Opioide konsumieren, wurden mit circa 10 % aller problematischen Suchtmittelkonsumenten benannt.

Auch bundesweit zeigt sich die Hauptbelastung der inhaftierten Personen durch multiplen Subtanzkonsum (Stoll et al. 2019: 18). Die bundesweit zwei- und dritthäufigsten Substanzklassen, waren- wie auch in Niedersachsen- Alkohol und Cannabinoide. Eine Alkoholabhängigkeit oder ein missbräuchlicher Alkoholkonsum wird bei 10 % aller Inhaftierten be-

---

10 N: 2017 = 3.010, 2018 = 2.586, 2019 = 2.542, 2020 = 2.284.
11 Nur wenn die Substanzaufnahme nicht auf eine Hauptsubstanz einzugrenzen ist, wahllos verläuft oder wenn Bestandteile verschiedener Substanzen untrennbar vermischt sind, soll ein „multipler Substanzgebrauch" kodiert werden (Stoll et al. 2019: 4). Nach ICD-10 müssen für einen „multiplen Substanzgebrauch" zwei oder mehr Substanzen konsumiert werden, so dass nicht entschieden werden kann, welche die Störung ausgelöst hat (ICD-10: F19.).

1 Aktuelle Praxis

richtet (ebd.). Der hohe Anteil der Cannabinoidkonsument*innen in Abbildung 2 ergibt sich durch den hohen Anteil des missbräuchlichen Konsums dieser Substanzen; eine Abhängigkeit von diesen Substanzen wurde sowohl in Niedersachsen als auch bundesweit seltener diagnostiziert. Bundesweit waren in 2018 6 % aller 41.896 Inhaftierten von Opioiden abhängig (ebd.).

Für die Allgemeinbevölkerung wurde im Rahmen des ESA festgestellt, dass häufig „nur" eine Substanz konsumiert wird (Seitz et al. 2019b: 6). In anderen internationalen Studien wurde allerdings ermittelt, dass ein multipler Substanzkonsum das favorisierte Konsummuster sowohl unter Klient*innen in Therapieeinrichtungen als auch in der Allgemeinbevölkerung ist (Brecht et al. 2008: 194). Es kann nicht abschließend festgestellt werden, ob der multiple Substanzkonsum vor allem ein häufigeres Konsummuster von Personen in Institutionen (Gefängnis, Therapieeinrichtungen etc.) ist, oder ob dies auch für die Allgemeinbevölkerung gilt.

Weitere Vergleiche mit der Allgemeinbevölkerung lassen sich z.B. für den Alkoholkonsum beschreiben. Insgesamt lässt sich ein sinkender Trend des Alkoholkonsums in der Allgemeinbevölkerung beobachten, wobei ein steigender Trend des problematischen Trinkens bei Frauen und ein sinkender Trend bei Männern zu beobachten ist (Seitz et al. 2019a: 586). Ob sich der abnehmende Trend auch weiter für den Strafvollzug zeigt (s. Abbildung 2) wird zu beobachten sein. Insgesamt werden 3,1 % der Allgemeinbevölkerung als alkoholabhängig klassifiziert (Seitz et al. 2019c: 9). Unter den Inhaftierten ist dieser Anteil etwas höher (7 % für Niedersachsen zum Stichtag 2020 und 6 % bundesweit, Stoll et al. 2019: 18).

In der Allgemeinbevölkerung ist ein steigender Cannabiskonsum zu verzeichnen, wobei der Anteil bei Frauen stärker steigt als bei Männern. Dies trifft auch insgesamt auf illegale Substanzen zu (Seitz et al. 2019a: 586f.). Diese Entwicklung lässt sich für den Strafvollzug in Niedersachsen (noch) nicht abbilden. Substanzen aus der Klasse der Cannabinoide konsumierten bundesweit und auch in Niedersachsen besonders häufig Inhaftierte aus dem Jugendvollzug (Stoll et al. 2019: 17ff.). Auch in der Allgemeinbevölkerung sind Cannabinoide bei Jugendlichen/jungen Erwachsenen eine im Vergleich zu den Erwachsenen häufig konsumierte Substanz (Drogenbeauftragte 2019: 85).

Kraus et al. (2019) ermittelten für Deutschland eine Anzahl von 166.294 opioidabhängigen Personen (Kraus et al. 2019: 142). Wird von einer Bevölkerungszahl der erwachsenen Bevölkerung von 52.000.000[12] ausgegangen, kann somit ein Anteil von 0,3 % opioidabhängiger Personen in der Allgemeinbevölkerung verzeichnet werden. Mit bundesweit 6 % opioidabhängigen Inhaftierten (Stoll et al. 2019: 18), ist der Anteil in Haft im Vergleich zur Allgemeinbevölkerung 20-mal höher. Ob der Anteil der opioidabhängigen Inhaftierten weiter sinkt, wie zum letzten Stichtag 2020 in Niedersachsen, sich also der sinkende Trend in der Allgemeinbevölkerung (Kraus et al. 2019: 141f.) auch im Strafvollzug abbildet, bleibt abzuwarten.

Weitere Einordnungen der Ergebnisse des Strafvollzuges im Vergleich mit der Allgemeinbevölkerung sind aufgrund der verschiedenen Definitionen bzw. verschiedenen Substanzklassen schwer möglich (weiterführende Vergleiche und Differenzierungen z.B. zwischen Jugendlichen und Erwachsenen, bei Stoll et al. 2019: 21ff.).

Geschlechtsspezifische Unterschiede

Zwischen männlichen und weiblichen Inhaftierten ergeben sich deutliche Unterschiede in der Substanzbelastung. Das zeigt sich zum einen darin, dass die weiblichen Inhaftierten insgesamt weniger durch einen missbräuchlichen Konsum belastet sind als die männlichen Inhaftierten (in 2020 wurde bei 14 % der Frauen und bei 18 % der Männer ein missbräuchlicher Konsum berichtet). Dafür weisen die inhaftierten Frauen häufiger eine Abhängigkeitserkrankung auf (z.B. sind in 2020 40 % der Frauen abhängig und 33 % der Männer). Dieser Unterschied zeigt sich nicht nur in den niedersächsischen Daten, sondern auch in den bundesweiten Ergebnissen (Stoll et al. 2019: 11). In Bezug auf die favorisierten Substanzen lassen sich ebenfalls geschlechtsspezifische Unterschiede erkennen (Abbildung 3).

---

12 https://de.statista.com/statistik/daten/studie/1365/umfrage/bevoelkerung-deutschlands-nach-altersgruppen/ [Stand: 13.05.2020].

1 Aktuelle Praxis

Abbildung 3. Geschlechtsspezifische Unterschiede in den favorisierte Substanzklassen der niedersächsischen Inhaftierten mit einer Suchtmittelproblematik (Abhängigkeit oder missbräuchlicher Konsum) in 2020,[13] in %

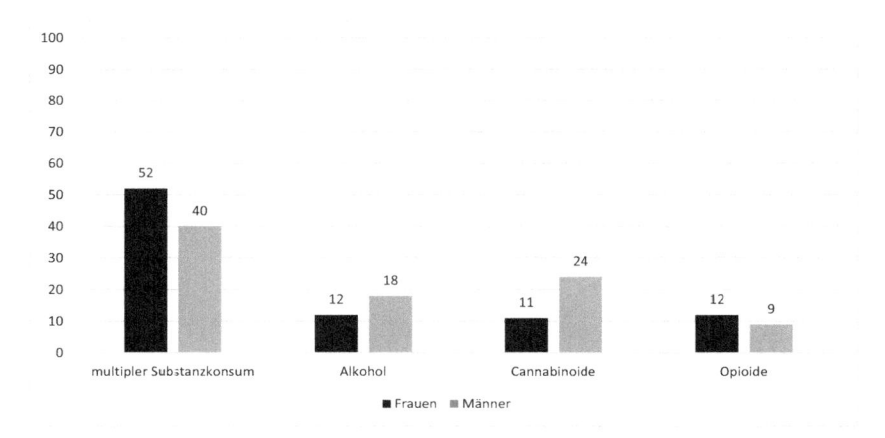

	Frauen	Männer
multipler Substanzkonsum	52	40
Alkohol	12	18
Cannabinoide	11	24
Opioide	12	9

Die inhaftierten Frauen waren zu Haftbeginn wesentlich häufiger durch multiplen Substanzkonsum belastet als inhaftierte Männer. Auch der Anteil der Opioidkonsumt*innen ist bei den weiblichen Inhaftierten über alle vier Stichtage hinweg leicht höher als bei den männlichen Inhaftierten. Dafür spielen Substanzen aus der Klasse der Cannabinoide bei den inhaftierten Frauen eine geringere Rolle als bei den männlichen Inhaftierten. Auch in den Jahren 2017 bis 2019 zeigten sich in Niedersachsen ähnliche geschlechtsspezifische Unterschiede in den favorisierten Substanzklassen wie zum Stichtag 2020 (s. Abbildung 3).

Im Vergleich zum bundesweiten Ergebnis des Stichtags 2018 sind sowohl die Frauen als auch die Männer in der niedersächsischen Justiz häufiger von mehr als zwei Substanzen abhängig. Im bundesweiten Bericht wurde bei 38 % der Frauen und bei 27 % der Männer ein problematischer Konsum von multiplen Substanzen angegeben. In Bezug auf den problematischen Alkoholkonsum beider Geschlechter liegt Niedersachsen im bundesdeutschen Schnitt. Für die Substanzklasse der Cannabinoide zeigt sich, dass die niedersächsischen Frauen etwas geringer belastet sind als alle weiblichen Inhaftierten im Bundesgebiet. Für die Männer ergeben sich kaum Unterschiede zu den bundesweiten Daten bezogen auf die Belastung

---

13 N Frauen = 112, N Männer = 2.284.

durch Cannabinoide. Während im bundesdeutschen Durchschnitt 28 % aller durch eine Suchtmittelproblematik belasteten Frauen Opioide konsumieren (Stoll et al. 2019: 14), ist dieser Anteil in Niedersachsen mit maximal 22 % (im Jahr 2019 und aktuell 12 % in 2020) etwas geringer. In der Tendenz trifft dies auch auf die männlichen Inhaftierten zu, wobei der Unterschied zwischen den 13 % bundesweit (ebd.) und 9 % in Niedersachsen weniger deutlich ist.

In der Allgemeinbevölkerung lässt sich nicht erkennen, dass Frauen prozentual häufiger durch eine Suchtmittelabhängigkeit betroffen sind als Männer, im Gegenteil: 1,2 % der Männer und 0,4 % der Frauen in der Allgemeinbevölkerung werden als abhängig klassifiziert (Seitz et al. 2019b: 8). So ist die Höherbelastung durch eine Abhängigkeitserkrankung der Frauen im Vergleich zu den Männern eine Besonderheit des Strafvollzuges, bzw. ein Selektionseffekt.

Substitution

Im Rahmen der „bundeseinheitlichen Erhebung" wird zudem erhoben, wie viele Gefangene sich am Stichtag 31.03. jeden Jahres in einer Substitutionsbehandlung befinden. Im Bereich der Substitution können jedoch nur vorsichtige Interpretationen vorgenommen werden, da es sich, wie oben beschrieben, um aggregierte Daten handelt und z.B. nicht ermittelt werden kann, ob sich die opioidabhängige Person tatsächlich am Stichtag in einer Substitutionsbehandlung befindet. Es handelt sich also um zwei unabhängige Datensätze (1. Anzahl der Zielgruppe für eine Substitution und 2. Anzahl der am Stichtag substituierten Personen), so dass die Anzahl der Substituierten also lediglich in Relation zur Anzahl der Zielgruppe für eine solche Behandlung gesetzt werden kann. Zudem werden die Personen mit einer multiplen Substanzabhängigkeit ebenfalls als Zielgruppe in diese Berechnung einbezogen, da eine der Substanzen, von denen eine Person abhängig ist auch ein Opioid sein kann. Dieses Vorgehen führt tendenziell zu einer Unterschätzung der realen Substitutionsquote in Haft, da sich hinter dem multiplen Substanzkonsum eben nicht unbedingt eine Opioidabhängigkeit verbergen muss (vgl. auch Stoll et al. 2019).

1 Aktuelle Praxis

Abbildung 4. Substitutionsquote (=Anzahl der Substituierten[14] in Relation zur Anzahl der Abhängigen von Opioiden oder mit einer multiplen Abhängigkeitserkrankung[15]) für Niedersachsen sowie im bundesweiten Vergleich,[16] in %

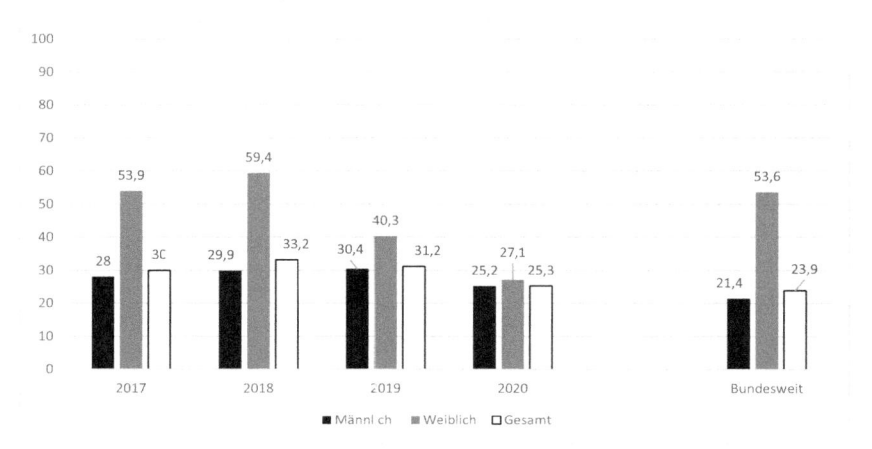

[Balkendiagramm: Männlich, Weiblich, Gesamt
- 2017: 28 / 53,9 / 30
- 2018: 29,9 / 59,4 / 33,2
- 2019: 30,4 / 40,3 / 31,2
- 2020: 25,2 / 27,1 / 25,3
- Bundesweit: 21,4 / 53,6 / 23,9]

In 2017 und 2018 wurde ein Anteil von 54- 59 % der weiblichen Inhaftierten mit einer entsprechenden Abhängigkeitserkrankung am Stichtag substituiert. Damit lag Niedersachsen sogar noch über dem bundesweiten Schnitt von rund 54 % der Zielgruppe. In den Jahren 2019 und 2020 sank die Substitutionsquote unter den weiblichen abhängigen Inhaftierten auf zuletzt 27 %. Für die männlichen Inhaftierten liegt die Substitutionsquote bundesweit bei 21,4 %, wobei in Niedersachsen über alle vier Stichtage hinweg höhere Quoten erreicht wurden. Im Laufe der letzten vier Jahre sank der Anteil der Zielgruppe für eine Substitutionsbehandlung von beinahe 1.000 Inhaftierten in 2017 auf 774 Personen in 2020. Insgesamt lässt sich für Niedersachsen ein sinkender Trend bei den für eine Substitutionsbehandlung in Frage kommenden Inhaftierten als auch für die Substitutionsquote insgesamt verzeichnen.

Für Deutschland wird für 2016 die Substitutionsquote auf knapp 60 % der Hochrisiko-Opioidkonsumierenden geschätzt (EMCDDA, 2018a: 64). Die in Abbildung 4 dargestellte Substitutionsquote für Inhaftierte von cir-

---

14 N: 2017 = 288, 2018 = 290, 2019 = 268, 2020 = 196.
15 N: 2017 = 959, 2018 = 874, 2019 = 859, 2020 = 774.
16 Für 2018: N Zielgruppe = 6.013, N Substituierte = 1.440 (Stoll et al. 2019: 20).

ca 30 % im Durchschnitt, kann nur eingeschränkt mit der Substitutionsquote der Hochrisiko-Opioidkonsument*innen in der Allgemeinbevölkerung verglichen werden, da, wie oben beschrieben, in Abbildung 4 auch multiple Substanzgebraucher*innen mit einbezogen wurden. Wir wissen also nicht, wie viele Hochrisiko-Opioidkonsument*innen inhaftiert sind. Anzunehmen ist aber, dass die Substitutionsquote in Haft, trotz Unterschätzung, geringer ist als in der Allgemeinbevölkerung (weiterführend Stoll et al. 2019: 24).

Fazit

Rund 50 % aller Inhaftierten bringen eine Suchtmittelbelastung (Abhängigkeit oder missbräuchlicher Konsum) zum Haftantritt mit. Bei circa einem Drittel aller Inhaftierten besteht eine Abhängigkeitserkrankung von mindestens einer Substanz. Bei diesem Drittel wird davon ausgegangen, dass die Abhängigkeitserkrankung behandlungsbedürftig ist, denn der Zusammenhang zwischen einer Suchtmittelabhängigkeit und (erneutem) kriminellen Handeln ist ausreichend empirisch belegt (vgl. hierzu zusammenfassend Bühringer 2003; Egg 2002; König 2003; Kreuzer 2014; Colman/Vandam 2009; Koehler et al. 2013). Suchtmittelabhängigkeit zählt zu den wichtigsten Risikofaktoren, die eine Rückfälligkeit nach Entlassung aus dem Strafvollzug begünstigen (Andrews/Bonta 2010), so dass eine Behandlung dieses Rückfallfaktors unter den gesetzlichen Auftrag des § 2 StVollzG (bzw. § 5 NJVollzG[17]) fällt.

Die große Dominanz multiplen Substanzkonsums unter der Population der Inhaftierten kann sich auch auf die Behandlung bzw. das Übergangsmanagement auswirken, da solche Konsummuster mit einem vermehrten Auftreten psychischer Probleme, insgesamt riskanteren Verhaltensmustern und mit geringerem Engagement in therapeutischen Prozessen assoziiert sind (Überblick bei Brecht et al. 2008: 194). Gerade für Personen, die mehrere Substanzen problematisch konsumieren, scheint es schwierig zu sein, den richtigen Behandlungsansatz zu finden (ausführlicher bei Brecht et al. 2008: 194).

Für die rund 10 % opiatabhängigen Personen (s. Abbildung 2) könnte eine Substitutionsbehandlung das Mittel der Wahl sein, auch um einen reibungslosen Übergang von der Haft in die Freiheit zu gewährleisten (BÄK 2017). Die positiven Effekte einer Substitutionsbehandlung sind

---

17 Niedersächsisches Justizvollzugsgesetz.

schon seit Jahren wissenschaftlich belegt (z.B. Koehler et al. 2013). Der dazu widersprüchliche Rückgang der Substitutionsquoten in Niedersachsen insgesamt, aber besonders bei den weiblichen Inhaftierten, kann mit den vorliegenden Daten nicht begründet werden und muss über die nächsten Jahre beobachtet werden.

Durch die „bundeseinheitliche Erhebung" können seit 2016 die Anteile von suchtmittelabhängigen Personen und von Personen, die vor Haftantritt mindestens eine Substanz missbräuchlich konsumierten, systematisch ermittelt werden. Diese Erhebung bietet eine bis dato einmalige Gelegenheit, suchtspezifische Entwicklungen auf Anstalts- und Länderebene zu betrachten und bundesweite Ergebnisse zu berichten, auch wenn die Erhebung Limitationen aufweist (weiterführend: Stoll et al. 2019: 7ff.). In den nächsten Jahren könnten auch inhaltliche Anpassungen sinnvoll sein, denn z. B. ist bekannt, dass neue psychoaktive Substanzen (NPS) in Gefängnissen eine besondere Rolle spielen (EMCDDA 2018b). So werden bisher unter der Substanzklasse der Cannabinoide auch die neuen psychoaktiven Substanzen subsumiert (z.B. „Spice" bzw. JWH-018). Eine Ausdifferenzierung zwischen NPS und anderen Substanzen könnte für den Strafvollzug nützliche Erkenntnisse schaffen.

Aus den hier vorgestellten Ergebnissen ergeben sich weitere Fragestellungen, die wissenschaftlich untersucht werden sollten. Zum Beispiel stellt sich die Frage, welche Inhaftierten wie lange in einer Substitutionsbehandlung bleiben und ob diese auch in Freiheit fortgesetzt werden kann. Auch der geschlechterspezifische Unterschied könnte weiter beforscht werden, z.B. mit einem Fokus auf die Gruppe der multiplen Substanzkonsumentinnen. Für die Frage der Wirksamkeit des Strafvollzuges wäre es auch hilfreich zu wissen, welche Inhaftierten mit welchen suchtspezifischen Maßnahmen behandelt werden und wie sich diese Maßnahmen sowohl auf deren Suchtmittelkonsum als auch auf die Rückfälligkeit nach Haftentlassung auswirken. International wurden zu dieser Frage einige Ergebnisse geliefert (Casey/Day 2019; Holloway/Bennett 2016; Weeks et al. 2013); für Deutschland fehlen größere systematische Wirksamkeitsstudien suchtspezifischer Behandlungsangebote im Strafvollzug.

Literaturverzeichnis

Andrews, D. A./Bonta, J. (2010): The psychology of criminal conduct. 5th edition, London: Rotledge.

Brecht, M.-L./Huang, D./Evans, E./Hser, Y-I. (2008): Polydrug use and implications for longitudinal research: Ten-year trajectories for heroin, cocaine, and methamphetamine users. In: Drug and Alcohol Dependence, 96, 193–201.

Bühringer, G. (2003): Drogenkriminalität und Drogenprävention in Europa. In Albrecht, H.-J./Entorf, H. (Hrsg.): Kriminalität, Ökonomie und Europäischer Sozialstaat, Heidelberg: Physika, 71–96.

Casey, S./Day, A. (2019): Prison substance misuse interventions and offending. In: Polaschek, D.L.L./Day, A./Hollin, C.R. (eds.): The Wiley International Handbook of correctional psychology, Wiley-Blackwell, 558–572.

Colman, C./Vandam, L. (2009): Drugs and crime: Are they hand in glove? A review of literature. In Cools, M. et al. (Eds): Contemporary issues in the empirical study of crime, Antwerpen: Apeldoorn, 21–48.

Drogenbeauftrage der Bundesregierung (Hrsg.) (2019): Drogen- und Suchtbericht. Online verfügbar unter: https://www.bundesgesundheitsministerium.de/fileadmin/Dateien/5_Publikationen/Drogen_und_Sucht/Berichte/Broschuere/Drogen-_und_Suchtbericht_2019_barr.pdf [Stand: 13.05.2020].

Egg, R. (2002): Sucht und Delinquenz – Epidemiologie, Modelle und Konsequenzen. In: Deutsche Hauptstelle gegen die Suchtgefahren e.V. (Hrsg.): Suchtprobleme hinter Mauern. Drogen, Sucht und Therapie im Straf- und Maßregelvollzug, Freiburg i. Brsg.: Lambertus, 13–33.

EMCCDA (2018a): Europäischer Drogenbericht. Trend und Entwicklungen. Online verfügbar unter: http://www.emcdda.europa.eu/system/files/publications/8585/20181816_TDAT18001DEN_PDF.pdf [Stand: 13.05.2020].

EMCDDA (2018b): New psychoactive substances in prison. Results from an EMCDDA trendspotter study. Online verfügbar unter: http://www.emcdda.europa.eu/system/files/publications/8869/nps-in-prison.pdf [Stand: 13.05.2020].

Fazel, S./Bains, P./Doll, H. (2006): Substance abuse and dependence in prisoners: a systematic review. In: Addiction 101, 181–91.

Holloway, K. R./Bennett, T. H. (2016): Drug Interventions. In: Weisburd, D./Farrington, D. P./Gill, C. (eds.): What works in crime prevention and rehabilitation. Lessons from systematic reviews, Springer, 219–236.

ICD-10 (2020): Internationale statistische Klassifikation der Krankheiten und verwandter Gesundheitsprobleme (10. Revision), German Modification, Version 2020. Online verfügbar unter: https://www.dimdi.de/static/de/klassifikationen/icd/icd-10-gm/kode-suche/htmlgm2020/ [Stand: 13.05.2020].

Koehler, J.A./Humphreys, D.K./Akoensi, T.D. et al. (2013): A systematic review and meta-analysis on the effects of European drug treatment programmes on reoffending. In: Psychology, Crime & Law, 20, 584–602.

König, J.M. (2003): Drogen und Delinquenz. Über den Zusammenhang von Drogenabhängigkeit und Kriminalität. In: Bewährungshilfe, 50, 182–191.

Kraus, L./Seitz, N.-N./Schulte, B. (2019): Schätzung der Anzahl von Personen mit einer Opioidabhängigkeit. Deutsches Ärzteblatt, 116, 137–43. Online verfügbar unter: https://cdn.aerzteblatt.de/pdf/116/9/m137.pdf?ts=20%2E02%2E2019+18%3A54%3A46 [Stand: 13.05.2020].

Kreuzer, A. (2014): Zusammenhang Kriminalität und Drogen. In: Forensische Psychiatrie, Psychologie, Kriminologie, 9, 3–9.

Seitz, N.-N./Lochbühler, K./Atzendorf, J. et al. (2019a): Trends des Substanzkonsums und substanzbezogenen Störungen. Auswertung des Epidemiologischen Suchtsurveys von 1995 bis 2018. In: Deutsches Ärzteblatt, 116 (35–36), 585–592. Online verfügbar unter: https://cdn.aerzteblatt.de/pdf/116/35/m585.pdf?ts=23%2E08%2E2019+11%3A37%3A49 [Stand: 13.05.2020].

Seitz, N.-N./John, L./Atzendorf, J. et al. (2019b): Kurzbericht Epidemiologischer Suchtsurvey 2018. Tabellenband:

Konsum illegaler Drogen, multiple Drogenerfahrung und Hinweise auf Konsumabhängigkeit und -missbrauch nach Geschlecht und Alter im Jahr 2018. Online verfügbar unter: https://www.esa-survey.de/fileadmin/user_upload/Literatur/Berichte/ESA_2018_Tabellen_Drogen.pdf [Stand: 13.05.2020].

Seitz, N.-N./John, L./Atzendorf, J. et al. (2019c): Kurzbericht Epidemiologischer Suchtsurvey 2018. Alkoholkonsum, episodisches Rauschtrinken und Hinweise auf Konsumabhängigkeit und -missbrauch nach Geschlecht und Alter im Jahr 2018. Online verfügbar unter: https://www.esa-survey.de/fileadmin/user_upload/Literatur/Berichte/ESA_2018_Tabellen_Alkohol.pdf [Stand: 13.05.2020].

Stoll, K./Bayer, M./Häßler, U./Abraham, K. (2019): Bundeseinheitliche Erhebung zur stoffgebundenen Suchtmittelproblematik im Justizvollzug. Auswertung der Stichtagserhebung (31.03.2018) zur Konsumeinschätzung und Substitution. Online verfügbar unter: https://www.berlin.de/justizvollzug/service/zahlen-und-fakten/drogen-sucht/ [Stand: 13.05.2020].

Vandam, L. (2009): Patterns of drug use before, during and after detention: a review of epidemiological literature. In Cools, M. et al. (Eds): Contemporary issues in the empirical study of crime, Antwerpen: Apeldoorn, 229–250.

Weeks, J. R./Moser, A. E./Wheatly, M./Matheson, F.I. (2013): What works in reducing substance-related offending? In: Craig, L. A./Dixon, L./Gannon, T. A. (eds.): What works in offender rehabilitation. An evidence-based approach to assesement and treatment, Wiley-Blackwell, 237–254.

Wissenschaftliche Dienste des deutschen Bundestages (WD) (2016): Substitutionsbehandlung im Justizvollzug. Sachstand. WD 9 – 3000 – 049/16.

2 Überblick über Bedarfe, Bedürfnisse und Konsummuster

2.1 Illegale Substanzen im Jugendstrafvollzug – Prävalenz, Entwicklung und Prädiktoren des Konsums (Esther Bäumler)

Einleitung

Das Vorhandensein von Drogen im Strafvollzug ist ein offenes Geheimnis. Zwar verfolgen die Justizvollzugsanstalten eine sog. Null-Toleranz-Strategie, deren Inhalt auf die Drogenabstinenz der Gefangenen zielt. Dennoch ist der Konsum illegaler Substanzen bereits im Jugendstrafvollzug weitverbreitet.

Die Forschung geht davon aus, dass 21,5–30 % der Jugendstrafgefangenen während ihrer Inhaftierung Drogen gebrauchen (vgl. Hartenstein/Hinz/Meischner-Al-Mousawi 2016: 23; Klatt/Beier 2017: 10). Dabei berichtet die Mehrheit der jungen Menschen, während ihrer Haft Cannabisprodukte konsumiert zu haben (Klatt/Beier 2017: 10; Häßler/Suhling 2017: 26; Indig/Gear/Wilhelm 2016: 29; Hartenstein/Hinz/Meischner-Al-Mousawi 2016: 23; Hosser 2003: 60). Die Anzahl derer, die erstmals während ihrer Inhaftierung mit dem Konsum illegaler Substanzen in Berührung gekommen sind, wird auf 1,4–3,5 % der Jugendstrafgefangenen beziffert (Hosser 2003: 60; Wirth 2002: 116).

Hinsichtlich der theoretischen Herleitung des haftinternen Drogenkonsums dienen im Wesentlichen drei Ansätze. Die Importationstheorie (Irwin/Cressey 1962) besagt, dass die Gefangenen lediglich den Drogenkonsum, den sie bereits in Freiheit praktiziert haben, in Haft fortführen (vgl. Irwin/Cressey 1962: 143, 153). Wohingegen die Deprivationstheorie (Sykes 1958) annimmt, dass der Konsum illegaler Substanzen vielmehr eine Reaktion auf die erlittenen Entbehrungen der Inhaftierung darstellt (Sykes 1958: 65–78). Das Integrationsmodell (Müller-Marsell 2004) basiert schließlich auf einer Kombination dieser beiden Theorien (Müller-Marsell 2004: 289 f.).

Der vorliegende Beitrag[18] beschäftigt sich mit dem Drogenkonsumverhalten junger Menschen in Haft. Welche Substanzen konsumieren sie?

---

18 Die präsentierten Daten bieten lediglich einen Überblick der wesentlichen Befunde. Für ausführliche Ergebnisse siehe auch Bäumler 2021.

2 Überblick über Bedarfe, Bedürfnisse und Konsummuster

Wie hoch ist der Anteil der Konsumierenden im Jugendstrafvollzug? Lässt sich ein Unterschied im Konsumverhalten junger Männer im Vergleich zu dem junger Frauen erkennen? Verändert sich der Konsum über die Haftzeit hinweg und lassen sich Prädiktoren für haftinternen Drogenkonsum identifizieren?

Methodik und Stichprobe

Die vorliegenden Daten stammen aus dem DFG-geförderten Forschungsprojekt „Gewalt und Suizid unter weiblichen und männlichen Jugendstrafgefangenen", das von 2010 bis 2018 am Institut für Kriminologie an der Universität zu Köln durchgeführt wurde (für eine ausführliche Beschreibung der Methodik s. auch Neubacher et al. 2011).

Die Datenerhebung zu den männlichen Probanden fand in drei Justizvollzugsanstalten in Nordrhein-Westfalen sowie Thüringen statt. Bei den jungen Frauen erfolgte aufgrund der geringen Gesamtpopulation eine bundesweite Erhebung in neun Justizvollzugsanstalten.

In den teilnehmenden Justizvollzugsanstalten wurden die Studienteilnehmenden in bis zu sechs Erhebungswellen im Abstand von drei Monaten mittels eines standardisierten Fragebogens schriftlich befragt. Hinsichtlich der drogenspezifischen Fragen wurde der ASSIST[19] der WHO verwandt (vgl. WHO 2010). Es handelt sich folglich um ein längsschnittliches Forschungsprojekt. Verwendet wurden die Daten aus den ersten vier Erhebungswellen. Wegen des geringen Rücklaufs in den letzten beiden Erhebungswellen[20] wurden diese Daten nicht ausgewertet. Doch auch die ersten vier Messzeitpunkte[21] weisen teils erhebliche fehlende Werte auf, beispielsweise wenn nach Geschlecht oder Konsum / Nicht-Konsum der Studienteilnehmenden unterschieden wird. Es ist daher stets notwendig, die relativen und absoluten Zahlen im Zusammenhang zu betrachten.

Die Datenerhebungen selbst fanden im Klassenverband in der jeweiligen Justizvollzugsanstalt statt. So konnten im Schnitt bis zu maximal 20

---

19 Neue Psychoaktive Substanzen (NPS) wurden nicht separat abgefragt. Es kann daher nicht ausgeschlossen werden, dass einzelne Gefangene diese unter einer der angegebenen Kategorien (Cannabinoide, Opioide etc.) berichtet haben, anstatt sie unter „Andere" zu nennen.
20 Im MZP 5 nahmen lediglich noch fünf Jugendliche an der Befragung teil. Dies reduzierte sich im MZP 6 zudem auf eine Person. Grund dafür war, dass die Jugendstrafgefangenen zwischenzeitlich aus der Haft entlassen wurden.
21 Im Folgenden auch MZP.

Jugendstrafgefangene gleichzeitig befragt werden. Neben den Studienteilnehmenden waren bei der Erhebung ausschließlich Mitglieder des Forschungsteams anwesend.[22] Die Teilnahme an der Studie erfolgte freiwillig und die Daten wurden pseudonymisiert.

Das Sample umfasst insgesamt 1.151 Probanden (N = 1.151) und setzt sich zu 23 % (n = 269) aus weiblichen sowie zu 77 % (n =882) aus männlichen Jugendstrafgefangenen zusammen. Die Befragten waren zum Erhebungszeitpunkt im Durchschnitt 20 Jahre alt. Dabei war die jüngste Person 15 und die älteste 27 Jahre alt.

Von den Jugendlichen verfügten 51 % (n = 566) über die deutsche Staatsangehörigkeit. Weitere 31 % (n = 337) sind deutsche Staatsangehörige mit Migrationshintergrund[23] und 18 % (n = 203) der Befragten haben nicht die deutsche Staatsangehörigkeit. Nur die Hälfte (n = 561) des Samples verfügt über einen Schulabschluss, meist über einen Hauptschulabschluss (38 %; n = 423). Die Gruppe derer, die einen Realschulabschluss (9 %; n = 96) oder Abitur (1 %; n = 13) besitzt, ist hingegen deutlich kleiner. Vor Haftantritt war die Mehrheit der Befragten in Ausbildung (43 %; n = 482) oder arbeitssuchend (33 %; n = 368). Weitere 14 % (n = 153) der Studienteilnehmenden gaben an, in einem Angestelltenverhältnis gearbeitet zu haben, 3 % (n = 29) waren selbstständig tätig.

Zudem wiesen 13 % (n = 154) der Jugendlichen ein Anlassdelikt mit Drogenbezug auf. Damit sind Delikte gem. der §§ 29–30 b BtMG gemeint oder der Bezug zur „Beschaffungskriminalität".

Prävalenz des haftinternen Drogenkonsums

Bei jeder Erhebung wurden die Studienteilnehmenden gefragt, ob sie in den vergangenen drei Haftmonaten eine der folgenden Substanzen aus anderen als medizinischen Gründen konsumiert haben: Alkoholischen Getränke, Cannabinoide, Kokain, Amphetamine, Halluzinogene und Opi-

---

22 Es wurde großen Wert auf die Abwesenheit von Bediensteten der Justizvollzugsanstalten gelegt.
23 Ein Migrationshintergrund wurde bejaht, wenn angegeben wurde, selbst nicht in Deutschland geboren worden zu sein, aber über die deutsche Staatsangehörigkeit zu verfügen und sobald mindestens ein Elternteil nicht die deutsche Staatsangehörigkeit besitzt.

2 Überblick über Bedarfe, Bedürfnisse und Konsummuster

ate.[24] Zudem konnten die Jugendlichen unter „Andere" zusätzliche, nicht genannte Substanzen niederschreiben. Um die Häufigkeit des Konsums zu beziffern konnte zwischen den Antwortmöglichkeiten „nie", „1–2 x", „monatlich", „wöchentlich" sowie „(fast) täglich" gewählt werden (hierzu und zum Vorstehenden vgl. WHO 2010).

Insbesondere bei der Präsentation möglicher geschlechtsspezifischer Unterschiede im Konsumverhalten der befragten Personen werden die relativen Zahlen thematisiert. Jedoch müssen diese stets in Zusammenhang mit den (teils geringen) absoluten Zahlen interpretiert werden. Auch sind die fehlenden Werte mit rund einem Drittel der Antworten bereits im ersten Messzeitpunkt deutlich ausgeprägt. Dies liegt vor allem daran, dass Antworten von Studienteilnehmenden nachträglich nicht in die Berechnungen mit einbezogen wurden, da sie sich zum Zeitpunkt der Datenerhebung weniger als drei Monate in Haft befanden. Über die weiteren Messzeitpunkte steigt die Anzahl der fehlenden Werte zudem an, was im Wesentlichen auf die Haftentlassung der Teilnehmenden zurückzuführen ist.

1. Prävalenz im ersten Messzeitpunkt

Tabelle 1: Multipler Substanzgebrauch im 1. MZP (geschlechterübergreifend)

	n	%
Kein Konsum	446	57,8
1 Substanz	202	26,2
2 Substanzen	71	9,2
3 Substanzen	27	3,5
4 Substanzen	11	1,4
5 Substanzen	10	1,3
6 Substanzen	2	0,3
7 Substanzen	2	0,3
Gesamt	771	100,0
Missing	380	33,0

In Bezug auf den haftinternen Drogenkonsum der vergangenen drei Inhaftierungsmonate zeigt sich, dass 42 % (n = 325) der jugendlichen Studien-

---

24 Der Konsum von Benzodiazepin sowie von sog. Schnüffelstoffen wird im Folgenden nicht thematisiert, da ein Gebrauch dieser Substanzen von 99 % der befragten Personen verneint wurde.

teilnehmenden illegale Substanzen konsumiert haben. Differenziert man substanzübergreifend nach Geschlecht, haben 34 % (n = 48) der Studienteilnehmerinnen und 44 % (n = 277) der Studienteilnehmer illegale Substanzen gebraucht. Die Mehrheit der Jugendstrafgefangenen beschränkt ihren haftinternen Drogenkonsum auf eine Substanz (26 %; n = 202) und 16 % (n = 123) nutzten multiple Substanzen. Von den polytoxikomanen Studienteilnehmenden konsumierte der Großteil zwei (9 %; n = 71) oder drei verschiedene Substanzen in Haft (3,5 %; n = 27).

Tabelle 2: Cannabinoidkonsum MZP 1

	Gesamt		**Männlich**		**Weiblich**	
	n	%	n	%	n	%
Nie	502	63,6	391	60,5	111	77,6
1–2 x[25]	154	19,5	134	20,7	20	14,0
Monatlich	49	6,2	46	7,1	3	2,1
Wöchentlich	50	6,3	47	7,3	3	2,1
(Fast) täglich	34	4,3	28	4,3	6	4,2
Gesamt	789	100,0	646	100	143	100
Missing	362	31,5	236	26,8	126	46,8

Betrachtet man das substanzspezifische Antwortverhalten der Studienteilnehmenden, zeigt sich, dass mit 36 % (n = 287) die meistgenannte Substanzgruppe, die der Cannabinoide darstellt. Zwar gab mit 64 % (n = 502) die Mehrheit der befragten Personen an, keine Cannabinoide in den vergangenen drei Haftmonaten konsumiert zu haben. Wurde ein haftinterner Cannabiskonsum eingeräumt, bezog sich dieser in rund 20 % (n = 154) der Fälle auf den gelegentlichen Konsum dieser Substanz. Weitere 6 % der Jugendstrafgefangenen antworteten dahingehend, dass sie monatlich (n = 49) oder wöchentlich (n = 50) Cannabinoide konsumiert haben. Einen täglichen Konsum von Cannabinoiden in Haft wählten zudem rund 4 % (n = 34) der Studienteilnehmenden als Antwortmöglichkeit aus.

Allerdings ist bei dem Antwortverhalten ein geschlechtsspezifischer Unterschied zu erkennen. Insgesamt gaben mit 39,5 % (n = 255) mehr männliche Jugendstrafgefangene an, Cannabinoide in den vergangenen drei Haftmonaten konsumiert zu haben als die weiblichen Teilnehmerinnen

---

25 Im Folgenden auch als „gelegentlicher Konsum" bezeichnet.

mit 22,4 % (n = 32). Betrachtet man die Quantität des Konsums zeigt sich, dass die jungen Männer in den geringeren Frequenzen des Konsums (gelegentlicher bis wöchentlicher Konsum) höhere Werte aufweisen und lediglich hinsichtlich des (fast) täglichen Konsums kein geschlechtsspezifischer Unterschied zu verzeichnen ist.

Tabelle 3: Alkoholkonsum MZP 1

	Gesamt		Männlich		Weiblich	
	n	%	n	%	n	%
Nie	653	83,3	531	82,7	122	85,9
1–2 x	79	10,1	70	10,9	9	6,3
Monatlich	28	3,6	25	3,9	3	2,1
Wöchentlich	14	1,8	11	1,7	3	2,1
(Fast) täglich	10	1,3	5	0,8	5	3,5
Gesamt	784	100,0	642	100	142	100
Missing	367	31,9	240	27,2	127	47,2

An zweiter Stelle rangiert der haftinterne Konsum alkoholischer Getränke. Erneut führte das Gros der Befragten von 83 % (n = 653) an, dass sie in den vergangenen drei Haftmonaten keinen Alkohol zu sich genommen haben. Mit 10 % (n = 79) gab die Mehrheit der Konsumenten an, dass sie Alkohol gelegentlich in Haft konsumiert habe. Weitere 4 % (n = 28) bekannten sich zu monatlichem Alkoholkonsum und 2 % (n=14) bzw. 1 % (n=10) zu wöchentlichem bzw. täglichem Konsum. Abermals sind gewisse Unterschiede im Antwortverhalten der männlichen und weiblichen Studienteilnehmenden zu erkennen. So nahmen in den zurückliegenden drei Haftmonaten mit 17 % (n = 111) mehr junge Männer alkoholische Getränke zu sich als junge Frauen mit 14 % (n = 20). Es fällt jedoch auf, dass die Studienteilnehmerinnen relativ betrachtet häufiger täglich zu dieser Substanz griffen als die Studienteilnehmer, die häufiger gelegentlich konsumierten.

2.1 Illegale Substanzen im Jugendstrafvollzug

Tabelle 4: Amphetaminkonsum MZP 1

	Gesamt		Männlich		Weiblich	
	n	%	n	%	n	%
Nie	726	92,4	600	93,2	126	88,7
1–2 x	37	4,7	27	4,2	10	7,0
Monatlich	9	1,1	8	1,2	1	0,7
Wöchentlich	6	0,8	3	0,5	3	2,1
(Fast) täglich	8	1,0	6	0,9	2	1,4
Gesamt	786	100,0	644	100	142	100
Missing	365	31,7	238	27,0	127	47,2

An dritter Stelle folgt der haftinterne Konsum von Amphetaminen, der von rund 8 % (n = 60) der jungen Gefangenen benannt wurde. Bei der Befragung gaben 92 % der Teilnehmenden (n = 726) an, keine Amphetamine konsumiert zu haben. Jeweils rund 1 % bejahten einen monatlichen (n = 9), wöchentlichen (n = 6) bzw. täglichen (n = 8) Konsum dieser Substanz. Am verbreitetsten stellte sich der gelegentliche Konsum von Amphetaminen in Haft heraus, den 5 % (n = 37) der Befragten angaben. Vergleicht man die relative Häufigkeit, so führten die jungen Frauen mit 11 % (n = 16) häufiger einen haftinternen Amphetaminkonsum an als die jungen Männer mit 7 % (n = 44).

Tabelle 5: Sonstiger Konsum MZP 1 (geschlechtsübergreifend)

	Kokain		Halluzinogene		Opioide	
	n	%	n	%	n	%
Nie	750	95,7	758	96,3	768	98,2
1–2 x	19	2,4	19	2,4	9	1,2
Monatlich	7	0,9	5	0,6	0	0
Wöchentlich	2	0,3	3	0,4	3	0,4
(Fast) täglich	6	0,8	2	0,3	2	0,3
Gesamt	784	100,0	787	100,0	782	100,0
Missing	367	31,9	364	31,6	369	32,1

Hingegen nehmen Kokain, Halluzinogene und Opioide eine geringere Rolle im Konsumverhalten der jungen Gefangenen ein. Erneut gab die

2 Überblick über Bedarfe, Bedürfnisse und Konsummuster

Mehrheit der befragten Personen mit rund 96 % (Kokain: n = 750; Halluzinogene, n = 758) bzw. 98 % (Opioide: n = 768) an, in den vergangen drei Haftmonaten keine dieser Substanzen gebraucht zu haben. Wenn ein Konsum angegeben wurde, so wurde dieser primär gelegentlichen praktiziert. Hinsichtlich des Konsums von Kokain und Halluzinogenen gaben je 2,4 % (n = 19) einen ein- bis zweimaligen Konsum in den vergangenen drei Haftmonaten an, wohingegen dieser von 1 % (n = 9) der Studienteilnehmenden in Bezug auf Opioide genannt wurde. Ein regelmäßigerer Gebrauch dieser Drogen ist lediglich vereinzelt zu erkennen (Kokain: 1,1 %, n = 8; Halluzinogene und Opioide: 0,7 %, n = 5). Auch sind keine wesentlichen Unterschiede im Antwortverhalten der jungen Frauen und Männer zu verzeichnen.

Neben dem tatsächlichen haftinternen Drogengebrauch konnten die Befragten zudem angeben, ob sie in den vergangenen drei Haftmonaten ein Verlangen nach dem Konsum illegaler Substanzen verspürt hatten. Seitens der Konsumierenden bejahten rund 79 % (n = 259) diese Frage. Auf Seiten der Nicht-Konsumierenden stimmten 63 % (n = 485) dieser Frage zu.

2. Erstkonsum in Haft

Über alle in Freiheit wie in Haft illegalen Substanzen hinweg konsumierten 1 % (n = 12) der Jugendstrafgefangenen erstmals in Haft. Bezieht man auch Alkohol mit ein, der zwar in Freiheit legal aber in Haft illegal ist, erhöht sich der Wert der Erstkonsumenten auf 6 % (n = 64). Dieses Ergebnis verwundert nicht, da die jungen Personen bereits beim Zugang in die Anstalt eine hohe Drogenbelastung aufwiesen. So gaben 81 % (n = 877) der befragten jungen Männer und Frauen an, vor Haftantritt illegale Substanzen konsumiert zu haben. Betrachtet man, welche Substanzen erstmalig während der Inhaftierung konsumiert wurden, so betrifft dies allen voran Amphetamine (n = 22) sowie Alkohol (n = 19), die von jeweils rund 2 % der jungen Menschen genannt wurden. Zudem konsumierten jeweils 1 % der Studienteilnehmenden erstmalig Cannabinoide (n = 14), Opioide (n = 11) sowie Kokain (n = 10). Hingegen scheint der Erstgebrauch von Halluzinogenen (n = 4) der Ausnahmefall zu sein.

3. Entwicklung des Konsums

Die Entwicklung des Drogenkonsums verläuft in leichten Wellenbewegungen. Zunächst ist substanzübergreifend aufgrund der Inhaftierung ein massiver Rückgang des Konsums zu verzeichnen. Konsumierten vor Haftantritt noch 81 % (n = 877) der jungen Menschen illegale Substanzen, waren dies zum ersten Messzeitpunkt noch 42 % (n = 325). Anhand des Cannabinoidkonsums zeigt sich insbesondere der Rückgang aufgrund der Inhaftierung deutlich. So reduzierten 71 % (n = 556) der Jugendstrafgefangenen den Gebrauch von Cannabinoiden im Vergleich zu der Zeit vor Haftantritt. Meist wurde der Konsums vollständig beendet. Im weiteren Verlauf der Inhaftierung steigt der Konsum von Cannabinoiden vom ersten bis dritten Messzeitpunkt konstant leicht an und erst vom dritten auf den vierten Messzeitpunkt ist erneut ein leichter Rückgang zu erkennen. Es ist jedoch zu betonen, dass es sich dabei tatsächlich lediglich um geringe Zu- und Abnahmen handelt. Insgesamt erreicht der haftinterne Konsum jedoch zu keinem Zeitpunkt die Ausmaße, die die Studienteilnehmenden vor ihrer Inhaftierung berichteten. Jedoch ist erkennbar, dass der Konsum nach einer kurzen Phase des Einlebens durchaus zunimmt. Bei den übrigen Substanzen ist eine vergleichbare Entwicklung festzustellen. Jedoch mit dem Unterschied, dass eine leichte Zunahme erst ab dem zweiten Messzeitpunkt zu verzeichnen war.

Allerdings erhöhte sich die Anzahl der Gefangenen mit multiplen Substanzgebrauch ab dem zweiten Messzeitpunkt deutlich. Betrug ihr Anteil im ersten Messzeitpunkt noch 16 % (n = 123), stieg er ab dem zweiten Messzeitpunkt auf 64 % (n = 387) an. Meist gab diese Gruppe der befragten Personen an, zwei bis vier verschiedene Substanzen konsumiert zu haben.

4. Folgen des haftinternen Konsums

Die Mehrheit der drogenkonsumierenden Studienteilnehmenden[26] führten an, selbst keine negativen Folgen ihres Gebrauchs zu verspüren. Jedoch gaben auch 8 % (n = 25) der Jugendstrafgefangenen an, dass sie in den zurückliegenden drei Haftmonaten drogenbedingte Folgeprobleme erfahren hätten. Diese konnten sowohl gesundheitlicher, finanzieller, sozialer oder rechtlicher Art sein. Weitere 7 % (n = 24) der Befragten führten an, dass sie

---

26 Antworten von Nicht-Konsumenten wurden nicht berücksichtigt, daher die 72 % (n = 827) fehlenden Werte.

2 Überblick über Bedarfe, Bedürfnisse und Konsummuster

in diesem Zeitraum aufgrund ihres Drogenkonsums in Haft eine Antriebslosigkeit verspürten, sodass sie nicht in der Lage waren, Dinge zu erledigen, die normalerweise keine Probleme für sie darstellten. Zudem zeigten sich nach Angaben der Inhaftierten Familie und Freunde bei 9 % (n = 28) der jungen Befragten besorgt.

10 % (n = 31) der Jugendstrafgefangenen hatten in den zurückliegenden drei Haftmonaten erfolglos versucht, den Konsum illegaler Subtanzen zu beenden. Erweitert man diesen Zeitraum, berichten weitere 36 % (n = 118) von einem missglückten Beendigungsversuch.

Anhand der bisher präsentierten Items bietet der ASSIST der WHO (2010) die Möglichkeit, ein Risikoniveau für künftigen Drogenkonsum zu bestimmen. So weist die Mehrheit der Jugendstrafgefangenen mit 56 % (n = 450) ein mittleres Risiko für einen haftinternen Drogenkonsum auf. Für diese Gruppe besteht laut WHO die Möglichkeit, dass bei unverändert fortgeführtem Drogenkonsum eine Abhängigkeit entsteht. Ein hohes Risiko weist mit 26 % (n = 212) rund ein Viertel der inhaftierten Menschen auf. Laut WHO (2010) kann bei diesen davon ausgegangen werden, dass bereits eine Drogenabhängigkeit mit gesundheitlichen und finanziellen Problemen besteht. Ein hohes Risikoniveau weisen insbesondere Cannabinoide (22 %; n = 238) und Amphetamine (13 %; n = 131) auf. Über ein geringes und mithin von der WHO (2010) als unproblematisch bewertetes Risikoniveau verfügen 18 % (n = 141) der jungen Studienteilnehmenden.

Prädiktoren haftinternen Drogenkonsums

Zudem wurden Prädiktoren für haftinternen Konsum illegaler Substanzen ermittelt. Es zeigt sich, dass von 14 überprüften Variablen, namentlich Ausübung von Gewalt, Hoffnungslosigkeit, Alter, Geschlecht, Isolation, außervollzuglicher Konsum, Viktimisierung, Autonomie, Inhaftierungsdauer, Langeweile, Staatsangehörigkeit, (aktivem, emotionalem und sozialem) Coping lediglich vier Variablen einen signifikanten Einfluss auf den haftinternen Drogenkonsum aufweisen. Dies sind der außervollzugliche Drogenkonsum, die aktive Ausübung von Gewalt, ein gefühlter Autonomieverlust in Haft sowie die Isolation von anderen Gefangenen.

Insbesondere der außervollzugliche Drogenkonsum sowie die Ausübung von Gewalt beeinflussen den haftinternen Drogenkonsum signifikant.

Wer bereits vor der Inhaftierung illegale Substanzen konsumierte, verfügt über ein 4,5-fach erhöhtes Risiko, auch während der Haftzeit Drogen zu gebrauchen. Ein ähnliches Bild zeigt sich bei der Ausübung von Gewalt. Wer aktiv Gewalt gegen andere Personen in Haft ausübt, hat ein 4,1-fach erhöhtes Risiko, Drogen zu konsumieren im Vergleich zu jenen Gefangenen, die keine Gewalt anwenden.

Auch wer ein gesteigertes Gefühl des Autonomieverlustes verspürt, verfügt über ein 1,4-fach höheres Risiko für haftinternen Konsum illegaler Substanzen. Ferner weist die Isolation von anderen Jugendstrafgefangenen einen signifikanten Einfluss auf das haftinterne Konsumverhalten der jungen Personen auf. Wer sich vermehrt von Anderen in Haft isoliert, senkt sein Konsumrisiko um 24 %.

Hingegen konnte keine statistische Absicherung in Bezug auf das Geschlecht oder Alter der Studienteilnehmenden nachgewiesen werden.

Diskussion und Fazit

Die vorliegende Studie verdeutlicht, dass der Konsum illegaler Substanzen zum Alltag im Jugendstrafvollzug gehört. 42 % der Befragten berichten, dass sie während ihrer Inhaftierung Drogen konsumiert haben. Dieser Wert übersteigt die bisherigen Annahmen in der Forschung, was möglicherweise anhand der Zusammensetzung des Samples erklärt werden kann, da jede Justizvollzugsanstalt ein unterschiedliches Setting aufweist. Wenn eine Justizvollzugsanstalt eine besonders repressive Umgebung aufweist, könnte sich dies konsumfördernd auf die Gefangenen auswirken, da die Gefangenen durch die Drogen ihren Stress abbauen möchten. Es ist allerdings auch denkbar, dass durch das längsschnittliche Studiendesign und die Abwesenheit von Bediensteten der Justiz bei der Datenerhebung das Vertrauen der Befragten in das Forschungsteam so groß war, dass weniger unwahre Antworten hinsichtlich der sensiblen Thematik des haftinternen Drogenkonsums gegeben wurden, da glaubhaft vermittelt werden konnte, dass auch beim Einräumen von Drogenkonsum im Rahmen der Befragung keine persönlichen Repressionen zu befürchten waren.

Hingegen kann der aktuelle Forschungsstand in Bezug auf den Konsum von Cannabinoiden bestätigt werden. Auch im vorliegenden Sample wird deutlich, dass Cannabinoide die mit Abstand meistpräferierte Substanz unter den Jugendstrafgefangenen darstellt. Gleiches gilt für einen haftinternen Erstkonsum. Die Studie zeigt, dass 1 % der Befragten während ihrer Inhaftierung zum ersten Mal illegale Substanzen konsumiert haben. Ein wesentlicher Grund dafür mag sein, dass die Mehrheit der Jugendstrafgefangenen bereits in Freiheit eine hohe Drogenbelastung aufwies.

2 Überblick über Bedarfe, Bedürfnisse und Konsummuster

Zwar gaben im ersten Messzeitpunkt substanzübergreifend mehr junge Männer (44 %) an, in den zurückliegenden drei Haftmonaten Drogen konsumiert zu haben als befragte Frauen (34 %). Dies mag darauf zurückzuführen sein, dass die männlichen und weiblichen Studienteilnehmenden in unterschiedlichen Anstalten untergebracht sind. Allerdings konnte mittels der binär-logistischen Regression im Geschlecht der Studienteilnehmenden kein signifikanter Prädiktor für haftinternen Drogenkonsum ermittelt werden. Ein Erklärungsansatz könnte darin liegen, dass Personen, die bereits in frühen Jahren inhaftiert werden, generell eine erhöhte Drogenbelastung und engere Verbindungen zu devianten peer groups aufweisen und daher das Geschlecht keinen deutlichen Einfluss nimmt. Denn grundsätzlich ist in Bezug auf den Konsum illegaler Drogen bei der jungen Bevölkerung Deutschlands weiterhin eine stärkere Belastung auf Seiten der jungen Männer zu verzeichnen (vgl. BZgA 2016: 55).

Einen signifikanten Einfluss auf die Wahrscheinlichkeit des Konsums illegaler Substanzen während der Inhaftierung nimmt jedoch das außervollzugliche Konsumverhalten der jungen Menschen sowie die Ausübung aktiver Gewalt in Haft. Protektiv wirkte sich hingegen die Isolation von anderen Personen in Haft aus. Dies verwundert insofern nicht, als der Konsum illegaler Substanzen eng mit der Subkultur in Haft verbunden ist und diese oftmals mit Gewalt einhergeht (Neubacher/Boxberg 2018: 195 f.; Boxberg/Bögelein 2015: 245 f.; Müller-Marsell 2004: 287; Stuhlmann 1997: 34; Kern 1997: 91; Kreuzer 1994: 45). Wenn sich ein Gefangener nun aktiv von Mitgefangenen zurückzieht, verfügt er möglicherweise über weniger Kontakte zu entsprechenden Dealern und Dealerinnnen und findet sich seltener in Situationen des gemeinschaftlichen Konsums wieder. Denkbar ist zudem, dass der Gefangene durch das Meiden sozialer Kontakte weniger Stress ausgesetzt ist und daher keinen Drang zum Konsum illegaler Substanzen verspürt.

Zudem wirkt sich das Gefühl eines Autonomieverlustes konsumbegünstigend aus. Daher – und auch mit Blick auf den Prädiktor der Ausübung von Gewalt, die oft mit der drogenspezifischen Subkultur verbunden ist – wird die Wichtigkeit der aktiven Teilhabe und Mitwirkung der Jugendstrafgefangenen sowie der Verfahrensgerechtigkeit seitens der Justizvollzugsanstalten deutlich. Denn es konnte nachgewiesen werden, dass Gefangene, die sich fair behandelt fühlen, weniger gewalttätig sind (Neubacher/Boxberg 2018: 207; Neubacher 2014: 323; Boxberg/Neubacher 2019: 457). Es muss verhindert werden, dass sich die jungen Menschen der „totalen" Institution des Strafvollzugs ausgeliefert sehen und das Gefühl haben, willkürlichen Entscheidungen zu unterliegen.

Nach einem massiven Rückgang des Konsums aufgrund der Inhaftierung und einer anschließenden kurzen Phase des Einlebens in den Haftalltag nimmt der Konsum wieder zu. Dies ist nicht verwunderlich, schließlich muss zunächst der Alltag in Haft erprobt und Kontakt zu entsprechend vernetzten Mitgefangenen aufgenommen werden, um an Drogen zu gelangen. Fortan wird der Konsum illegaler Substanzen von einigen Jugendstrafgefangenen auf einem deutlich geringeren Niveau in Haft fortgesetzt. Ein Grund für den geringeren Konsum mag in der Substanzverknappung in Haft liegen (Häßler/Maiwald 2018: 424; Lehmann 2013: 12; Hürlimann 1993: 17). Auch zeigt sich, dass der multiple Substanzgebrauch im Verlauf der Inhaftierung ansteigt. Dies lässt vermuten, dass die Studienteilnehmenden in Haft nicht festgelegt auf bestimmte Substanzen sind und schlichtweg die Droge konsumieren, die aktuell verfügbar ist.

Darüber hinaus berichteten 10 % der jungen Konsumierenden, dass sie in den zurückliegenden drei Haftmonaten erfolglos versucht hatten ihren Drogenkonsum zu beenden. An dieser Stelle ergibt sich die Frage, wieso dieser Versuch nicht geglückt ist. Es ist unerlässlich, dass die Anstalten diese Motivation der sich in ihrer Obhut befindlichen Jugendstrafgefangenen erkennen und eine bestmögliche Hilfestellung bieten, um die jungen Menschen in ihrem Vorhaben zu unterstützen. Eine originäre Drogentherapie findet jedoch im nordrhein-westfälischen Jugendstrafvollzug nicht statt. Wenn schon der Ansatz „Therapie statt Strafe" gem. §§ 35, 38 Abs. 1 S. 1 BtMG keine Anwendung findet, so muss zumindest eine adäquate Behandlung in Haft gewährleistet sein. Schließlich trägt der Strafvollzug gegenüber den Jugendstrafgefangenen eine Fürsorgepflicht, der er nachzukommen hat.

Literaturverzeichnis

Bäumler, Esther (2021): Illegale Substanzen im Jugendstrafvollzug – Eine empirische Untersuchung zu Art, Häufigkeit und Entwicklung des Konsums sowie zu seinen Prädiktoren, juristische Dissertation, Springer (im Erscheinen).

Boxberg, Verena/Bögelein (2015): Nicole (Junge Inhaftierte als Täter und Opfer von Gewalt – Subkulturelle Bedingungsfaktoren, ZJJ 1015, 241–247.

Boxberg, Verena/Neubacher, Frank (2019): Gewalt und Suizid unter jungen Frauen im Jugendstrafvollzug. In: DVJJ e. V. (Hrsg.): Herein-, Heraus-, Heran- – Junge Menschen wachsen lassen. Dokumentation des 30. Deutschen Jugendgerichtstages vom 14.-17.09.2017 in Berlin, Mönchengladbach, 447–466.

Bundeszentrale für Gesundheitliche Aufklärung (2016): Die Drogenaffinität Jugendlicher in der Bundesrepublik Deutschland 2015. Online verfügbar unter: https://www.drogenbeauftragte.de/fileadmin/dateien-dba/Drogenbeauftragte/2_Themen/2_Suchtstoffe_und_Abhaengigkeiten/6_Cannabis/Downloads/DAS_2015_Basis-Bericht_fin.pdf [Stand: 30.06.2020].

Häßler, Ulrike/Maiwald, Thomas (2018): Drogenabhängige Inhaftierte. In: Maelicke, Bernd/Suhling, Stefan: Das Gefängnis auf dem Prüfstand, Zustand und Zukunft des Strafvollzugs, Springer Fachmedien: Wiesbaden, 423–442.

Häßler, Ulrike/Suhling, Stefan (2017): Wer nimmt denn im Gefängnis Drogen? Prävalenz und individuelle Prädiktoren des Suchtmittelkonsums im Justizvollzug, BewHi 2017 (1), 17–33.

Hartenstein, Sven/Hinz, Sylvette/Meischner-Al-Mousawi, Maja (2016): Problem Suchtmittel: Gesundheitsfürsorge trifft Kriminaltherapie, ZJJ 2016, 17–24.

Hosser, Daniela (2003): Die Drogenproblematik im Jugendstrafvollzug, Sucht Aktuell, 10, 57–62.

Hürlimann, Michael (1993): Führer und Einflußfaktoren in der Subkultur des Strafvollzugs, Studien und Materialien zum Straf- und Maßregelvollzug, Bd. 1, Pfaffenweiler 1993.

Indig, Devon/Gear, Craig/Wilhelm, Kay (2016): Comorbid substance use disorder and mental health disorders among New Zealand prisoners. Online verfügbar unter: http://www.corrections.govt.nz/__data/assets/pdf_file/0011/846362/Comorbid_substance_use_disorders_and_mental_health_disorders_among_NZ_prisoners_June_2016_final.pdf.

Irwin, John/Cressey, Donald Ray (1962): Thieves, Convicts and the Inmate Culture, Soc. Probl., 142–155.

Kern, Johannes (1997): Zum Ausmaß des Drogenmißbrauchs in den Justizvollzugsanstalten und den Möglichkeiten seiner Eindämmung, ZfStrVo, 90–92.

Klatt, Thimna/Baier, Dirk (2017): Prävalenz und Prädiktoren von Drogenkonsum im Jugendstrafvollzug, BewHi, 5–16.

Kreuzer, Arthur (1994): Drogenabhängige im Strafverfahren und Strafvollzug – Realitäten und Perspektiven. In: Reindl, Richard/Nickolai, Werner (Hrsg.): Drogen und Strafjustiz, Freiburg i. Br., 27–47.

Lehmann, Marc (2013): Strategische Aspekte zur Versorgung von (Drogen-) Abhängigen im Justizvollzug, FS, 12–18.

Müller-Marsell, Stephan (2004): Subkultur im Strafvollzug. In: Pecher, Willi (Hrsg.), Justizvollzugspsychologie in Schlüsselbegriffen, Kohlhammer: Stuttgart, 286–298.

Neubacher, Frank/Boxberg, Verena (2018): Gewalt und Subkultur. In: Maelicke/Suhling (Hrsg.): Das Gefängnis auf dem Prüfstand, Zustand und Zukunft des Strafvollzugs, Springer: Wiesbaden, 195–216.

Neubacher, Frank (2014): Gewalt im Jugendstrafvollzug – Ein Überblick über Ergebnisse des Kölner Forschungsprojekts, FS, 320–326.

Neubacher, Frank/Oelsner, Jenny/Boxberg, Verena/Schmidt, Holger (2011): Gewalt und Suizid im Strafvollzug – Ein längsschnittliches DFG-Projekt im thüringischen und nordrhein-westfälischen Jugendstrafvollzug, BewHi, 133–146.

Stuhlmann, Jens (1997): Drogenkonsum im Gefängnis, Innenansichten aus dem Strafvollzug. In: Jacob, Jutta/Keppler, Karlheinz/Stöver, Heino (Hrsg.): Drogengebrauch und Infektionsgeschehen (HIV/AIDS und Hepatitis) im Strafvollzug, Berlin, 31–40.

Sykes, Gresham M. (1958): The Society of Captives, A Study of a Maximum Security Prison, Princeton: New Jersey.

Wirth, Wolfgang (2002): Das Drogenproblem im Justizvollzug, Zahlen und Fakten, BewHi, 104–122.

World Health Organization (2010): ASSIST, The Alcohol, Smoking and Substance Involvement Screening Test (ASSIST), Manual for use in primary care. Online verfügbar unter: http://apps.who.int/iris/bitstream/handle/10665/44320/9789241599382_eng.pdf;jsessionid=2B42D7B6BBDCCCCF7E4039EB6E2AFCBC?sequence=1 [Stand: 22.06.2020].

2.2 Perspektive der Drogengebrauchenden und Fachkräfte – Ergebnisse des EU-Forschungsprojekts „My first 48 hours out" (Daniela Jamin)

Einleitung

Für Drogenkonsumierende birgt die Schnittstelle zwischen Haft und Freiheit ein erhöhtes Risiko in Bezug auf negative Konsequenzen im Kontext des Drogenkonsums und der psychosozialen Gesundheit. Zum einen ist das Risiko einer drogeninduzierten Überdosierung, im schlimmsten Fall mit Todesfolge, besonders hoch in den ersten Tagen nach der Entlassung (Binswanger 2013; Bukten et al. 2017; Burmester 2016; Heinemann et al. 2002) und zum anderen stehen Drogenkonsumierende vor einer Vielzahl von Herausforderungen, mit denen sie am Tag der Entlassung konfrontiert werden. Diese Herausforderungen sind sowohl organisatorische Angelegenheiten, wie z.B. Substitution, Krankenversicherung, Unterkunft, als auch persönliche Angelegenheiten, wie der Umgang mit dem Wechsel von Fremd- zu Selbstbestimmung, familiäre Situation, Stigmatisierung, Perspektivlosigkeit (Stöver et al. 2019). Aufgrund sich unterscheidender Regelungen in den einzelnen Bundesländern ist der Umgang mit inhaftierten drogenkonsumierenden Personen und der Umfang der Gesundheitsfürsorge, sowie von Maßnahmen durch den Sozialdienst und die Drogenberatung in Gefängnissen sehr heterogen und unterscheiden sich teils erheblich voneinander (auch von Gefängnis zu Gefängnis innerhalb eines Bundeslandes).

Ein wichtiges Konzept stellt bei der Behandlung/Betreuung/Begleitung von Drogenkonsumierenden an der Schnittstelle Freiheit-Haft-Freiheit die durchgehende Begleitung (englisch „throughcare") dar (MacDonald et al. 2012; EMCDDA 2012). Unter durchgehender Begleitung wird die kontinuierliche Unterstützung und medizinische/therapeutische/psychosoziale Behandlung von Drogenkonsumierenden an den Schnittstellen Freiheit – Haft – Freiheit verstanden. Darunter fallen alle Maßnahmen und Angebote, die einen möglichen psychischen und physischen Schaden von Konsumierenden durch eine Inhaftierung minimieren bzw. die Konsumierenden bestmöglich unterstützen. Dies betrifft unterschiedliche Bereiche und Fachkräfte. Zum einen die medizinische Unterstützung in Form von u.a. kontinuierlicher Substitutionsbehandlung, Abklärung und Behandlung von Infektionskrankheiten (HIV/HCV), Harm Reduction (z.B. Spritzentausch) und Vergabe von Naloxon bei Entlassung. In Deutschland sind alle Angebote verfügbar, allerdings nicht flächendeckend und nicht für alle inhaftierten Drogenkonsumierenden zugänglich (EMCDDA 2019; Thane

2015). So gibt es beispielsweise nur in einer JVA (Berlin) die Möglichkeit des anonymen Spritzentausches und bundesweit werden insgesamt lediglich 23,9 % (Männer 21,4 %, Frauen 53,6 %) der Personen substituiert, die theoretisch für eine Substitutionsbehandlung in Frage kommen würden (Die Drogenbeauftragte der Bundesregierung 2019). Zum anderen betrifft durchgehende Begleitung die psychosoziale Unterstützung. Unter dieser sind unterschiedliche Angebote zu fassen. Im Fokus steht die psychosoziale Beratung während der Substitutionsbehandlung und des Haftaufenthaltes über den Allgemeinen Sozialdienst der JVA, im Rahmen von Entlassungsvorbereitungen durch externe und interne Sozialdienste und durch die Drogenberatung sowie therapeutische Angebote im Rahmen der Haft und außerhalb der Haft. Psychosoziale Beratung und Begleitung sollte hierbei die Bedürfnisse der Drogenkonsumierenden berücksichtigen, die sich häufig durch eine Vielzahl von Problemlagen ergeben. Ein letzter wichtiger Aspekt der durchgehenden Begleitung stellt die Notwendigkeit von Kooperationen dar. Kooperationen zwischen Gefängnissen und dem Drogenhilfenetzwerk bzw. den Ämtern und Organisationen außerhalb der Gefängnisse, aber auch interne Kooperation und Absprachen zwischen medizinischem Dienst, Sozialdienst, Drogenberatung und weiterer interner Fachkräfte, die an den Schnittstellen Freiheit-Haft-Freiheit beteiligt sind. Im Vordergrund steht hierbei der Austausch von Wissen und die Vereinfachung von Absprachen und Organisationsabläufen. Zum Beispiel in Bezug auf Krankenversicherungsschutz vor der Haftentlassung, wie es bereits in Hannover umgesetzt wird (siehe Dehnad i.d.B.).

Im EU-Projekt "My first 48h out",[27] das von Februar 2017 bis Januar 2019 in Deutschland von Seiten des Instituts für Suchtforschung der Frankfurt University of Applied Sciences (ISFF) und Projektpartner*innen aus Belgien,[28] Frankreich,[29][30] Portugal[31] und den Niederlanden[32] durchge-

---

27 Weiter Informationen und vollständiger Abschlussbericht unter: https://info.harmreduction.eu/continuity-of-care.
28 Orphée Sys, Wouter Vanderplasschen: Department of Special Needs Education, Ghent University, Ghent.
29 Marie Jauffret-Roustide: Cermes Inserm U988, UMR CNRS 8211, EHESS, Université Paris Descartes, Paris.
30 Laurent Michel, Philippe Trouiller: Pierre Nicole Centre, French Red Cross, CESP/Inserm U1018, Paris.
31 Mariana Homem, Vânia Mendes, Andreia Nisa: APDES, Agência Piaget para o Desenvolvimento, Villa Nova de Gaia.
32 John Peter Kools: Dutch Foundation Rainbow Group (FRG), Correlation Network, Amsterdam.

führt wurde, lag ein Fokus auf bereits existierenden Maßnahmen sowie den Barrieren einer kontinuierlichen Unterstützung bzw. Behandlung. Ziel war es insbesondere die Entlassungssituation von Drogenkonsumierenden in den beteiligten Ländern und die aktuellen Angebote und Maßnahmen bei Haftantritt, während der Haft und bei der Haftentlassung zu erfassen. Ein weiterer Fokus lag hierbei auf den Strategien im Umgang mit Risiken im Kontext des Drogenkonsums, Bedürfnissen und Erfahrungen mit Haftentlassungen der Konsumierenden selbst, sowie auf Barrieren und Möglichkeiten von durchgehender Begleitung an den Schnittstellen Freiheit-Haft-Freiheit aus der Perspektive von Fachkräften innerhalb und außerhalb der Haft.

Die im folgenden dargestellten Ergebnisse basieren auf leitfadengestützten Interviews, die in drei Bundesländern und acht Gefängnissen mit insgesamt 30 (ehemaligen) Gefangenen und 17 Fachkräften innerhalb und außerhalb der Justiz in Deutschland geführt wurden. Insgesamt nahmen 16 Gefangene aus zwei Gefängnissen und 14 ehemals Gefangene aus drei Drogenhilfeeinrichtungen an der Erhebung teil. Das Durchschnittsalter der insgesamt dreißig teilnehmenden Personen mit Hafterfahrung war 38 Jahre (zwischen 29–54 Jahre). Die hauptsächlich konsumierte Substanz der meisten Interviewten waren Opiate (n=18) und Kokain (n=2), häufig in Kombination mit anderen Substanzen. Fünfzehn der interviewten Personen konsumierten mehrere Substanzen wie Kokain, Heroin, Crack und Medikamente. Fünf Personen konsumierten ausschließlich Heroin. Fünfzehn der Interviewten gaben an, mindestens einmal eine Überdosis erlebt zu haben (zwischen 1–9 Mal). Die teilnehmenden Personen waren im Durchschnitt bereits fünfmal Inhaftiert (zwischen 1–18 Mal). Alle Teilnehmenden (mit einer Ausnahme) hatten somit bereits mindestens eine Haft- und Entlassungsphase erlebt und somit die notwendige Expertise. Zudem nahmen sieben Fachkräfte der Justiz (aus 7 Gefängnissen) und zehn Fachkräfte außerhalb der Justiz an den Interviews teil. Das Alter der Fachkräfte lag zwischen 25–65 Jahren (im Durchschnitt 43 Jahre). Die teilnehmenden Fachkräfte hatten zum Zeitpunkt der Erhebung in ihrer aktuellen Position zwischen 4 Monaten – 40 Jahren (im Durchschnitt 11,5 Jahre) Berufserfahrung.

Die Ergebnisse der Stichprobe sind aufgrund der qualitativen Forschungsmethoden nicht verallgemeinerbar. Zudem konnten nur deutschsprachige Personen mit Hafterfahrung aus zwei Gefängnissen in zwei Städten und drei Drogenhilfeeinrichtungen in einer dritten Stadt erreicht werden. Darüber hinaus kann die Stichprobe der Personen nach Haftentlassung dadurch verzerrt sein, dass wir nur Personen rekrutieren konnten, die

Kontakt zu niedrigschwelligen Drogenhilfeeinrichtungen hatten. Möglicherweise haben Personen, die nicht oder an hochschwellige Drogenhilfeeinrichtungen angebunden sind, andere Erfahrungen nach der Entlassung gemacht. Eine weitere Einschränkung ist, dass die Personen mit Hafterfahrung in fast allen Fällen von einer Kontaktperson im Gefängnis oder der Drogenhilfeeinrichtung ausgewählt wurden. Inwieweit hier vorab eine Auswahl durch die Kontaktpersonen erfolgte, kann nicht nachverfolgt werden. Seitens der Fachkräfte haben lediglich Personen teilgenommen, die im Rahmen von Sozialer Arbeit tätig waren, sodass Informationen und Einschätzungen seitens der anderen Fachrichtungen nicht erfasst werden konnten.

Die Gesamtergebnisse der beteiligten Länder wurden aufgrund der Übersichtlichkeit nicht übernommen, sind bei weiterem Interesse über den Abschlussbericht des Projekts[33] einsehbar.

Drogenkonsum und Risikoverhalten von Drogenkonsumierenden in Haft

Bei den interviewten Drogenkonsumierenden unterscheidet sich der Drogenkonsum, die Konsumfrequenz und das Risikoverhalten im Kontext des Drogenkonsums zwischen Haft und Freiheit.

Während der Haft sinkt der Drogenkonsum bei fast allen interviewten Personen. Als Faktoren für eine veränderte Konsumfrequenz können die Angst vor den Folgen, die Kosten für die Drogen (sehr teuer), die komplizierte Organisation (schmuggeln, verstecken, kaufen) und die psychische Verfassung genannt werden. Aus diesen Gründen sind Drogenkonsumierende in Haft teilweise gezwungen den Drogenkonsum zu reduzieren oder den Konsum einzustellen, weil es an Geld mangelt und andere Dinge wie z.B. Tabak wichtiger sind. Zudem zeigt sich, dass einige der Interviewten Angst vor der Möglichkeit entdeckt zu werden und den damit verbundenen disziplinarischen Maßnahmen haben. Die zu erwartenden Konsequenzen (insbesondere die Herausnahme aus der Substitution) scheinen hierbei eine große Rolle zu spielen. Neben diesen Faktoren beeinflusst die Verfügbarkeit von Drogen im Gefängnis oder in der Zelle die Drogenkonsummuster und -häufigkeit. In Einzelfällen sind weitere Gründe für keinen oder verringerten Konsum eine neue Zielsetzung, wie z.B. nicht mehr zu

---

33 Weiter Informationen und vollständiger Abschlussbericht unter: https://info.harmreduction.eu/continuity-of-care.

konsumieren, oder die Motivation die Haftzeit zu nutzen, um sich zu regenerieren bzw. gar nicht zu konsumieren.

"Ich sage mal, eigentlich von der Substanz, man kann schon alles kriegen. Sage ich mal, vielleicht außer Kokain, das ist alles ein bisschen schwieriger. Kann man schon an alles kommen. Nur nicht so wie man es draußen-. Geht man los und holt sich in dem Moment, wenn man es haben will. Hier ist es dann schon mit auch viel Geduld manchmal verbunden." (Konsument*in Gefängnis)

"Nein. In der Haft habe ich nicht konsumiert. Das ist mir zu Risiko-, wenn die ne UK abnehmen und suchen da irgendwas, dann heißt es aus dem Methadon raus, ja. Und das ist das Schlimmste was einem da überhaupt passieren kann, weil dann ist alles aus. Verliert man die Arbeit auch, also irgendwann ist man dann körperlich so im Arsch, dass man dann nicht mehr arbeiten gehen kann. Und dann hat man auch kein Geld mehr da. Und ach, dann fängt es erst richtig an schwierig zu werden." (Konsument*in Drogenhilfe)

Der Drogenkonsum unterscheidet sich in Bezug auf die gewählte Substanz und die Applikationsform. Aufgrund der niedrigeren Kosten und der beruhigenden Wirkung wird während der Inhaftierung häufiger Heroin und Cannabis konsumiert, während außerhalb der Haft auch Kokain, Speed und Crack konsumiert werden. Zudem spielen in Haft Medikamente, wie Antidepressiva (z.B. Lyrica), Benzodiazepine und Substitutionsmedikamente (Subutex), eine größere Rolle als außerhalb der Haft. Der Zugang zu diesen Medikamenten ist über die medizinische Abteilung und Psychiater*innen gegeben und leicht verfügbar, ggf. im Anschluss über andere inhaftierte Personen. Auch hierbei zeichnet sich ab, dass eher sedierende Substanzen bevorzugt werden und in manchen Fällen „*nimmt [man] dann alles, was man angeboten kriegt."* (Inhaftierte Person).

"Aber wir konsumieren hier ganz oft Shore, also Heroin und ganz selten mal Kokain, weil das hier drinnen sehr auffällig und sehr teuer ist. Aber sonst ist eigentlich nur THC und Shore ganz viel und Subutex halt." (Konsument*in Gefängnis)

"Geben dir Diazepam zum Schlafen. Jeden Morgen, Mittag, und Abend, drei Mal am Tag " (Konsument*in Gefängnis)

Eine Veränderung der Applikationsform wird begründet mit der Verfügbarkeit von Konsumutensilien innerhalb des Gefängnisses, was dazu führt, dass Rauchen (auf Alufolie) und nasaler Konsum die häufigste Form des

2.2 Perspektive der Drogengebrauchenden und Fachkräfte

Drogenkonsums darstellt. Das Material zum Rauchen und Schnupfen kann gut selbst hergestellt werden, während Spritzbesteck für intravenösen Konsum über Besucher*innen geschmuggelt, vom medizinischen Dienst gestohlen, für einen sehr hohen Preis von anderen inhaftieren Personen abgekauft oder mit „Kugelschreibern" (Konsument*in Gefängnis) selbst gebaut werden müssen. Intravenöser Konsum wird zudem aus Gründen der Schadensminimierung verringert oder ganz gemieden, wenngleich das Verlangen häufig groß ist, sodass Ausnahmen gemacht werden. Ein Aspekt, der für einen intravenösen Konsum seitens der Interviewten spricht, ist die erhöhte Wirksamkeit der Substanz, sodass aufgrund der geringeren Verfügbarkeit von Drogen intravenöser Konsum bevorzugt wird. Dies führt teilweise dazu, dass Drogenkonsumierende, die vor der Inhaftierung keinen intravenösen Konsum hatten, diesen während der Inhaftierung beginnen.

> *„Ich habe ja Heroin auf Alufolie geraucht. Vor der Haft. Ich habe ja nicht gespritzt. Wissen Sie wie ich meine? Ich habe das ja hier nur gemacht. Ich habe ja hier mir Drucks machen lassen." (Konsument*in Gefängnis)*

> *"Das kann man kaufen. Kann man durch Reiniger (Hausarbeiter), der bei den Ärzten putzt, der klaut und bringt das uns. In Haft kann man alles machen. Muss man nur Geld haben." (Konsument*in Drogenhilfe)*

Die geringe Verfügbarkein von Konsummaterial, insbesondere Spritzbesteck, wird wie oben erwähnt, zwar teilweise von den Interviewten als Grund für den Rückgang des intravenösen Konsums genannt, birgt aber gleichzeitig im Fall von intravenösem Konsum hohe Risiken. Zum einen, weil der Besitz von Spritzbesteck in Haft nicht legal ist und zum anderen, weil entweder die erworbenen Konsumutensilien bereits genutzt sind oder geteilt werden müssen, wenngleich teilweise interviewte Drogenkonsumierende, die Konsumutensilien besitzen, versuchen diese vor anderen Drogenkonsumierenden zu verstecken. Gemeinsamer Drogenkonsum und das Teilen von Konsumutensilien unter den Haftraumbewohner*innen ist nicht ungewöhnlich. Die Interviewten gaben an, dass sie häufig zusammen konsumieren und Spritzen teilen, weil die Droge in der Zelle verfügbar ist und jemand Spritzen hat. Einige Personen in Haft sind sich (sehr) über die Risiken bewusst (konsumieren kaum intravenös und wenn, nur mit eigener Spritze), während andere die Risiken kennen, aber den Suchtdruck nicht ertragen können. Die meisten würden niemals Utensilien außerhalb der Haft mit anderen teilen, aber durchaus eine Ausnahme im Gefängnis machen, weil keine Utensilien vorhanden sind.

> *"Und ich habe es wirklich in der letzten Zeit so oft gesehen, dass eine Spritze, ich weiß nicht wie, von einem Arm in den anderen gewandert. Und da kann auch reden, das ist einfach die Sucht. Und die ist einfach stärker wie alles andere in dem Moment."* (Konsument*in Gefängnis)

Eine Reinigung der Spritzen erfolgt vor der Weitergabe nicht oder lediglich mit den vorhandenen Möglichkeiten, wie z.B. einem Wasserkocher. Letzteres ist nicht immer möglich, da der Drogenkonsum in Haft schnell gehen muss, um nicht erwischt zu werden. In einigen Fällen werden im Vorfeld Absprachen getroffen wie: „Wenn jemand AIDS hat, muss er das sagen. Wenn nur HEPC, ist es in Ordnung, aber nicht AIDS" (Konsument*in Drogenhilfe), die das gesundheitliche Risiko jedoch nicht senken, im Gegenteil es vermittelt den Eindruck eines geringeren Risikos, obwohl es, insbesondere bei der beispielhaften Regelung, zur Ansteckung mit Hepatitis C kommen kann.

> *"Mit einer Spritze eine Wasser gekocht, stellt Wasserkocher hin und dann schnell abputzt, weil Polizei (gemeint ist AVD) vielleicht kommt. Und dann Blut noch drin, siehst du nicht oder. Und dann siehst du schon deine Dose und schnell musst du das machen, weil wenn Polizei (gemeint ist AVD) reinkommen, dann ist es vorbei. Mit einer Spritze dann fünf Leute sitzen im Zimmer und spritzen das"* (Konsument*in Drogenhilfe)

Auch die Bedeutung des Drogenkonsums verändert sich im Gefängnis. Drogenkonsum wird im Gefängnis häufig mit Angst und außerhalb des Gefängnisses teils eher mit Freude verbunden, wenngleich auch der Konsum außerhalb teilweise als negativ beschrieben wird.

> *"Ja, auf jeden Fall ist der halt, weil man hier nicht immer was hat und wenn man dann mal was konsumiert dann ist der natürlich a) intensiver und b) von der Psyche her ist das auch viel stärker, weil man ja natürlich auch eine größere Angst hat erwischt zu werden. Deswegen ist das dann, wie soll ich das beschreiben? Die erste Zeit, wenn man hier was konsumiert ist das eigentlich schön, aber es ist nicht wie draußen. Also draußen hat man seine Ruhe und man kann entspannen – man kann genießen"* (Konsument*in Gefängnis)

Ein weiteres häufig genanntes Thema in Bezug auf Konsum von Drogen innerhalb des Gefängnisses ist die regelmäßige Drogenkontrolle in Form von Urinkontrollen (UK). UKs erfolgen laut der interviewten Drogenkonsumierenden in regelmäßigen Abständen. Im Falle einer Nichtabgabe der Urinprobe wird der Test automatisch als positiv gewertet, was wiederum eine Reihe von Konsequenzen in Form von disziplinarischen Maßnahmen mit sich bringt. Mögliche Folgen sind hier: Herausnahme aus der Substitution, Verlust der Arbeit, Verlust von privaten Gegenständen, Besuch nur mit Trennscheibe, Freizeitsperre und viele mehr.

„denn wenn ich positiv gewesen wäre, wäre die Arbeit weg gewesen, Einkaufssperre, Freizeitsperre und Einschluss und Diszi, Privatkleidung weg." (Konsument*in Drogenhilfe)

„Wenn Du im Haus […] bist und Du gibst UK dann trotzdem nicht ab, auch wenn Du freiwillig. Dann kriegst Du einen Gelben, wirst als positiv gemeldet" (Konsument*in Gefängnis)

Entdeckter Konsum von Drogen innerhalb der Haft führte in allen Fällen zur Herausnahme aus der Substitutionsbehandlung. Wie bereits oben erwähnt scheint der Wegfall der Substitution mit Angst verbunden zu sein. Aus diesem Grund werden Urinproben gefälscht, auch wenn dies mit Organisation, Stress und Ekel verbunden ist.

„Das Schlimmste ist einfach auch, sich dann eine fremde UK zu stöpseln [..], das ist ja einfach total. Das würde man doch draußen gar nicht machen, jetzt mal ganz im Ernst." (Konsument*in Gefängnis)

„Auch diese ganzen UK, Urinkontrollen bringen gar nichts, weil die Leute konsumieren und der UK-Wert zeigt, sie sind sauber, weil es so viele Tricks gibt, wie man das umgehen kann und dadurch finde ich, dass es gar keinen Sinn überhaupt macht." (Konsument*in Gefängnis)

Zusammenfassend wird deutlich, dass Konsum von illegalisierten Substanzen in Haft häufig mit Angst, Stress und Urinkontrollen verbunden ist, dies aber nicht immer dazu führt, dass Gefangene nicht konsumieren. Fast alle Personen gaben an in Haft weniger zu konsumieren oder teilweise ganz darauf zu verzichten. Gründe hierfür waren Angst, der hohe Preis für Drogen und Motivation für einen neuen Start nach der Haft. Urinkontrollen erschweren den Konsum, führen aber nicht dazu, dass alle interviewten Drogenkonsumierenden den Konsum einstellen. Disziplinarmaßnahmen erfolgen immer, die Regeln und Konsequenzen sind streng und einschneidend, teilweise jedoch individuell und abhängig von Bundesland, Gefängnis und einzelnen Bediensteten.

„[Andere JVA] ich war ja jahrelang da, da gibt es viele Beamte, die wissen Du bist am kiffen. Der ganze Flur stinkt auch danach. Das interessiert die nicht. […] Ja, aber die haben kein Bock auf harte Sachen. Kiffen interessiert die nicht. […] Hier? Hier kommt dann gleich die-, die schwarze Armee. Am besten noch vermummt." (Konsument*in Gefängnis)

2 Überblick über Bedarfe, Bedürfnisse und Konsummuster

Gründe für den Konsum während der Haft und nach der Haftentlassung

Die Motive für den Konsum im Gefängnis sind vielschichtig. Der Konsum erfolgte meistens nach schlechten Nachrichten von draußen und aufgrund von nicht passender Dosierung oder fehlender Substitution. Das Wissen über die Existenz von Drogen in Haft macht es für die interviewten Drogenkonsumierenden schwer auf Drogen zu verzichten. Inhaftierung ist verbunden mit einer Vielzahl von Herausforderungen, z.B. allein zu sein, schlechte Gefühle zu haben, keine Vertrauensperson zu haben und, wenn nötig, keine Unterstützung zu erhalten. In diesen Fällen hilft der Drogenkonsum über die schwierige Zeit hinwegzukommen. Neben den aufgelisteten Motiven für den Konsum gaben die Interviewten an, dass sie süchtig seien und dies in erster Linie der Grund für den Konsum ist.

> *"B1: Hat er mich mal einfach runtergesetzt von Polamidon. I: Komplett raus? B1: Ja. Bin jetzt schon ein halbes Jahr-. B3: Und das, bei einer [Person] die 30 Jahre dabei ist. B1: Nein 20. (Lacht.) Nein, 24 Jahre, aber trotzdem. […] B3: "Und dann müssen sie sich nicht wundern, wenn wir wieder kriminell werden, das Zeug hier wieder versuchen rein zu schaffen." (Konsument*in Gefängnis)*

> *"Der (Alltag im Gefängnis) ist auch sehr schwierig. Das ist alles unter Druck. Depression, Druck. Alles Psychopathen, Kino im Kopf. Du bist auch drauf und du brauchst tausend Million Sachen im Knast. Und wenn hast du wirklich keine Familie hier, das ist die Hölle, ganz einfach, wirklich. Das ist so." (Konsument*in Drogenhilfe)*

Sowohl die Motive für den Konsum in Haft als auch direkt nach der Entlassung sind mit der jeweiligen Situation in Verbindung zu bringen. Nach der Haftentlassung sind insbesondere kein fester Wohnsitz und Langeweile Gründe für den Konsum. Die Notwendigkeit einer stabilen Tagesstruktur wird oft erwähnt. Ein weiteres Risiko ist der Kontakt mit den (alten) sozialen Netzwerken. Häufig haben die Konsumierenden kein anderes (cleanes) Netzwerk, auf das sie sich bei Haftentlassung verlassen können. Einsamkeit und keine (soziale) Unterstützung bei der Entlassung, sind mitunter die ersten Schritte in Richtung Drogenkonsum nach der Haft. Hinzu kommt eine Vielzahl von Auflagen/Erwartungen nach der Entlassung, der zum Drogenkonsum führt. Auch „clean" zu sein (vor allem kein Zugang zu Substitution in Haft), wird als großes Risiko für Konsum nach der Entlassung genannt.

2.2 Perspektive der Drogengebrauchenden und Fachkräfte

"erst einmal ein Dach über dem Kopf, weil zu 99,9 Prozent besteht die Chance –. Wer will gerne auf der Straße leben und gerade als Drogenabhängige wird man wieder rückfällig, ruck, zuck, weil sie damit nicht klarkommen, um das abzudichten und sich vielleicht besser zu fühlen, obwohl es das Falsche ist, das falsche Denken oder sich in dem Moment stärker zu fühlen," (Konsument*in Drogenhilfe)

"Dass sie einen Schlafplatz haben. Das finde ich ganz wichtig. Sonst ist ja der Rückfall vorprogrammiert. Ja. Das finde ich sehr wichtig." (Konsument*in Gefängnis)

Zudem stellen fehlende Perspektiven, z.B. Beschäftigung, Wohnraum usw., einen Grund dar nach der Haftentlassung zu konsumieren. Darüber hinaus geben einige interviewte Drogenkonsumierende an, dass Drogenkonsum nach der Haft sehr wahrscheinlich ist, wenn die medizinische Behandlung nach der Entlassung nicht fortgesetzt wird (z.B. aufgrund einer fehlenden Krankenversicherung).

„*Weil hier sind viele Leute, die kommen rein, ohne Perspektive, die versuchen, sich hier eine Perspektive aufzubauen, werden rausgeschmissen und haben wieder keine Perspektive. Die haben keine Anlaufstelle, wenn sie eine Anlaufstelle haben, ja, muss ein halbes Jahr warten, bevor hier was passiert. Das ist doch klar, dass die wieder Drogen oder was weiß ich nehmen und kriminell werden.*" *(Konsument*in Gefängnis)*

Die Motivation während der Inhaftierung nicht zu konsumieren bzw. nach der Entlassung wenig oder nicht zu konsumieren ist häufig sehr stark und gleichzeitig zeigt sich ein starkes Verlangen nach der Entlassung. Zuletzt spielt der Wunsch nach Konsum, einem „guten Cocktail" (Heroin und Kokain) nach der Entlassung sowie die Sucht an sich eine große Rolle. In einigen Fällen fand nach der Entlassung ein übermäßiger Konsum statt, in anderen Fällen weniger als vor der Inhaftierung.

"Und diese Gedanke, was du gedacht, was du raus kommst. Arbeit, neue Leben, Wohnung suchen und das und das. Das alles, wie eine, so wie mit Wind weg geht alles. Das vergisst du gleich nach dem-, wenn du schon paar Meter von Gefängnis weggegangen. Das ist so mies. Das ist Wahnsinn. Und dann immer wieder Drogen." (Konsument*in Drogenhilfe)

"Und ich habe diese Zeit, die ich dann jetzt zum Schluss draußen war, die erste Woche habe ich wirklich gefeiert. Und ich habe mich soweit weggeschossen, dass ich wirklich fast draufgegangen bin." (Konsument*in Gefängnis)

Zusammenfassend wird deutlich, dass die Konsummotivation zum einen durch die Sucht selbst begründet ist, aber zudem von den jeweiligen Umständen in Haft (Angst, Einsamkeit, fehlende OST,...) und bei der Haftentlassung (Wohnraum, Perspektive, Stress, „clean" sein, ...) beeinflusst wird. Während die Motivation in Haft meist höher ist, den Konsum auch nach der Entlassung zu verändern, scheint dies durch die gegebenen Umstände nur selten möglich. Aufgrund der steigenden gesundheitlichen Risiken bei Drogenkonsum direkt nach der Haftentlassung sollten geeignete Maßnahmen installiert werden, die die Umstände sowohl während als auch nach der Haftentlassung, verbessern.

Erfahrungen und Umgang mit Überdosierungen

Die meisten Konsumierenden wissen viel über Risikofaktoren für eine Überdosierung, nur wenige sind sich der Risiken überhaupt nicht bewusst. Teilweise gehen Konsumierende davon aus, dass eine Überdosis lediglich durch Heroin herbeizuführen ist. Die interviewten Personen, die nur rauchen oder Heroin nasal konsumieren, können die Risiken einer Überdosierung nicht erläutern bzw. kennen keine Risiken. Alle anderen haben folgende Risikofaktoren genannt: eine Mischung verschiedener Drogen, exzessiver Konsum (zu viele Drogen nehmen, zu hohe Dosen in kurzer Zeit sowie zu intensiver Gebrauch über einen längeren Zeitraum), nie zuvor oder längere Zeit nicht konsumiert zu haben, Reinheit der Substanz, fehlendes Wissen über die genommene Substanz und „clean" sein bei der Haftentlassung.

> *"Einen Stein raucht, runter kommen wieder ‚ne Lyrica nehmen ein paar Benzos nimmt und dann wieder Stein und dann geht das immer hin und her und noch Alkohol dazwischen und irgendwann macht es dann Peng, ne. Dann fällt man um." (Konsument*in Drogenhilfe)*

> *"Damals, als ich da war, beim ersten Mal, sind viele Leute auch gestorben, weil sie sich die gleiche Dosis reinhauen, wie sie vor der Haft genommen haben. Und dein Körper ist ja dementsprechend schon clean. Und der Stoff ist auch anders draußen geworden. Der Stoff wird ja jedes Mal anders." (Konsument*in Gefängnis)*

Ein wiederkehrendes Verhaltensmuster von Konsumierenden, die bereits mind. eine Überdosis (mit)erlebt haben, besteht darin, dass sie der betroffenen Person helfen das Bewusstsein wiederzuerlangen. Keine der interviewten Personen hat einen Krankenwagen dazu gerufen. In allen Fällen haben sich die Konsumierenden selbst geholfen. In den Situationen, in denen bei anderen Personen eine Überdosierung miterlebt wird, nutzen sie feuchte Handtücher, Erste Hilfe Maßnahmen, frische Luft oder (wie es einmal genannt wurde) die Verabreichung einer entgegengesetzten Substanz (wie Heroin-Kokain). Im Falle der eigenen Überdosierung wird versucht Freund*innen zu kontaktieren, was eher selten der Fall zu sein scheint, da entweder mit Freund*innen oder im Konsumraum konsumiert wird, sodass insbesondere im Drogenkonsumraum eine ausgebildete Person für den Notfall bereitsteht.

"Und er im Flur, ich gucke so durch die Tür und sehe nur, wie er da so sitzt, und seine blauen Hände so, Kopf so runter. Da bin ich da rüber. Das war-, von einer Sekunde auf die nächste war ich klar im Kopf. Das war-, aber dann bin ich da rüber, bin gar nicht erst. Kopf so gegen die Heizung, dann habe ich ein nasses Handtuch und Herzdruckmassage gemacht und Mund-zu-Mund-Beatmung..." (Konsument*in Gefängnis)

Zusammenfassend wird deutlich, dass Drogenkonsumierende, insbesondere intravenös Konsumierende, über die Risiken einer Überdosierung aufgeklärt sind. Sie kennen die Gefahren nach der Haftentlassung, meist aus eigener Erfahrung, und versuchen diese zu minimieren. Konsumierende, die nicht intravenös konsumieren, kennen die Risiken weniger. Im Falle einer Überdosierung wird die Unsicherheit mit dem Umgang in der Situation deutlich, speziell die Option der externen Hilfe, wie einem Rettungswagen, werden nicht in Anspruch genommen.

Herausforderungen und Erfahrungen bei der Haftentlassung

Im Rahmen des Projekts wurden die Herausforderungen von Drogenkonsumierenden bei Haftentlassung aus der Perspektive von den Konsumierenden selbst und von Fachkräften erfasst. Die Haftentlassung ist mit individuellen, aber auch strukturellen Herausforderungen verbunden. Auf der individuellen Ebene zeigt sich, dass es für interviewte Konsumierende gerade in den ersten Tagen und Wochen schwierig ist sich wieder der Schnelligkeit der Gesellschaft anzupassen. Je länger die Haftstrafe ist, desto schwieriger ist es sich wieder daran zu gewöhnen. Die Konfrontation mit der Realität, die einen gewaltigen Kontrast zu der „Ordnung und Ruhe" im Gefängnis darstellt, wird hier von den Interviewten genannt. Unmittelbar nach der Entlassung wird von den entlassenen Personen viel erwartet, wie z.B. die Beantragung von Leistungen und der Umgang mit der eige-

2 Überblick über Bedarfe, Bedürfnisse und Konsummuster

nen Substanzgebrauchsstörung. Fachkräfte sehen die größte Herausforderung bei der Entlassung im „Überleben", also zur Realität zurückzukehren und mit verschiedenen Reizen konfrontiert zu werden. Personen, die aus der Haft entlassen werden, sind aus Sicht der Fachkräfte mit Herausforderungen in verschiedenen Lebensbereichen konfrontiert und müssten sich mit mehreren Stigmata befassen („Drogenkonsument*in", „Ex-Gefangene*r"). Sie kommen aus einer sehr strukturierten und "sicheren" Umgebung (Gefängnis) zurück in eine unstrukturierte "gefährliche" Welt und verfügen nicht über ausreichend Ideen und Wissen, wie sie ihre Freizeit (ohne Konsum) gestalten können. Aus Sicht der Konsumierenden und Fachkräfte stellt das Überbrückungsgeld eine große Herausforderung und Versuchung hinsichtlich des Drogenkonsums dar, da (je nach Haftlänge) ein hoher Betrag an Barmitteln zur Verfügung steht.

"Angefangen von der Reizüberflutung von nicht mehr den Lauf gewohnt über weite Strecken zu laufen bis halt hin, dass die Verhaltensweisen die gefordert sind auch völlig andere. Also wenn man sich auf dem Amt als gute Gefangene verhält, dann kriegt man überhaupt nichts, sondern da ist einfach, einfach ein bisschen Durchsetzungsvermögenfähigkeit gefragt und Durchhaltevermögen vor allem auch und warten bis die Tür aufgeschlossen wird, wie man es nun einmal im Gefängnis gewohnt war und sich gewöhnen müsste, dass damit kommt man draußen nicht weit" (Fachkraft extern)

Neben den genannten persönlichen Herausforderungen können strukturelle Barrieren die Reintegration von Einzelpersonen nach der Entlassung aus dem Gefängnis erschweren. Wohnen stellt in der Regel, sowohl aus Sicht der Konsumierenden selbst als auch der Fachkräfte, die größte Herausforderung dar. Dies betrifft sowohl Personen, die eine Wohnung oder Platz in einer betreuten Wohngruppe in der Stadt suchen, als auch Personen, die in ländlichere Gegenden ziehen möchten. Konsumierende empfinden Unterstützung aus der Szene oder anderen sozialen Netzwerken als hilfreich, sowohl was die finanzielle Unterstützung als auch die Bereitstellung von Wohnraum betrifft, allerdings verfügen nicht alle über ein funktionierendes soziales Netzwerk. Weiterhin wird die hilfreiche Unterstützung von niedrigschwelligen Drogenhilfeeinrichtungen genannt, die allerdings zugleich mit Drogenkonsum in Verbindung gebracht wird. An zweiter Stelle steht die Gesundheitsfürsorge, die mit der Organisation von Ämtergängen und Anträgen verbunden ist und unmittelbar nach der Entlassung viel Zeit in Anspruch nimmt; insbesondere, weil entlassene Personen teils über unzureichendes Wissen über die Antragsstellung verfügen. Besonders der Eintritt in die Krankenversicherung, um nach der Entlassung

2.2 Perspektive der Drogengebrauchenden und Fachkräfte

legal in eine Substitutionsbehandlung oder Weiterbehandlung chronischer Krankheiten zu kommen, ist kompliziert. Fachkräfte berichten, dass der Tag der Entlassung nicht in allen Fällen bekannt ist oder diese freitags stattfindet, sodass Termine, wie z.B. im Jobcenter, bei Substitutionsstellen und in Wohneinrichtungen nicht ausreichend geplant werden können bzw. freitags teilweise gar nicht möglich sind.

> *"Es ist einfach so, dass sie rauskommen und meistens direkt wieder hierherfahren [Szene], konsumieren und dann ist entweder das Geld direkt weg oder dass sie auch die Ämtergänge nicht schaffen. [...] Wir haben manchmal, dass wir Klienten antreffen und die sagen, ja, ich bin gerade aus Haft gekommen, dann ist irgendwie Freitag früher Nachmittag und dann sagen die, ja, wir haben keine Substitution und man denkt dann so, was sollen wir jetzt auch noch für die machen" (Fachkraft extern)*

Drogenkonsumierende haben häufig selbst Erfahrungen mit Haftentlassungen, den Entlassungsvorbereitungen und den Situationen nach der Haftentlassung gemacht, weshalb ihrer Perspektive eine wichtige Rolle bei der Entwicklung und Implementierung von Maßnahmen zukommt. Die Interviews haben gezeigt, dass sie Ihre eigenen Verhaltensmuster, Motivationen und Problemsituationen gut kennen. Einige haben im Laufe der Zeit und mit steigender Erfahrung individuelle Strategien zur Risikominimierung entwickelt.

Die Erfahrungen mit Haftentlassungen werden häufig als negativ beschrieben, insbesondere nach kurzen Haftstrafen kommt es u.a. zu unerwarteten Entlassungen, die die Konsumierenden vor große Herausforderungen stellt. Zum Teil wird dies als „Rauswurf" beschrieben ohne einen Plan zu haben, wie es dann weitergeht. Diese Situation scheint mit Stress und Angst verbunden zu sein, dass einige lieber im Gefängnis bleiben würden als ohne Plan entlassen zu werden. Auch wenn Entlassungsvorbereitungen stattfinden werden diese als minimal beschrieben, was eine Unsicherheit der Konsumierenden zur Folge hat. Zum einen betrifft dies die generelle Ungewissheit über die Situation, die sie draußen vorfinden und zum anderen insbesondere die Wohnsituation. Sollte keine private Wohnung oder eine Unterbringung in Therapie, Wohngruppe oder bei Bekannten/Familie/Freund*innen möglich sein, bedeutet das eine Unterbringung in einer Notunterkunft bzw. niedrigschwelligen Drogenhilfeeinrichtung. Beide letztgenannten Möglichkeiten werden mit Drogenkonsum, Schmutz und einem wenig hilfreichen sozialen Umfeld assoziiert, wenngleich die Struktur vor Ort mit dem Angebot Sozialer Arbeit, einem Schlafplatz und einer möglicher Substitutionsbehandlung als hilfreich wahrgenommen wird. Entlassungen an Freitagen werden als hinderlich für eine anschließende Substitution gesehen und mit dem Konsum nach der Haftentlassung in Verbindung gebracht.

> *"Also es ist nichts weiter passiert. Man lebt da vor sich hin und dann irgendwann steht der Tag der Entlassung. Und dann wirst du rausgeschmissen." (Konsument*in Gefängnis)*

Positive Erfahrungen mit Haftentlassungen werden gemacht, wenn die Person eine besondere Unterstützung erhält. Diese Unterstützung ist vielseitig, z.B. bei einer anschließenden Therapie, guter Begleitung von Sozialarbeiter*innen, dem Übergangsmanagement und/oder Familie und Freund*innen. Als besonders hilfreich wird die Möglichkeit von vollzugsöffnenden Maßnahmen während der Inhaftierung empfunden, insbesondere für die eigene Erprobung und Organisation wichtiger Angelegenheiten. Dies ist jedoch für Drogenkonsumierende nur schwer und sehr selten erreichbar.

> *"Also wie ich damals vier Jahre gesessen habe, bin ich in betreutes Wohnen. Das habe ich auch alles in der Haft abgecheckt und wie ich dann in die Amnestie reingefallen bin, das war 20XX, bin ich dann auch nicht nahtlos, aber durch die Haftentlassenenhilfe bin ich dann auch in das betreute Wohnen gekommen" (Konsument*in Drogenhilfe)*

Zusammenfassend wird deutlich, dass die Herausforderungen bei der Haftentlassung sowohl auf persönlicher Ebene als auch auf struktureller Ebene vielschichtig sind. Die Konfrontation mit der Gesellschaft und dem sozialen Umfeld außerhalb des Gefängnis, dem Umgang mit dem eigenen Drogenkonsum und dem Erwartungsdruck, der auf den Konsumierenden nach der Haftentlassung liegt und eine meist fehlende Tagesstruktur stellen ebenso wie fehlende Unterkünfte/Wohnungsnot und bürokratische Hürden große Herausforderungen dar. Hierbei wird deutlich, dass die Vorbereitung der Entlassungssituation eine Notwendigkeit für einen guten Übergang darstellt. Teilweise entwickelt sich während der Inhaftierung eine sehr starke Motivation das Leben zu verändern, aber gleichzeitig zeigt sich ein starkes Konsumverlangen nach der Entlassung. Wie wichtig die Entlassungssituation im Zusammenhang mit dem Drogenkonsum ist zeigt sich auch in der bereits oben aufgezeigten Konsummotivation nach der Haftentlassung. Die Konsummotivation wird teilweise, laut der interviewten Drogenkonsumierenden, ebenso durch fehlende Tagesstruktur, fehlende Unterkunft, alte (drogennahe) Sozialkontakte, fehlende (drogenferne) Sozialkontakte, Einsamkeit und fehlende (soziale) Unterstützung begründet. Hinzu kommen die Vielzahl an Auflagen und Erwartungen mit denen Konsumierende direkt nach der Haft konfrontiert sind sowie strukturelle Probleme wie z.B. eine fehlende medizinische Versorgung aufgrund fehlender Krankenversicherung. Als hilfreich zeigt sich die Unterstützung durch Sozialarbeitende und Familie/Freund*innen sowie vollzugsöffnende Maßnahmen, die jedoch nur sehr selten und schwierig für Konsumierende erreichbar sind.

Individuelle Strategien der Drogenkonsumierenden

Aufgrund der beschriebenen Erfahrungen mit Haftentlassungen und dem Wissen über individuelle und strukturelle Herausforderungen haben einige der interviewten Drogenkonsumierenden Strategien entwickelt, den Übergang so einfach und risikofrei wie möglich zu gestalten.

Eine der drastischsten Veränderungen die von einigen Konsumierenden als hilfreich gesehen wird, ist es, das Leben nach der Haft komplett zu verändern. Veränderungen betreffen in diesem Bereich insbesondere das soziale Leben (Tagesstruktur, Arbeit, Freizeit), die sozialen Netzwerke (Freund*innen, Dealer*innen, etc.) und den Wohnraum (Stadtteil, eigener Wohnraum). Unterstützend hierbei kann eine vertraute Person, sowohl aus dem privaten Umfeld, als auch Sozialarbeiter*innen, und/oder Kinder sein. Besonders hervorzuheben ist laut der Konsumierenden jedoch trotz individueller Strategien die Notwendigkeit einer sorgfältigen Entlassungsvorbereitung, um bereits aus dem Gefängnis heraus bestimmte Veränderungen zu organisieren.

"Ich möchte mein Leben für mich ändern, deshalb halte ich mich von den Leuten fern, die halt jetzt hier noch Drogen konsumieren." (Konsument*in Gefängnis)

Strategien bezüglich des Drogenkonsums sind zu allererst das Wissen über die eigenen Risikofaktoren für den Drogenkonsum und eine realistische Zielsetzung. Für einige ist z.B. Abstinenz nicht möglich oder nicht vorstellbar, was dann auch in der weiteren Planung berücksichtigt werden sollte. In Einzelfällen haben die Drogenkonsumierenden Strategien für sich entwickelt, um mit dem Suchtdruck und Drogenkonsum nach der Haftentlassung umzugehen. Z.B. kleine Ziele für sich selbst setzen, regelmäßigen Entzug zu machen und die Ämtergänge und bürokratischen Angelegenheiten vor dem ersten Drogenkonsum nach der Entlassung zu organisieren (To-Do-Listen).

> *"Hand aufs Herz, ich schaffe es nicht ohne Substitut. Was ist eigentlich so verwerflich zu sagen ich schaffe es nicht. Es ist dann so. Und ich lebe damit legal und ich kann damit leben. Und ich kann auch mit Substitut ein Leben mir aufbauen. Und das für mich so erkannt habe. Und nicht daran gedacht, was denken eigentlich andere? Und ich das abgelegt habe. Mir ist egal was andere denken, das ist mein Leben." (Konsument*in Gefängnis)*

Für die Vermeidung einer Überdosierung bei Drogenkonsum nach der Entlassung werden häufig weniger und geringere Dosen der konsumierten Substanz empfohlen. Eine bewährte Strategie ist es, sich an eine bestimmte Dosis zu halten (kleine Menge) und dann die Dosis schrittweise zu erhöhen, indem zunächst ein wenig und erst später etwas mehr konsumiert wird, um das Risiko einer Überdosierung zu verringern. Eine weitere Strategie ist es auf eine andere Konsumform wie Rauchen umzusteigen, damit nicht unmittelbar nach einer Entlassung injiziert wird. Darüber hinaus erwähnen mehrere Konsumierende, dass es wichtig ist, „die von ihnen verwendeten Drogen zu kennen". Eine Überdosierung könnte auch verhindert werden, indem niemals alleine oder nur in einem Konsumraum konsumiert wird. In diesen Fällen kann eine andere Person bei Bedarf helfen. Eine interviewte Person empfindet es als hilfreich eine soziale Kontrolle zu haben, beispielsweise eine vertraute Person, die den Konsum nach der Entlassung kontrolliert (indem sie darauf besteht, "mit reduzierter Menge [zu] beginnen"). Auch wenn die meisten der interviewten Drogenkonsumierenden hilfreiche (lebensnotwendige) Strategien entwickelt haben, zeigt sich auch, dass Unsicherheiten mit dem Umgang mit Überdosierungen und dem Konsum nach der Haft bestehen.

> *"Also mein Mann lässt mich nicht mehr aus den Augen. Der sagt immer: „Das kannst du nicht machen, eine ganze Kugel. Das ist zu viel!", und so. Und ich immer: „Nein, das ist nicht zu viel." Aber ich habe ihm geschworen, auf unsere Liebe, dass ich das nie wieder mache, eine ganze Kugel. Und dann mache ich das auch nicht, weil ich habe es ihm versprochen." (Konsument*in Gefängnis)*

Zusammenfassend zeigt sich, dass Drogenkonsumierende eigene individuelle Strategien entwickeln, um mit den Herausforderungen bei der Haftentlassung umzugehen. Trotz teilweise großem Erfahrungsschatz der Konsumierenden mit Haftentlassungen und Drogenkonsum, benötigen sie zielgruppenspezifische und individuelle Entlassungsvorbereitungen, die Bedürfnisse der Betroffenen mit aufgreift. Ebenso zeigt sich die Notwendigkeit von Präventionsmaßnahmen und Informationsangeboten bezüglich des Drogenkonsums und Überdosierungen nach der Haftentlassung.

2.2 Perspektive der Drogengebrauchenden und Fachkräfte

Barrieren und Möglichkeiten guter Praxis aus Perspektive der Fachkräfte

Die Erfahrungen und Strategien zeigen, wie wichtig eine gute und durchgehende Begleitung besonders für die Zielgruppe der Drogenkonsumierenden ist, um die Risiken des Drogenkonsums bzw. möglicher Überdosierungen zu reduzieren. Durchgehende Begleitung spielt hierbei eine große Rolle, wird allerdings nicht flächendeckend und bei weitem nicht für alle Konsumierenden umgesetzt. In fast allen Bereichen werden Barrieren für eine durchgehende Begleitung sichtbar. Dennoch werden aus der Perspektive der Fachkräfte verschiedene Praxisbeispiele als besonders hilfreich in der Begleitung von Drogenkonsumieredenen gesehen und Handlungsbedarf bzw. -empfehlungen genannt.

Als Barrieren für eine gelingende durchgehende Begleitung werden eine Vielzahl von Aspekten genannt, die aus Perspektive der Fachkräfte relevant sind. Die Bürokratie rund um die Entlassung stellt die meistgenannte Barriere dar. Hierdurch kommt es zu zahlreichen Schwierigkeiten im Zusammenhang mit den Vorschriften innerhalb und außerhalb des Gefängnisses, die nur schwer zu überwinden sind. Dies betrifft u.a. lange Bearbeitungszeiten für eine Entlassung über § 35 BtMG, unklare und unsichere Entlassungstermine bzw. Entlassungen an Freitagen, den seltenen oder nicht möglichen Zugang zu vollzugsöffnenden Maßnahmen und komplexe Finanzierungsregelungen der möglichen Betreuungsangebote (z.B. Betreutes Wohnen). Diese Barrieren erschweren die Organisation der notwendigen Voraussetzungen, die für einen gelingenden Übergang von Haft in Freiheit grundlegend sind. Neben bürokratischen Barrieren stellt Wohnen ein wichtiges Thema dar. Barrieren zeigen sich hierbei u.a. durch den Verlust der eigenen Wohnung während der Inhaftierung, die fehlende Möglichkeit Wohnraum aus der Haft heraus anzumieten und die konsumnahen sozialen Umfelder der Obdachlosenunterkünfte und niedrigschwelligen Drogenhilfeeinrichtungen, die meist die einzige Option für Konsumierende nach der Haft darstellen. In Bezug auf Letzteres stellt der Mangel an alternativen Angeboten der Drogen- und Suchthilfe, insbesondere Einrichtungen zwischen abstinenzorientierter und akzeptanzorientierter Ausrichtung, eine weitere Barriere dar. In Bezug auf Angebote während der Inhaftierung wird als Barriere die nicht flächendeckende Substitutionsbehandlung genannt. Eine fehlende oder falsch dosierte Substitutionsbehandlung führt zu Drogenkonsum, körperlichen Einschränkungen und im schlimmsten Fall zu einer Überdosierung nach Haftentlassung. In den Fällen, in denen eine Substitutionsbehandlung in Haft gesichert ist, findet keine psychosoziale Beratung (PSB) statt. Auf organisatorischer Ebene wird die teils fehlende Kooperation zwischen internen und externen Fachkräften als Barriere aufgezeigt. In diesem Zusammenhang wird auch das Wissen von internen Fachkräften als Hindernis bezeichnet, da sie die spezifischen Probleme der Drogenkonsumierenden nach ihrer Entlassung nicht mitbekommen. Zudem ist die Anzahl der Fachkräfte zu gering, was zu langen Wartezeiten für einzelne Angebote führt. Die Angebote für die Wiedereingliederung nach der Entlassung sind begrenzt, sollten jedoch die Bereiche Wohnung, Arbeit, Ausbildung, finanzielle und psychologische Unterstützung umfassen.

Im Kontext von durchgehender Begleitung und den aktuell bestehenden Barrieren sowie Bedarfen seitens der Drogenkonsumierenden, haben die Fachkräfte Handlungsempfehlungen formuliert, die sich sowohl auf Angebote für vor, während und nach der Haft beziehen.

Angebote für innerhalb und außerhalb der Haft
- *Individuellere und bedarfsorientierte Unterstützung* durch den justizinternen Sozialdienst.
- *Einstellung neuer Fachkräfte*, um Angebote zu ermöglichen und lange Bearbeitungs- und Wartezeiten zu verkürzen.
- *Weiterbildungsangebote* für justizinterne und -externe Fachkräfte, um das Wissen über die jeweilig andere Arbeits- und Ausgangssituation zu erhöhen.
- *Kooperation zwischen Fachkräften* sowohl jeweils justizintern- und -extern, als auch zwischen justizinternen und -externen Fachkräften.
- *Schaffung von Angeboten der Drogenhilfe* die im Bereich zwischen abstinenzorientierten Angeboten (hochschwellig) und akzeptierenden Angeboten (niedrigschwellig) liegen.

Angebote zu Drogenkonsum und Schadensminderung
- *Präventionsangebote zu Überdosierung und Konsum* während der Haftzeit und nach der Entlassung.
- *Spritzentausch im Gefängnis*, um Ansteckungen zu vermeiden.
- *Durchgehende Opioid-Substitutionstherapie für alle Opioidgebrauchenden* unabhängig von zusätzlichem Konsum psychotroper Substanzen, Substitutionsplätzen in Haft, möglicher Anschlusssubstitution und bestehender Krankenversicherung.
- *Bereitstellung von Naloxon* bei der Entlassung, um Überdosierungen mit Todesfolge zu verringern.
- *Ambulante Therapiemöglichkeiten* im Gefängnis.
- *Gesetzesänderungen* → Entkriminalisierung von Drogenkonsumierenden

Angebote im Kontext der Entlassung
- *Vorbereitung der Unterlagen* für die Beantragung von Sozialleistungen nach der Entlassung.
- *Flexible Finanzierungsregelungen* für Betreutes Wohnen, um Wohnraum nach der Entlassung zu sichern.
- *Verlässliche Entlassungstermine/keine Entlassungen an Freitagen,* um die Anschlussorganisation bestmöglich zu sichern.
- *Kürzere Bearbeitungszeiten* für eine Entlassung über § 35 BtMG
- *Weniger Bürokratie,* die durch Vorschriften innerhalb und außerhalb der Gefängnisse bestehen.
- *Optimierung der bestehenden Kooperationen und des Informationsaustauschs.*
- *Vollzugsöffnende Maßnahmen* für Drogenkonsumierende für eine optimierte Vorbereitung auf die Entlassung.
- *Organisation und Überblick über intern und extern zuständige Fachkräfte* (wer ist für wen und wann zuständig?)
- *Krankenversicherung* bereits während und direkt nach der Inhaftierung.
- Aktivere *Nutzung von BASIS-Web,* um die Kommunikation in Haft zu vereinfachen bzw. Vorgänge transparent zu gestalten.
- Einführung der *Rentenversicherung* für Gefangene.
- *Angebote von Ämtern und Behörden im Gefängnis,* um das Wissen der Gefangenen zu erhöhen und ggf. eine Entlassung mit allen nötigen Unterlagen zu ermöglichen.

Beispiele „guter" Praxis aus Perspektive der Fachkräfte

Teilweise werden bereits gute Maßnahmen in Bezug auf durchgehende Begleitung angeboten. Als besonders hilfreich für eine durchgehende Begleitung von Drogenkonsumierenden werden die folgenden, allerdings nur in Einzelfällen durchgeführten, Umstände und Angebote angesehen.
- *Ehrenamtliche Betreuer*innen,* die die Schnittstelle zwischen Gefängnis und Freiheit überbrücken, indem sie (ehemalige) Gefangene dabei unterstützen, Vorgänge zu arrangieren, die sie nicht selbst erledigen können. Auch *externe Sozialarbeiter*innen* werden nach der Entlassung als nützliche Hilfen erwähnt.
- Das Konzept des *Übergangsmanagements,* was (ehemaligen) Gefangenen eine Unterstützung 6 Monate vor und nach der Entlassung ermöglicht (siehe Shah; Häßler/Gueridon i.d.B.)
- *Drogenhilfeeinrichtungen,* die eine *Opioid-Substitutionsbehandlung auch für Selbstzahler*innen* ohne Krankenversicherung ermöglichen.

- *Entlassungs-Checkliste*, die alle notwendigen Vorbereitungen beinhaltet und diese dann vor der Entlassung erledigt werden können (z.B. Wohnraum, Personalausweis, etc.)
- *Streetworker*innen*, die 50% innerhalb des Gefängnisses und 50% in Drogenhilfeeinrichtungen arbeiten. Diese Mischung ermöglicht einen guten Einblick in die Herausforderungen und nötigen Vorbereitungen der einzelnen Drogenkonsumierenden.
- *Kooperationen zwischen Gefängnissen und Behörden*. Die Möglichkeit, dass Behörden und Ämter innerhalb des Gefängnisses regelmäßige Angebote machen und über die Antragsstellung informieren oder vor Ort Personalausweise ausstellen können.
- *Zugang zur Krankenversicherung* am ersten Tag der Haftentlassung durch Kooperationen mit Krankenkasse, Jobcenter und Gefängnis (siehe Dehnad i.d.B.).

Auf einen Blick

Die aufgezeigten Ergebnisse zeigen, wie wichtig der Einbezug aller beteiligten Perspektiven ist, um eine durchgehende Begleitung für alle Drogenkonsumierenden effektiv zu gestalten. Die Bedarfe und Bedürfnisse der Konsumierenden sollten hierbei genauso berücksichtigt werden wie die Möglichkeiten der Fachkräfte und die strukturellen Bedingungen. Wie aus den Interviews hervor geht, entwickeln Drogenkonsumierende individuell hilfreiche Strategien, die durch Fachkräfte aufgegriffen und weiter unterstützt werden könnten. Dies setzt z.B. die Offenheit seitens der Fachkräfte voraus die individuellen Ziele zu akzeptieren und auf diese vorzubereiten (z.B. durch Prävention/Information und Aufbau von Kontakt zur Familie). Gleichzeitig sollten strukturelle Bedingungen für Fachkräfte so angepasst werden, dass eine individuelle Betreuung im notwendigen Rahmen ermöglicht werden kann (z.B. Anpassung des Betreuungsschlüssels). Um eine durchgehende Begleitung zu erreichen und die unterschiedlichen Bedarfe adäquat mit einbeziehen zu können ist die Kommunikation und Kooperation aller Beteiligten justizinternen und -externen Fachkräfte eine Grundvoraussetzung. Die Ergebnisse zeigen hier, dass sowohl von internen als auch externen Fachkräften fehlendes Wissen über die jeweils andere Arbeitssituation und Arbeitsaufgaben bzw. Vorgaben und Herausforderungen genannt wird. Ebenso scheint es wichtig, dass ein Fokus auf die Herausforderungen der Drogenkonsumierenden bei Haftentlassung gelegt wird, wobei ein Austausch und die Kooperation mit internen und externen Fachkräften als sinnvoll erachtet wird (z.B. Mitteilung über Entlassungstermine, Vorbereitung/Aufklärung der Drogenkonsumierenden über bürokratische Prozesse). Ein weiterer wichtiger Faktor in der durchgehenden Begleitung stellt, in Anbetracht der Ergebnisse und aktuellen Forschung, die psychosoziale Beratung dar. Die psychosozialen Faktoren der Konsumierenden sollten sowohl während der Inhaftierung und bei Haftentlassung als auch im Anschluss der Haftentlassung mit einbezogen werden, um die Risikofaktoren für den erneuten oder einen riskanten Drogenkonsum zu reduzieren. Die Ergebnisse zeigen, dass der Konsum während der Inhaftierung zwar zurückgeht, die jeweiligen Umstände (Einsamkeit, Haftsituation, Entlassungssituation) jedoch teilweise zu Konsum führen, der dann meist mit riskanten Konsummustern (Teilen von Spritzen, zu hohe Dosis nach Haftentlassung) verbunden ist. Zudem können die individuellen Herausforderungen der Konsumierenden so reduziert werden. Unerlässlich sind in diesem Kontext ebenso die durchgehende Behandlung mit einer Opioid-Substitutionstherapie und die Vergabe von Naloxon bei Haftentlassung, um den Suchtdruck bei der Entlassung zu verringern bzw. einen tödlichen Ausgang einer Überdosierung zu verhindern. Der Übergang von der Haft in die Freiheit sollte demzufolge von allen beteiligten Berufsgruppen als eine besonders riskante Schnittstelle für eine extrem vulnerable Gruppe wahrgenommen werden, um eine bestmögliche Begleitung zu gewährleisten (siehe auch Stöver i.d.B.).

Literaturverzeichnis

Binswanger, Ingrid A. (2013): Mortality After Prison Release: Opioid Overdose and Other Causes of Death, Risk Factors, and Time Trends From 1999 to 2009. In: Annals of internal medicine 159 (9), 592. DOI: 10.7326/0003–4819–159–9–201311050–00005.

Bukten, Anne/Stavseth, Marianne Riksheim/Skurtveit, Svetlana/Tverdal, Aage/Strang, John/Clausen, Thomas (2017): High risk of overdose death following release from prison. Variations in mortality during a 15-year observation period. In: Addiction (Abingdon, England) 112 (8), 1432–1439. DOI: 10.1111/add.13803.

Burmester, A. (2016): Analyse der drogenbezogenen Todesfälle 2003–2013 in Hamburg: Risikofaktor Haftentlassung. Online verfügbar unter http://d-nb.info/1126 11605x/34 [Stand 10.10.2017].

Die Drogenbeauftragte der Bundesregierung (2019): Drogen- und Suchtbericht 2019. Online verfügbar unter: https://www.bundesregierung.de/breg-de/service/publikationen/drogen-und-suchtbericht-2019-1688896 [Stand 05.03.2020].

EMCDDA (2012): Prisons and drugs in Europe: the problem and responses. Hg. v. European Monitoring Centre for Drugs and Drug Addiction (EMCDDA), Luxemburg. Online verfügbar unter http://www.emcdda.europa.eu/system/files/publications/747/TDSI12002ENC_399981.pdf, [Stand 09.10.2017].

EMCDDA (2019): Germany Country Drug Report 2019. Online verüfgbar unter: https://www.emcdda.europa.eu/publications/country-drug-reports/2019/germany_en [Stand 26.02.2020].

Heinemann, A./Kappos-Baxmann, I./Püschel, K. (2002): Haftentlassung als Risikozeitraum für die Mortalität drogenabhängiger Strafgefangener. In: Suchttherapie 3 (3), 162–167. DOI: 10.1055/s-2002-34324.

MacDonald, M./Weilandt, C./Popov, I./Joost, K./Alijev, L./Berto, D./Parausanu, E. (2012): Throughcare Services for Prisoners with Problematic Drug Use: A Toolkit. Hg. v. Funded by the Directorate General Justice of the European Commission. Birmingham. Online verfügbar unter http://throughcare.eu/reports/throughcare_toolkit.pdf, [Stand 09.10.2017].

Stöver, H./Jamin D./Sys O./Vanderplasschen, W./Jauffret-Roustide, M./Michel, L. et al. (2019): Drug use and risk behaviour in prisons and upon release in four European countries. Overdose upon release: Challenges and strategies from (ex-) prisoners' points of view. Final report. Frankfurt am Main. Online verfügbar unter https://info.harmreduction.eu/continuity-of-care.

Thane, Katja (2015): Kein Entkommen?! Strukturelle Bedingungen der intramuralen Gesundheitsversorgung von DrogenkonsumentInnen (dit is: Drogenkonsumentinnen). Oldenburg: BIS-Verlag der Carl von Ossietzky Universität Oldenburg (Schriftenreihe "Gesundheitsförderung im Justizvollzug" "Health promotion in prisons", Band 29).

3 Verbesserte Handlungsmöglichkeiten für die Praxis

3.1 Medizin – Praxis der Substitutionsbehandlung in Haft (Karlheinz Keppler)

Einleitung

Drogen konsumierende Gefangene bestimmen traditionell den Gefängnisalltag. Suchtmedizin ist in den Gefängnissen eine der Hauptaufgaben. Gefängnisärzt*innen müssen sich daher als Suchtmediziner*innen und Gefängnis-Krankenabteilungen als Sucht-Schwerpunktpraxen begreifen. Zu diesem Selbstverständnis gehört das Angebot aller in der Suchttherapie etablierten Behandlungsmöglichkeiten.

Es ist nunmehr fast 30 Jahre her, dass Ulmer und andere Autor*innen (Ulmer 1994) einen Paradigmenwechsel (die Substitutionsbehandlung ist die Therapie der ersten Wahl bei Opiatabhängigkeit, nicht mehr die abstinenzorientierte Entwöhnung) in die Behandlung der Opiatsucht eingeführt haben. Heute wird Substitution außerhalb der Gefängnisse in einer gewissen Breite angeboten.

So meldet die Bundesopiumstelle in ihren jährlichen Substitutionsberichten in den letzten Jahren nahezu gleichbleibende Zahlen für die Patient*innen in Substitution. (Stichtag 01.07.2016: 78.500, 01.07.2017: 78.800, 01.07.2018: 79.700 Patient*innen). Damit gilt ca. die Hälfte der Opiatkonsumierenden als substituiert.

In den Gefängnissen zeichnet sich bisher noch ein anderes Bild. Neben den durch den Föderalismus bedingten, unterschiedlichen Herangehensweisen sind auch individuell manche Gefängnisärzt*innen noch zögerlich im Einsatz substituierender Verfahren.

Allerdings formulierte Körner bereits 1993:

> *"... darf sich kein Arzt einer Substitutionsbehandlung verschließen, wenn er damit das Leben oder die Gesundheit eines Opiatabhängigen retten kann. Früher prüfte der Strafjurist im Einzelfall, ob die Substitution eine Körperverletzung darstellt. Heute muss der Jurist darüber nachdenken, ob die unbegründete Verweigerung einer indizierten Substitution im Einzelfall eine Körperverletzung darstellen kann." (Körner 1993).*

3 Verbesserte Handlungsmöglichkeiten für die Praxis

Damit ist gerade das medizinische Personal, das im Bereich staatlicher Fürsorge Patient*innen ohne freie Ärzt*innenwahl betreut, wie im Justizvollzug besonders in der Pflicht.

Zumal Substitution gerade für den Justizvollzug besonders gut geeignet ist (Keppler/Stöver 2009), weil die im Umgang mit Suchtkranken erfahrenen Mediziner*innen, Krankenpflegepersonal, Suchtberatung, Psychologischer Dienst, Tagesstrukturierung etc. bereits vorhanden sind, wenngleich sie meist nicht ausreichen, um alle drogenabhängigen Inhaftierten zu substituieren, die dies wünschen (Gölz 2007). Gerade in den Gefängnissen befindet sich aber die Klientel, die für die Substitution besonders in Frage kommt: intravenös Opiatabhängige mit langen Drogenkarrieren und mehreren vergeblichen Abstinenztherapie-Versuchen.

Dennoch gilt Substitutionsbehandlung in Haft nach wie vor als ein Problemfeld. Unterschiedliche Vorschriften und eine heterogene Behandlungspraxis in den einzelnen Bundesländern, zum Teil auch in einzelnen Gefängnissen sind dafür verantwortlich, wobei auch Widerstände einzelner Gefängnisärzt*innen gegen eine Substitution eine Rolle spielen.

Auch die Vernetzung und Kooperation mit externen Ärzt*innen, Drogenberatungsstellen und Aidshilfen sind verbesserungsbedürftig ebenso wie der fachliche Austausch substituierender Ärzt*innen mit Kolleg*innen innerhalb und außerhalb des Justizvollzugs. Im Ergebnis werden vielfach außerhalb des Vollzugs durchgeführte Behandlungen bei Inhaftierung abgebrochen, es gibt keine adäquate Entzugsbehandlung und die Substitution wird häufig auf einen bestimmten Zeitraum (etwa 6 Monate) oder auf bestimmte Situationen (z. B. Vorbereitung auf die Entlassung) begrenzt.

Die Substitution innerhalb und außerhalb der Gefängnisse unterscheidet sich nicht nur hinsichtlich der Behandlungspraxis, sondern auch bezüglich des rechtlichen Reglements. Die Vorgaben des Betäubungsmittelgesetzes[34] und der Betäubungsmittel-Verschreibungsverordnung[35] gelten für die Substitution im Gefängnis ebenso wie die Rahmenrichtlinien der

---

34 Gesetz über den Verkehr mit Betäubungsmitteln (Betäubungsmittelgesetz – BtMG)
http://www.gesetze-im-internet.de.
35 Betäubungsmittel-Verschreibungsverordung (BtMVV): Verordnung über das Verschreiben, die Abgabe und den Nachweis des Verbleibs von Betäubungsmitteln, zuletzt geändert am 10. März 2005.
http://www.gesetze-im-internet.de/btmvv_1998/index.html.

Bundesärztekammer.[36] In einigen Bundesländern ist die Substitution in Haft über Erlasse geregelt. Zum Teil wird darin ausdrücklich auf die Vorgaben der BÄK-Richtlinien verwiesen. Die Substitutionsregelungen der gesetzlichen Krankenversicherung gelten ansonsten für den Justizvollzug nicht.

Günstiger wäre allerdings, wenn Substitution im Justizvollzug grundsätzlich den gleichen Regeln und Standards folgen würde wie in der Gesetzlichen Krankenversicherung.

In Deutschland werden in ca. zwei Dritteln der Fälle DL-Methadon bzw. L-Methadon eingesetzt. Beide sind sowohl als Tabletten als auch als Lösung verfügbar. In ca. einem Drittel der Fälle werden Präparate mit dem Wirkstoff Buprenorphin eingesetzt. Dieser Wirkstoff ist als Sublingualtablette verfügbar, mit und ohne den Zusatz Naloxon. Seit kurzem gibt es Buprenorphin als subkutanes Depot mit einer Wirkdauer von einer bzw. vier Wochen, eine für den Justizvollzug aus vielen Gründen besonders gut geeignete Applikationsform.

Kodein und Diamorphin sind als Substitutionssubstanzen vom Gesetzgeber mit so starken Restriktionen belegt worden, dass sie nur in seltenen Fällen zur Substitution verwendet werden.

Die verwendeten Substitutionssubstanzen besetzen die Opiatrezeptoren und sorgen so dafür, dass die sog. „Opiat-Gier" (Craving, Suchtdruck) unterdrückt wird, sodass Abhängige bei ausreichend hoher Dosierung ohne großen Druck auf Heroin verzichten können. Mittlerweile ist wissenschaftlich gesichert, dass sich zahlreiche positive Auswirkungen der Behandlung gezeigt haben: Sie hat eine hohe Haltequote, durch den Wegfall des Beschaffungsdrucks sinkt die Rate krimineller Delikte, die (Wieder-)Aufnahme einer Erwerbstätigkeit wird ermöglicht, das Freizeitverhalten ändert sich, die Kontakte zur Drogenszene werden weniger und die sozialen Kontakte außerhalb der Szene nehmen zu, der körperliche und psychische Zustand bessert sich, der Beigebrauch illegaler Drogen sinkt. Auch bei langjähriger Einnahme von Substitutionsmitteln lassen sich keine Folgeschäden nachweisen.

Auffällig ist sowohl in der Substitution im System der gesetzlichen Krankenversicherung als auch in der Substitution im Justizvollzug ein ausgesprochenes Stadt-Land-, West-Ost- und Nord-Süd-Gefälle.

---

36 Bundesärztekammer (BÄK) (2017). Richtlinien der Bundesärztekammer zur Durchführung der substitutionsgestützten Behandlung Opioidabhängiger. https://www.bundesaerztekammer.de/fileadmin/user_upload/downloads/pdf-Ordner/RL/Substitution.pdf.

3 Verbesserte Handlungsmöglichkeiten für die Praxis

So listet die Bundesopiumstelle in ihren jährlichen Substitutionsberichten[37] die Zahl der Substituierten pro 100.000 Einwohner*innen auf, aus denen diese Gefälle deutlich werden.

	2017	**2018**	**2019**
Bremen	236	263	260
Hamburg	234	230	215
Berlin	147	148	153
NRW	142	144	144
Hessen	123	123	123
Schleswig-Holstein	115	111	117
Niedersachsen	100	100	98
Baden-Württemberg	95	95	93
Saarland	70	71	67
Bayern	61	62	64
Rheinland-Pfalz	54	54	55
Sachsen-Anhalt	31	31	34
Thüringen	18	17	19
Mecklenburg-Vorpommern	16	15	17
Sachsen	16	15	16
Brandenburg	5	5	4

Es zeigen sich also nicht nur Unterschiede zwischen der Substitution draußen und drinnen. Wobei die Tatsache, dass diese Gefälle bestehen, durchaus Auswirkungen auf die Schnittstellenproblematik und auf die entsprechenden Probleme bei Substitution in Haft haben.

Problemfelder – bei Inhaftierung: „von-draußen-nach-drinnen-Probleme"

Trotz zunehmender Akzeptanz der Substitution auch im Justizvollzug gibt es immer noch Anstalten, in denen Anstaltsärzt*innen die Substitution

---

37 Bundesinstitut für Arzneimittel und Medizinprodukte (Jan. 2017, 2018, 2019) https://www.bfarm.de/DE/Bundesopiumstelle/Substitutionsregister/Bericht/_node.html.

rundweg und grundsätzlich ablehnen. Substitution wird als „Kapitulation vor der Sucht" bezeichnet. Inhaftierte, die bei Haftantritt substituiert sind, werden abdosiert, die Substitution wird beendet.

Aber auch in Anstalten, in denen substituiert wird, kann eine Begrenzung der Substitutionsplätze bzw. der personellen Ressourcen die Weitersubstitution nach Inhaftierung erschweren. Die Substitutionsbehandlung umfasst eine Fülle von Aufgaben und Tätigkeiten. Die langläufige Meinung, mit der Abgabe des Substitutionsmittels zum unmittelbaren Verbrauch sei die Arbeit getan, wird dem Umfang der tatsächlich anfallenden Arbeiten in keiner Weise gerecht. Zusammenstellungen von allen im Zusammenhang mit Substitution anfallenden Tätigkeiten und die entsprechenden Personalberechnungen habe ergeben, dass im Grunde für ca. 40 Substituierte eine eigene Krankenpflegekraft erforderlich ist.

Häufig kommen substituierte Patient*innen mit gravierendem Beikonsum zur Inhaftierung. Es sei dahingestellt, ob die Ursache in den geringeren Kontrollmöglichkeiten außerhalb der Gefängnisse liegt, oder ob vor der Inhaftierung noch einmal kräftig „Abschied" gefeiert wurde. Oft wurde der bei Inhaftierung festgestellte Beikonsum als Grund genommen, die Substitution in Haft nicht fortzusetzen. Dem entgegen stehen mittlerweile die aktuellen BÄK-Richtlinien. Dort wird Beikonsum ausdrücklich nicht als Grund akzeptiert, eine Substitution zu beenden.

Viele Gefängnisse setzen das Substitutionsmittel Buprenorphin als Sublingualtablette nicht ein. Der Grund: die korrekte Einnahme sei nicht effektiv zu kontrollieren. Aus diesem Grund wird Substituierten, die mit Buprenorphin-Sublingualtabletten substituiert werden, bei Inhaftierung die Umstellung auf das in der Anstalt routinemäßig eingesetzte Methadon angeboten. Die Gründe der Patient*innen, sich für Buprenorphin als Substitutionsmittel entschieden zu haben (Vermeidung methadontypischer Nebenwirkungen wie Schlafstörungen, Schwitzen, Sedierung etc.) bleiben unberücksichtigt. Anstaltsärzt*innen setzen sich damit dem Verdacht einer Körperverletzung im Amt aus. Während die Umstellung von Buprenorphin auf Methadon vergleichsweise problemlos möglich ist, ist spätestens bei der Rückumstellung von Methadon auf Buprenorphin nach der Haftentlassung mit entzugsähnlicher Symptomatik zu rechnen. Für alle Patient*innen, die substituiert mit Buprenorphin inhaftiert werden, ist nicht nur unter dem vollzuglichen Aspekt der Kontrollierbarkeit jetzt die Substitution mit dem subkutanen Buprenorphin-Depot eine gute Alternative. Voraussetzung ist allerdings, dass die infrage kommenden Patient*innen die Applikationsform der subkutanen Injektion akzeptieren.

Ein weiteres Problem ist, dass gelegentlich keine Rücksprache mit Vorbehandler*innen möglich ist. Inhaftierungen finden „rund-um-die-Uhr" statt, beispielsweise auch am Freitagnachmittag. Führen Patient*innen keine tagesaktuelle Substitutionsbescheinigung mit sich, ist eine Substitution mit der von den Patient*innen angegebenen Dosierung nicht kritiklos möglich. Der betäubungsmittelrechtlich vorgeschriebene Substitutionsausweis ist dabei keine Hilfe, da dieser selten tagesaktuell ausgefüllt wurde. Zur Weitersubstitution ist dann der Nachweis des Substitutionsmittels im Urin und eine langsame Annäherung an die angegebene Dosis erforderlich.

Problemfelder – während Substitution in Haft

Im Vollzug wurden Beikonsum und Rückfälle oft als Grund genommen, die Substitution zu beenden. Gerade unter dem Aspekt des in den aktuellen BÄK-Richtlinien fixierten neuen Umgangs mit Beikonsum und Rückfällen (Beikonsum ist kein Grund, die Substitution zu beenden) wird nicht nur ein Umdenken im medizinischen Bereich erforderlich werden. Es gilt auch, den nicht-medizinischen Mitarbeiter*innen des Vollzuges zu vermitteln, dass Beikonsum und Rückfälle zum Krankheitsbild der Suchterkrankung gehören. Beikonsum und Rückfälle müssen daher bearbeitet werden, sollen aber nicht zwangsläufig zur Beendigung einer Substitutionsbehandlung führen. Medizin und Suchtberatung müssen klare Regeln haben, wie auf Beikonsum reagiert wird. Diese Regelungen müssen sich an den Vorgaben der BÄK-Richtlinien orientieren.

Das klassische Kontrollinstrument des Vollzuges ist die Durchführung von überwachten Urinkontrollen. Auch für die Substitutionsbehandlung ist die Urinkontrolle (noch) das häufigste Kontrollinstrument. Im Bereich des Justizvollzuges sollte daher eine strikte Trennung zwischen Urinkontrollen aus vollzuglichem Grund, Urinkontrollen im Rahmen der Substitution und Urinuntersuchungen aus medizinischem Grund stattfinden. Besonders problematisch ist es auch, wenn medizinisches Personal die Urinkontrollen aus vollzuglichem Grund abnehmen und überwachen muss. Hierbei verschwimmen die Grenzen zwischen Vollzug und Medizin, was besonders fatal ist, wenn die Ergebnisse der Urinkontrolle zu disziplinarischen Reaktionen führen.

Ist ein Beikonsum nachweisbar, sollte dieser immer in Zusammenhang mit dem klinischen Bild gewertet werden. Ein Zufallsfund bei klinisch unauffälligen Patient*innen sollte allenfalls Diskussionsgrundlage sein, aber nicht zwangsläufig zum Ausschluss führen.

Alle üblichen Testverfahren – besonders die so genannten Schnelltests – sollten nur mit großer Vorsicht interpretiert werden. Der Vorwurf des Beigebrauchs oder des Konsums illegaler Drogen mit den entsprechenden Konsequenzen ist im Gefängnis nur statthaft, wenn die Befunde durch gerichtsverwertbare Verfahren (z. B. GC, MS) gewonnen wurden. Die üblicherweise eingesetzten Suchtests (Immunoassays) liefern in nur 85–95 % der Fälle richtige Werte. Auch in anderer Hinsicht sind Urinkontrollen störanfällige Verfahren: Sie können trotz größter Aufmerksamkeit der beaufsichtigenden Person manipuliert oder verfälscht werden. Urinproben können bei Abnahme und Verarbeitung verwechselt werden. Bei bestimmten Substanzen sind trotz langer Konsumpause noch positive Befunde möglich (aufgrund der Rückverteilung aus dem Körperfett). Besonders problematisch ist der Opiattest, da er alle opiatähnlichen Substanzen erfasst. Heroinkonsum muss daher immer durch eine zusätzliche Untersuchung nachgewiesen werden.

Wichtig für die Ärzt*innen-Patient*innen-Beziehung ist die bereits oben angesprochene klare Trennung zwischen vollzuglichen und medizinischen Urinkontrollen (Keppler 2009). Die vollzuglichen Urinkontrollen ordnet die Haftanstalt an, um zu prüfen, ob heroinabhängige Inhaftierte abstinent waren und daher als lockerungsgeeignet (Hafturlaub, Ausgang, Verlegung in den offenen Vollzug usw.) gelten können. Medizinische Drogenscreenings setzt die*der Ärzt*in im Zusammenhang mit Substitution oder bei Intoxikationen an. Diese medizinischen Drogenscreenings sollten außerdem strikt von Urinuntersuchungen getrennt werden, die rein medizinisch-diagnostischen Zwecken dienen (Urinstatus, HCG-Schwangerschaftstest, Uricult zum Nachweis pathogener Keime usw.).

Die personellen (Suchtberater*innen, Sozialarbeiter*innen/-pädagog*innen, Psycholog*innen) und sächlichen (Räume, Terminfindung etc.) Ressourcen für die psychosoziale Betreuung sind in den allermeisten Justizvollzugsanstalten vorhanden. Schwierig ist, dass für die genannten Berufsgruppen die Schweigepflicht gegenüber der Anstaltsleitung aufgehoben ist, wenn es für die Belange des Vollzuges erforderlich ist.

Es besteht Einigkeit, dass sich die Ziele einer Substitutionsbehandlung grundsätzlich mit begleitender psychosozialer Betreuung eher und besser erreichen lassen als ohne. Obwohl im Justizvollzug die dafür benötigten personellen, instrumentellen und organisatorischen Ressourcen bereits vorhanden sind, ist dennoch das Bild der psychosozialen Betreuung sehr unterschiedlich.

Im Gegensatz zu den vorhandenen Ressourcen für die psychosoziale Betreuung sind die Ressourcen im Bereich der Krankenpflege und des Ärztlichen Dienstes begrenzt. Die Substitution gilt als besonders zeit- und arbeitsintensiv. Als Personalschlüssel fordern Bühringer et al. bereits 1995 u.a. pro 40 Substituierte eine Krankenpflegekraft (Bühringer et al. 1995). Diese Bereitstellung der personellen Ressourcen ist in kaum einer Anstalt gewährleistet. Der generelle Pflegekräftemangel im medizinischen Bereich ist im Justizvollzug noch potenziert.

Neben der Weitersubstitution nach Inhaftierung gibt es auch Interesse an einer Neueinstellung während der Haft mit dem entsprechenden Klärungsbedarf. Hier bestehen in vielen Haftanstalten immer noch Restriktionen. Besonders augenfällig wird diese Problematik, wenn als Voraussetzung einer Neueinstellung in Haft die Möglichkeit zur Weitersubstitution nach Haftentlassung als Voraussetzung gilt.

Ein besonderes Problem ist die Substitution von drogenkonsumierenden Müttern bei Unterbringung in Mutter-Kind-Einrichtungen des Justizvollzuges. Früher galten drogenkonsumierende Mütter als grundsätzlich ungeeignet zur Unterbringung in Mutter-Kind-Einrichtungen. Dieser Standpunkt hat sich mittlerweile geändert. Wenn drogenkonsumierende Mütter in Substitution sind, ist eine Aufnahme in einer Mutter-Kind-Einrichtung nicht mehr ausgeschlossen. Problematisch wird es allerdings, wenn diese Mütter mit Beikonsum oder mit Rückfällen auffallen und eine adäquate Versorgung des Kindes nicht mehr gewährleistet ist.

Problemfelder – bei Hafturlaub/Entlassung: „von-drinnen-nach-draußen-Probleme"

Wie oben skizziert besteht bei der Substitution sowohl innerhalb als auch außerhalb des Justizvollzuges ein ausgesprochenes Stadt-Land-, West-Ost- und Nord-Süd-Gefälle. Je nachdem, in welche Umgebung oder Region ein*e substituierte*r Patient*in haftentlassen werden soll, ist die Suche nach weiter substituierenden Ärzt*innen erschwert. Bei Entlassungen in eine Großstadt ist die Suche nach Ärzt*innen relativ leicht. Bei Entlassungen in einen ländlichen Bereich ist es teilweise unmöglich, weitersubstituierende Ärzt*innen zu finden.

Selbst wenn es gelingt, eine*n substituierende*n Ärzt*in zu finden, ist die Organisation der Weitersubstitution bei Entlassungen vor einem Wochenende immer noch schwierig. Häufig gilt in den substituierenden Praxen an den Wochenenden eine andere Regelung als in der Woche (z. B. Wochenendsubstitution in einer anderen Praxis).

Der Arztbrief bereitet in dreierlei Hinsicht Schwierigkeiten. Zum einen geben nicht alle Anstalten Arztbriefe bei Haftentlassung mit. Diese Mitgabe sollte zwingend erforderlich sein und unbedingt umgesetzt werden. Zum zweiten gibt es vollzugsbedingte Situationen, in denen die Mitgabe eines Arztbriefes nicht möglich ist. Werden sog. Ersatzfreiheitsstrafen bezahlt, geht die Gefängnistür sofort auf. Die Medizin erfährt von diesen sog. Blitzentlassungen häufig nichts. Ein weiteres Szenario: ein*e Untersuchungsinhaftierte*r hat einen Haftprüfungstermin und die*der Haftrichter*in sieht keinen Haftgrund mehr. Dann kehrt diese*r Inhaftierte*r oft gar nicht mehr in die Haftanstalt zurück, sondern geht nach Hause. Ähnlich läuft es bei Gerichtsverhandlungen: Wird die betreffende Person nach einer Untersuchungshaft zu einer kürzeren Gefängnisstrafe verurteilt, dann klicken im Gerichtssaal nicht gleich die Handschellen, sondern die Betreffenden können nach Hause und werden später zum Haftantritt geladen.

Das alles sind Szenarien, in denen die Mitgabe eines Arztbriefes leider nicht möglich ist. Zum dritten kommt es aber auch vor, dass die Anstalt einen Arztbrief erstellt hat, die Patient*innen diesen aber vor lauter Begeisterung über die Haftentlassung vergessen.

Eine weitere ausgesprochen ärgerliche Schnittstellenproblematik ist die Forderung nach bestehender Krankenversicherung bei Haftentlassung. Wollen die Vollzugsmitarbeiter*innen die Haftentlassung vorbereiten und bereits vor der Entlassung die Krankenversicherung und die Situation bezüglich der ARGE bzw. des Jobcenters klären, so stoßen sie auf eine unüberwindliche Verweigerungshaltung seitens Krankenversicherung, ARGE und Jobcenter. Diese verweisen darauf, dass sie erst nach erfolgter Haftentlassung zuständig sind und vorher, auch nicht vorbereitend, tätig werden. Aufgrund dieser Problematik gibt es mittlerweile in einigen Städten (z.B. in Köln, Hannover, aber auch die sog. PLUS-Projekte) Vereinbarungen, die diese Schnittstellenproblematik lösen.

Zusammenfassung

Die Probleme bei Substitution in Haft nur als Schnittstellenproblematik bei Haftentlassung zu sehen, greift zu kurz. Die Probleme bei und während der Inhaftierung bestehen in gleicher Weise.

Im deutschen Justizvollzug gibt es keinen einheitlichen Umgang mit Substitution. Der Zugang zur Substitution und der Umgang mit Substituierten ist gekennzeichnet durch ein Stadt-Land-, Nord-Süd- und West-Ost-Gefälle und variiert zudem noch von Anstalt zu Anstalt. Der Sinn einer Substitution und die positiven Effekte sind bisher noch nicht in der notwendigen Breite von Politik und Justiz zur Kenntnis genommen worden. Eine einheitliche Handhabung der Substitution im Vollzug ist unerlässlich.

Ein breiter, einvernehmlicher fachlicher Konsens ist erforderlich. Die aktuellen BÄK-Richtlinien bieten dafür die geeignete Vorlage.

Das Instrument der Ärztlichen Qualitätszirkel könnte für Erfahrungsaustausch und Homogenisierung sorgen.

Gerade im Justizvollzug sollte eine emanzipierte Anstaltsmedizin nicht auf Vorgaben von Gesetzgebung, Politik, Ministerialbürokratie oder von vollzuglichen Entscheidungsträger*innen warten. Standards für eine medizinische Behandlung können nur von in der Sache kompetenten Mediziner*innen erstellt werden.

Literaturverzeichnis

Bühringer, G./Gastpar, M./Heinz, W./Kovar, K.-A./Ladewig, D./Naber, D./Täschner, K.-L./Uchtenhagen, A./Wanke, K. (1995): Methadon-Standards. Vorschläge zur Qualitätssicherung bei der Methadon-Substitution im Rahmen der Behandlung von Drogenabhängigen, Stuttgart: Enke.

Gölz, J. (2007): Standards der Substitutionsbehandlung. In: Stöver, H. (Hg.): Substitution in Haft. AIDS-Forum DAH, Band 52. DAH Berlin: 11–22.

Keppler, K. (2009): Überschneidung und Abgrenzung – Die Problematik vollzuglicher und medizinischer Aufgaben. In: Keppler, K./Stöver, H. (Hg): Gefängnismedizin, Stuttgart: Thieme.

Keppler, K./Stöver H. (Hg) (2009): Gefängnismedizin: Stuttgart: Thieme.

Körner, H. H. (1993): Kann die Verweigerung der Substitution eine Körperverletzung darstellen? Die Substitutionsbehandlung von Drogenabhängigen. In: Medizinrecht 1993/7, 257–260.

Ulmer, A. (1994): Ärztliche Behandlung von Drogenabhängigen. In: Deutsches Ärzteblatt 1994/91(16), B-838–840.

3.2 Soziale Arbeit; Drogenberatung, AIDS-Hilfe

3.2.1 Begleitung von drogengebrauchenden Frauen während und nach der Haft (Bianca Shah)

Die Anlaufstelle für straffällig gewordene Frauen wurde 1977 als bundesweites Modellprojekt vom Bundesministerium für Jugend und Familie finanziert und von der AWO Frankfurt ins Leben gerufen. Ziel des Projekts war schon damals, Frauen so zu unterstützen und zu begleiten, dass sie sich nach ihrer Entlassung aus dem Gefängnis im kommunalen Hilfesystem zurechtfinden konnten und nicht wieder in ihre bekannte alte Umgebung zurückkehren mussten. Weiterhin sollten die Frauen so stabilisiert werden, dass sie die auf sie zukommenden Alltags- und individuellen Lebensanforderungen bewältigen konnten. Das konzeptionelle Angebot beinhaltete eine durchgehende Hilfe vor, während und nach der Haft. Drei Jahre lang wurde das Modellprojekt seinerzeit von Dr. Helga Einsele und Dr. Bernd Maelicke wissenschaftlich begleitet. Beide Wissenschaftler*innen konnten in ihrem Abschlussbericht eine Verbesserung der sozialen Integration strafentlassener Frauen, eine Stärkung ihrer Handlungsfähigkeit und ihres Selbstbewusstseins, sowie eine erhebliche Reduzierung der Rückfälligkeit auf unter 10 % feststellen (vgl. Maelicke 2015).

Nur 6 % aller Inhaftierten in Deutschland sind Frauen (Statistisches Bundesamt 2019: 324). Das ist nach wie vor eine kleine Minderheit. Daher sind sie eine wenig beachtete Zielgruppe.

Die meisten Frauen begehen Straftaten im Bereich der Eigentumskriminalität. „Bei der Gewaltkriminalität und Straftaten gegen das Leben sind sie kaum vertreten (...)" (Fachausschuss 2012: 4ff.). Schaut man sich die Lebensumstände der Frauen zum Zeitpunkt ihrer Straftat an, so ist zu erkennen, dass die meisten Frauen die Straftat zusammen mit oder für eine männliche Bezugsperson begangen haben. Hinzu kommt die Beschaffungskriminalität bei Drogenkonsumentinnen.

Frauen, die aufgrund einer Straftat verurteilt wurden, sind mehrfach benachteiligt. Die gesellschaftliche Verurteilung der Frauen, die mit ihrer Delinquenz gegen herkömmliche Rollenerwartungen verstoßen, wie z.B. der fürsorglichen Mutter und angepassten Ehefrau, erschwert einen anzustrebenden Neuanfang. Die Verurteilung nach der Haft führt häufig zur Isolation, verdeckter Obdachlosigkeit und zum Verlust eines regelmäßigen Kontaktes zu den Kindern. 70 % aller inhaftierten Frauen sind Mütter, einige davon erleben die Schwangerschaft in Haft (vgl. Dünkel et al. 2005).

3 Verbesserte Handlungsmöglichkeiten für die Praxis

Die wenigsten Frauen fallen durch spektakuläre Straftaten oder besonderes Verhalten in Haft auf. Meutereien und Ausbruchsversuche sind nicht bekannt. Und trotzdem finden sich in den länderbezogenen Vollzugsgesetzen nur wenige spezifische Vorschriften, die die besondere Situation der Frauen berücksichtigen. Daher erfahren Frauen die gleiche Behandlung und Vorgehensweise in Haft wie Männer (vgl. Grote-Kux 2010).

Die Chancen auf eine soziale Integration nach der Haft sind bei Frauen deutlich schlechter als bei Männern. Sie müssen mit familiären Konsequenzen und gesellschaftlichen Stigmatisierungen zurechtkommen. Sie betrachten die Haft als ein persönliches Scheitern und Versagen und reagieren mit massiven Schuldgefühlen, Ängsten und psychischen Belastungen (vgl. Ochmann 2017).

Frauen können sich oft nach der Haft kaum ein Leben alleine vorstellen; ein unabhängiges Leben zu führen, selbständig zu sein und eigene Ziele zu formulieren sind nicht ihre Prioritäten. Sie wünschen sich Akzeptanz, Zugehörigkeit und familienähnliche Bezüge. Daher ist die gesellschaftliche Verurteilung für diese Frauen eine mehrfache Bestrafung. Gelingt es in und nach der Haft nicht, ihr Selbstvertrauen und ihre Autonomie zu stärken, flüchten sie sich nach kurzer Zeit erneut in prekäre Beziehungs- und Lebensverhältnisse.

Die Tätigkeiten der Anlaufstelle

Resozialisierung – wir nennen es eher soziale Integration – ist ein Recht aller Straftäter*innen nach Art. 2 Abs. 1 des Grundgesetzes in Verbindung mit Art. 1 des GG. Das hat das Bundesverfassungsgericht mit seinem Urteil vom 05.06.1973, dem sogenannten Lebachurteil, bekräftigt. Darin heißt es: Das Sozialstaatsprinzip verlange „staatliche Vor- und Fürsorge für Gruppen der Gesellschaft, die aufgrund persönlicher Schwäche oder Schuld, Unfähigkeit oder gesellschaftlicher Benachteiligung in ihrer persönlichen sozialen Entfaltung gehindert sind; dazu gehören die Gefangenen und Entlassenen" (Bundesverfassungsgericht 1973: 72ff).

Die Anlaufstelle,[38] die von der Stadt Frankfurt gefördert wird, steht genau für diese Werte: Rehabilitation, Existenzsicherung, Teilhabe und die Verbesserung von Lebenschancen jenseits von der Frage der Schuld.

---

38 https://www.awo-frankfurt.de/einrichtungen/beratung-und-hilfen/anlaufstelle-fuer-strafaellige-frauen

Nach der Haftentlassung müssen sich die Frauen innerhalb kürzester Zeit eine neue Existenz und Lebensperspektive aufbauen. Unsere Hilfestellung setzt deshalb immer an der Absicherung ihrer sozialen Existenz an und hat gleichzeitig die Erweiterung ihrer Handlungskompetenzen und subjektiven Fähigkeiten zur Bewältigung ihres Lebens im Blick. Und dies bedeutet, nicht stellvertretend für sie zu handeln, sondern sie immer in ihrem Ringen um Eigenständigkeit und Verantwortlichkeit zu unterstützen. Unser Bemühen geht dahin, sie nicht zum Objekt unserer Hilfestellung zu machen, sondern auf Augenhöhe mit ihnen gemeinsam an der Verbesserung ihrer Lebenssituation zu arbeiten. Dabei versuchen wir immer, sie im Zusammenhang mit ihrer Lebensgeschichte und ihrem sozialen Umfeld zu sehen, zu verstehen und anzuerkennen.

Bereits während der Haft bereiten wir gemeinsam mit den Frauen, die sich auf freiwilliger Basis an uns wenden, das Leben ‚dort draußen' vor und unterstützen sie nach ihrer Haftentlassung mit vielfältigen Hilfestellungen zur Existenzsicherung und Alltagsbewältigung.

Neben der regelmäßigen psychosozialen Beratung sind Hilfen bei der Wohnungs- und Arbeitssuche und der Begleitung bei den zahlreichen, erforderlichen Behördengängen wichtige Bestandteile unserer Arbeit.

Der Prozess der sozialen Integration ist jedoch keine Einbahnstraße. So sehr die Frauen auch bereit sind, neue Wege zu gehen, bedarf es auf der anderen Seite einer gesellschaftlichen Akzeptanz. Wenn Vorurteile dazu führen, dass bestimmte Menschen von der Teilhabe am gesellschaftlichen Leben ausgeschlossen sind, kann eine Integration nicht gelingen. Ein Schwerpunkt unserer Arbeit ist daher auch, in der Öffentlichkeit bewusst auf die Besonderheit straffällig gewordener Frauen hinzuweisen und für eine Offenheit und Akzeptanz zu werben.

Die Anlaufstelle für straffällig gewordene Frauen arbeitet im hessischen Projekt gezielt mit Müttern und ihren Kindern, damit ihre Beziehung trotz Straffälligkeit bestehen bleiben kann. Bei drohender Inhaftierung vermitteln wir den Kontakt auch zu dem Mutter-Kind-Heim der JVA, bei Entlassung können wir Übergangswohnungen für Mütter mit Kind anbieten. Momentan stellen wir vier Übergangswohnungen für Frauen und ihren Kindern aus der Haft zur Verfügung.

Das Spezifische substanzabhängiger straffällig gewordener Frauen

Unter den weiblichen Gefangenen weisen 39 % eine Suchtproblematik auf (Drogen- und Suchtbericht 2019: 127). Im Vergleich dazu sind es bei männlichen Inhaftierten 44 % (ebd.).

Der Anteil der Inhaftierten mit einer Suchtproblematik fällt jedoch in den verschiedenen Bundesländern sehr heterogen aus.

In der JVA III Frankfurt am Main sind im Projekt Übergangsmanagement ca. 90 % aller Frauen substanzabhängig. Das Übergangsmanagement in der Justizvollzugsanstalt Frankfurt III ist ein Projekt des Hessischen Justizministeriums, welches von der AWO Kreisverband Frankfurt – Anlaufstelle für straffällig gewordene Frauen durchgeführt wird. Es wird vom Europäischen Sozialfonds und dem Hessischen Ministerium der Justiz bezuschusst. Die sogenannten Teilnehmerinnen des Übergangsmanagements werden vom Sozialdienst der JVA ausgewählt und in der Regel ein halbes Jahr vor der Haftentlassung dem Übergangsmanagement zugewiesen. Kriterien für die Zuweisung sind neben der Haftentlassung zum Endstrafenzeitpunkt das Vorliegen eines besonderen Hilfebedarfs, d.h. kein fester Wohnsitz, keine Unterstützung durch die Familie, langjährige Suchtproblematik, psychische Auffälligkeiten etc.

Ziel des Übergangsmanagements ist es, einerseits die Teilnehmerinnen persönlich zu stabilisieren, damit sie ihre schwierige Lebensrealität nach der Haftentlassung bewältigen können. Andererseits soll ein soziales Netzwerk für ihr Leben nach der Entlassung vorbereitet werden. Ausgehend von den jeweils individuellen Voraussetzungen und Perspektiven der jeweiligen Frau sollen realisierbare Pläne für das Leben nach der Haftentlassung entwickelt und soweit möglich bereits umgesetzt bzw. entsprechend vorbereitet werden. Mit dem Übergangsmanagement soll ein flexibles Hilfesystem entwickelt werden, das bisherige Einzelmaßnahmen zu einem wirksamen Resozialisierungskonzept zusammenführt. Das Übergangsmanagement strebt eine optimale Verzahnung der Hilfen im Vollzug mit den Unterstützungssystemen nach der Entlassung an.

Im Übergangsmanagement werden ca. 50 Frauen pro Jahr begleitet.

Die meisten Frauen sind über lange Jahre substanzabhängig, kennen das Drogenmilieu, haben schon einige Therapien durchlaufen und blicken auf eine größere Anzahl von Straftaten zurück vor allem im Bereich der Eigentumskriminalität. Ein Großteil der Frauen hat zwar einen Schulabschluss, aber keine Berufsausbildung. Die meisten haben schon Kinder geboren, die bei Familienangehörigen oder über das Jugendamt untergebracht sind.

Alle suchtmittelabhängigen Frauen verbüßen ihre Strafe im geschlossenen Vollzug bis zur Endstrafe oder können in eine Therapie nach § 35 BtMG. Vorzeitige Entlassungen nach § 57 StGB aus dem geschlossenen Vollzug finden nach unserer Einschätzung sehr selten statt. Im Einzelfall kommt es vor, dass Ersatzfreiheitsstrafen von Angehörigen oder auch „Geschäftspartnern" (z.B. Zuhälter) bezahlt werden, so dass sie früher entlassen werden können. Heroinabhängige Frauen werden in der JVA III substituiert.

Eine Kette von aufeinanderfolgenden Traumatisierungen

Aus unseren Erfahrungen sind die Frauen, die oft auf eine lange Zeit der Substanzabhängigkeit zurückblicken können, mehrfach in schwerer Form traumatisiert. Die erste Traumatisierung fand oft schon im frühen Kindheitsalter an. Dazu gehören Gewalt- und/oder Missbrauchserfahrungen oder eine instabile Bindungserfahrung, das Aufwachsen in einer drogenkonsumierenden Familie oft in Verbindung mit pränataler Substanzabhängigkeit und möglicher psychischer Dispositionen (vgl. van den Boogart, 2017: 20).
Diese erste Traumatisierung und das Konsumieren von Substanzen führen oft zur nächsten Traumatisierung. Denn die Drogen müssen bezahlt werden. Frauen prostituieren sich, um schnell an das nötige Geld zu kommen. Mit der ungeschützten Prostitution sind sie allerdings erneuten potentiellen Gewalttaten ausgesetzt.
Mit der zunehmenden Abhängigkeit wächst die Gefahr des Wohnungsverlustes und damit der Obdachlosigkeit. Frauen, die auf der Straße oder in prekären Wohnverhältnissen leben, sind erneut der Gewalt und damit der nächsten Traumatisierung ausgesetzt. Zu diesem Zeitpunkt glauben dann die meisten, dass sie nichts anderes verdient hätten, dass dieses Leben nichts anderes für sie zu bieten habe. Das einzige verlässliche gute Gefühl entsteht durch die Droge selbst.

Ein Fall-Beispiel

Frau A. ist 50 Jahre alt, war vorwiegend alkoholabhängig, und schildert ihre Lebensbiographie in einem Beratungsgespräch in der Anlaufstelle sehr eindrücklich.

3 Verbesserte Handlungsmöglichkeiten für die Praxis

Erste Traumatisierung
Im Alter von einem halben Jahr nahm sie das Jugendamt aus der Familie, nachdem sie völlig vernachlässigt wurde. Sie sei abgemagert gewesen und ihre Windel habe auf dem Boden gelegen, weil sie schon seit langem nicht gewechselt worden sei. Sie habe starke Entzündungen im Genitalbereich gehabt, so dass sich nach ihren Angaben bereits Maden eingenistet hätten. Ihre leibliche Mutter kenne sie nicht. Die Informationen über die ersten Jahre habe sie von ihrer Pflegemutter erhalten. Sie sei jedoch der Überzeugung, dass ihre Eltern sich nicht um sie kümmern wollten und auch zum Teil nicht konnten.

Zweite Traumatisierung
Frau A. teilte mit, dass eine Nachbarin, die immer wieder nach den Kindern schaute, das Jugendamt anrief. Die Nachbarin konnte sie später als Pflegekind aufnehmen. Inzwischen war sie ein Jahr alt geworden. Zu dieser Zeit wohnte die Nachbarin noch in einem Haus mit ihrem Mann und ihren drei Kindern. Frau A. berichtete, dass sich später der Pflegevater an den eigenen Kindern vergriff. Die Pflegemutter habe daraufhin ihren Mann angezeigt und sei aus dem Haus mit ihren Kindern ausgezogen. Frau A. kam mit ca. zwei Jahren erneut in Obhut.

Dritte Traumatisierung
Frau A. äußerte, dass sie das Getrenntsein von ihrer Pflegemutter kaum aushielt. Im Heim sei sie an einer lebensbedrohlichen Lungenentzündung erkrankt. Sie habe lange im Krankenhaus verweilen müssen. Frau A. schilderte, dass sie sich körperlich und psychisch von der Lungenentzündung nur schwer erholen konnte. Sie wollte unbedingt zur Pflegemutter zurück. Inzwischen hatte die Pflegemutter eine Wohnung gefunden und wohnte dort mit ihren Kindern. Mit dreieinhalb Jahren habe sie zu ihrer Pflegemutter zurückkehren können. Ihre Beschwerden seien von dem Zeitpunkt an schnell abgeklungen.

Vierte Traumatisierung
Ihre Pflegemutter habe durch die Trennung von ihrem Mann und die Belastung als Alleinerziehende ihre Arbeit verloren. Sie habe immer wenig Geld gehabt und entschied sich daher für die Prostitution. Manche Freier habe sie nachts mit nach Hause gebracht. Frau A. meinte, dass ihre Pflegemutter aufgepasst habe, dass die Männer sich nicht an ihren Kindern vergingen. Aber die Prostitution habe ihrer Mutter sehr zugesetzt.

Fünfte Traumatisierung
Ihre Pflegemutter fing an zu trinken und sei im Laufe der Jahre alkoholabhängig geworden. Im betrunkenen Zustand sei ihre Pflegemutter ausfallend und aggressiv gewesen. Sie sei immer wieder von ihr geschlagen worden. Im Jugendalter sei ihre Pflegemutter schon am Vormittag betrunken gewesen, so dass sie täglich mit Schlägen zu rechnen hatte.

Mit 14 Jahren sei die Jugendclique ihre Ersatzfamilie geworden. Sie habe in dieser Zeit verschiedene Drogen ausprobiert. Der Alkohol sei jedoch ihr „verlässlicher Partner" geblieben.

Sechste Traumatisierung
Mit 19 Jahren habe sie geheiratet und bekam zwei Kinder, weil sie ihrer Pflegemutter einen Gefallen tun wollte. Die Pflegemutter habe sich stets Enkelkinder gewünscht. Außerdem habe sie gehofft, dass sie durch die Enkelkinder vom Alkohol loskomme. Die Ehe beschrieb Frau A. als „eine ständige Prostitution".

Siebte Traumatisierung
Frau A. verließ ihren Mann nach einigen Jahren. Sie wohnte bei verschiedenen Freunden und Bekannten. Ihre Kinder blieben bei ihrem Mann. Sie habe manchmal auch draußen übernachtet, wenn es keinen Schlafplatz gab. Als sie einmal nachts alleine auf einer Parkbank schlief, wurde sie von einer Gruppe von Männern vergewaltigt. Auf die Frage, ob sie die Männer angezeigt habe, antwortete sie, dass ihr sowieso niemand geglaubt hätte.

Diese Kette an Traumatisierungen ist symptomatisch für die Erfahrungen von suchtmittelabhängigen Frauen. Manche haben keine Hoffnungen mehr auf ein besseres Leben und sind nicht mehr in der Lage, eine Perspektive zu entwickeln. Die Einnahme von Drogen ist oft als eine Form der Lebensbewältigung zu betrachten.

Mehrfache Substanzabhängigkeit

Mit der zunehmenden Verwahrlosung (keine oder geringe Körperhygiene und gesundheitliche Fürsorge) treten vermehrt körperliche und psychische Auffälligkeiten auf. Schmerzen in verschiedenen Körperteilen führen dazu, dass sie zusätzlich Schmerzmittel in hohen Dosen konsumieren, sofern sie noch eine*n Ärzt*in aufsuchen können und noch krankenversichert sind. Aber auch die mehrjährigen, sich wiederholenden Gewalt- und Missbrauchserfahrungen führen zu erheblichen psychischen Auffälligkeiten. Von Depressionen bis hin zu psychotischen Erscheinungen, Angstzuständen und Borderline-Störungen sind alle psychischen Krankheitsbilder zu finden. Bis zu 80 % der Frauen in Haft weisen psychische Störungen und/oder Persönlichkeitsstörungen auf (vgl. van den Boogart 2017: 16). Daher ist die Einnahme von Psychopharmaka und gegebenenfalls Schlafmitteln weit verbreitet.

Frauen reagieren auf traumatische Erlebnisse eher mit autoaggressivem Verhalten, mangelnder Abgrenzungsfähigkeit, geringem Selbstwertgefühl, Selbstverletzung und suizidalen Tendenzen.

Die durchschnittliche Suizidziffer bei inhaftierten Frauen lag in den Jahren 2000–2010 um das neunfache höher als in der Allgemeinbevölkerung (vgl. ebd.: 19).

Nach dem Drogen- und Suchtbericht 2019 beträgt der Anteil des multiplen Substanzgebrauches bei weiblichen Gefangenen 44 % – gegenüber 32 % bei Männern (Drogen- und Suchtbericht 2019: 130). Für 34 % der Frauen und 19 % der Männer wurde eine Abhängigkeit aus der Klasse der Opioide festgestellt. Neben den Opioiden konsumieren Frauen oft zusätzlich Alkohol und Cannabinoide.

Einige Frauen berichten, dass sie mit dem Konsum von multiplen Substanzen viele traumatische Erlebnisse vergessen wollen. Die Substitution hilft zwar dabei, die negativen Folgen der Heroinabhängigkeit in den Griff zu bekommen, sie unterstützt jedoch nicht die Bewältigung der Traumata. Daher sei der Beikonsum von anderen Drogen und Medikamenten notwendig.

Mit dem langjährigen Konsum von illegalen Drogen und der damit oft einhergehenden Obdachlosigkeit wächst die Gefahr der Infektionskrankheiten wie HIV, Hepatitis und STI.

Für manche substanzabhängigen Frauen ist die Inhaftierung wie eine vorübergehende Rehabilitation. Ein erstes Auffangbecken, um versorgt zu werden und sich von der Straße erholen zu können.

Andere Abhängigkeiten und Zwangsstörungen

Viele Frauen, die straffällig geworden sind, haben eine Suchtproblematik (vgl. ebd.: 127). Neben der Substanzabhängigkeit zeigen einige Frauen, aus unseren Erfahrungen, auch andere Suchterscheinungen und Zwangsstörungen auf, wie z.B. Kaufsucht, Kleptomanie, Spielsucht und Beziehungsabhängigkeit (Kraatz-Macek 2013: 45). Das hat bei einigen zur Folge, dass sie neben der Straffälligkeit auch erhebliche Schulden haben, oft ihre Wohnung und damit ihre gesamten Habseligkeiten inklusive der Ausweisdokumente, der Urkunden oder ähnlicher Zertifikate verloren haben. Hinzu kommt, dass verhängte Geldstrafen mit der Freiheitsstrafe auch in Ersatzfreiheitsstrafen umgewandelt werden, so dass die Frauen statt einer kurzen Strafe dann länger in Haft sitzen.

Einige Frauen sind der Auffassung, dass dieses Leben ihnen noch etwas schuldet.

Entlassungsvorbereitung aus der Sicht der substanzabhängigen Frauen

In den seltenen Fällen planen die Frauen, die langjährig substanzabhängig sind, nach der Entlassung ein abstinentes Leben zu führen. Bei opiatabhängigen Frauen hat die Substitution eine hohe Priorität, allerdings mit der Option des Beikonsums.

Aus der Sicht der Frauen im Projekt Übergangsmanagement ergibt sich folgende Prioritätenliste:
1. Eigene Wohnung in einer BWG
   Die meisten können sich ein Leben in einer betreuten Wohngemeinschaft vorstellen. Viele trauen sich ein Leben alleine nicht zu und suchen Unterstützung, damit sie nicht wieder komplett „abstürzen" (keine Krankenversicherung, fehlende Körperhygiene und ärztliche Behandlung). Sie suchen Schutz vor Gewalt, einen Rückzugsraum und ein wenig „Normalität".
2. Substitution
   Die meisten Frauen in Haft möchten danach weiter substituiert werden. Daher benötigen sie eine feste Adresse von Ärzt*innen und am besten auch schon einen festen Termin nach der Entlassung. In kleinen Städten oder auf dem Land ist eine Substitutionsbehandlung oft mit langen Anfahrtswegen verbunden. Das ist für einige Frauen ein unüberwindbares Hindernis, da sie die körperliche Stabilität benötigen, um die Substitutionsärzt*innen mit öffentlichen Verkehrsmitteln (die oft nicht nur mehrfaches Umsteigen und Warten bedeuten, sondern auch regelmäßig bezahlt werden müssen) zu erreichen.
3. Finanzielle Absicherung und Krankenversicherung
   Die finanzielle Absicherung und die Krankenversicherung sind existentiell, um nicht erneut „abzurutschen". Die Frauen benötigen die Sozialleistungen, um ihren täglichen Lebensnotwendigkeiten nachgehen zu können. Für die Substitution und die Behandlung von psychischen und physischen Erkrankungen ist die Krankenversicherung von größter Bedeutung. In den meisten Fällen ist für den endgültigen Eintritt in die

Krankenversicherung ein persönliches Erscheinen bei der Krankenkasse erforderlich. In den seltensten Fällen kann eine Gesundheitskarte schon im Vorfeld besorgt werden.
4. Kontakt zu anderen Menschen, keine Isolation
Für die meisten Langzeit-Drogenabhängigen ist die „Szene" eine Art Familienersatz. Die meisten kennen ihre Drogeneinrichtungen und die Sozialarbeiter*innen, vor allem auch die Streetworker*innen. Das ist ihr Zuhause. Ein Umzug in eine fremde Umgebung würde für sie eine zusätzliche Isolation bedeuten. Ein Ortswechsel ist daher nur dann akzeptabel, wenn dieser mit neuen verlässlichen Kontakten verbunden ist.
5. Geregelter Tagesablauf
Oft fällt es den Frauen schwer, sich einen eigenen geregelten Tagesablauf zu gestalten. Daher suchen sie nach Wohnformen und Anlaufstellen, die ihnen einen gewissen Tagesrhythmus vorgeben. Die Vorgaben dürfen sie jedoch nicht überfordern.

Die wenigsten Frauen formulieren, dass sie aus dem Drogenkonsum vollständig aussteigen wollen. Es geht vielmehr um eine Wiederherstellung der körperlichen Stabilität, verbunden mit der Möglichkeit eines etwas geregelteren Tagesablaufs.

Manche Frauen haben eine Beziehung zu ihren Kindern auch vor der Inhaftierung aufbauen können. Wenn die Schwangerschaft und die Geburt des Kindes mit positiven Gefühlen und Erinnerungen verbunden waren, wünschen die Frauen sich wieder einen regelmäßigen Umgang mit den Kindern. Das Thema der eigenen Kinder ist mit einer hohen Emotionalität, mit Scham- und Schuldgefühlen, aber auch mit Erinnerungen an Gewaltszenarien verbunden und bedarf daher einer psychosozialen Begleitung.

Nach der Haft benötigen die Frauen Unterstützung gerade bei der Bewältigung der Behördengänge. Denn bei der kleinsten Niederlage geben die Betroffenen auf. Dabei ist auch der Umgang der Behörden mit den Substanzabhängigen von entscheidender Bedeutung. Oft erleben sie, dass sie Menschen „dritter Klasse" sind.

Die vielen Behördengänge am ersten Tag (z.B. Bürgeramt, Jobcenter oder Bundesagentur für Arbeit, Krankenkasse, Einwohnermeldeamt und Substitutionsarzt) sind für die meisten eine Überforderung. In der Haft haben sie sich oft lethargisch der Situation hingegeben; es fehlt ihnen eine ausreichende körperlich stabile Konstitution.

Am Tag der Entlassung ist der Suchtdruck oft hoch. Mit einem Bündel von Geldscheinen (Überbrückungsgeld) und dem Gefühl, sich etwas nach der Haft gönnen zu wollen, ist die Gefahr, erneut Drogen zu konsumieren, sehr groß. Da die meisten nach der Haft nicht einschätzen können, wie viel sie vertragen und der Körper nach langer Abstinenz eine gesunkene Toleranz gegenüber den Opiaten zeigt, besteht stets die Gefahr der Überdosierung (vgl. Stöver 2012: 74ff.).

Fazit

In der Begleitung von langjährigen drogenabhängigen Frauen geht es vorwiegend darum, ihnen spätestens nach der Haft ein menschenwürdiges Leben zu ermöglichen. Dazu ist es erforderlich, dass es einen nahtlosen Übergang von der Haft in eine betreute Wohnform gibt. Das vorübergehende Übernachten in Hotels oder anderen Obdachloseneinrichtungen birgt stets die Gefahr der Abwärtsspirale. Die Frauen benötigen Unterstützung vor allem nach der Haft. In der Gestaltung des Übergangs kommt den entsprechenden Drogeneinrichtungen und den Streetworker*innen eine entscheidende Bedeutung zu.

Für die Frauen wäre es eine große Erleichterung, wenn die Gesundheitskarte zum Zeitpunkt der Entlassung schon zur Verfügung stünde. Dieser bürokratische Aufwand könnte abgekürzt werden, um den Zugang zu den entsprechenden Ärzt*innen nahtlos zu gewähren.

Erste Erfolgskriterien bei dieser Begleitung könnten für die jeweilige Frau sein:
– Sie ist in der Betreuten Wohnform angekommen und hat es geschafft, dort eine Nacht zu verbringen.
– Sie hat die*en Substitutionsärzt*in aufgesucht.
– Sie hat sich erneut gemeldet und sucht Unterstützung.
– Sie will die restlichen Behördengänge mit Unterstützung erledigen.
– Sie kauft Lebensmittel für sich ein.
– Sie behält ihr Handy.

Für die Langzeit-Drogenabhängigen ist die Haft manchmal zwar wie eine „Rettung" vor dem Tod, aber sie bietet kein adäquates Auffangbecken für diese Menschen (vgl. Ochmann 2017). Eine sinnvolle nachhaltige gesundheitliche Versorgung von Menschen mit erheblichen psychischen Störungen kann in einer Vollzugsanstalt nicht erfolgen. Zudem wollen die wenigsten nach der Haft ein abstinentes Leben führen, daher ist der Anreiz nach § 35 BtMG keine wirkliche Option (vgl. ZIS 2013). Welchen Sinn hat hier dann die Sanktion des Vollzugs? Wenn die Regeneration im Vordergrund steht, muss nach neuen Formen einer akzeptierenden Drogenarbeit

3 Verbesserte Handlungsmöglichkeiten für die Praxis

in Verbindung mit stationären Einrichtungen für die Rehabilitation straffällig gewordener Frauen geschaut werden. Frauen bis zur Endstrafe im geschlossenen Vollzug unterzubringen, ist keine Lösung und erhöht die Gefahr des „Drehtür-Effektes".

Bei aller Traumatisierung und gesellschaftlichen Ausgrenzung überrascht es uns immer wieder, mit welcher Kraft und mit welchen Überlebensstrategien diese Frauen am Leben bleiben. Es sind Lebenskünstlerinnen auf ihre ganz eigene Art. Sie schaffen es immer wieder, irgendwo Unterschlupf zu finden oder etwas zum Essen zu besorgen oder auch kostenlose Angebote in Anspruch zu nehmen. Mit wenigen Mitteln bestreiten sie im „Sumpf" der Straße ihren Lebensalltag. Und, ja, wir sind der Auffassung, dass dieses Leben ihnen noch etwas schuldet.

Literaturverzeichnis

Dünkel, F./Kestermann, C./Zolondek, J. (2005): Internationale Studie zum Frauenstrafvollzug. Bestandsaufnahme, Bedarfsanalyse und »best practice«, Internet-Publikation, Greifswald

Fachausschuss „Straffällig gewordene Frauen" (2012): Werkstattpapier zur frauenspezifischen Straffälligenhilfe. In: BAG-S Informationsdienst Straffälligenhilfe 20, 4–8.

Grote-Kux (2010): Gender Mainstreaming – eine Chance für den Frauenvollzug. In: Preusker/Maelicke/Flügge (Hg): Das Gefängnis als Risiko-Unternehmen, Baden-Baden: Nomos, 133–147.

Kraatz-Macek, B. (2013): Abhängig hinter Gittern – Suchtarbeit mit inhaftierten Frauen. In: Halbhuber-Gassner, Lydia/Pravda, Gisela (Hg.): Frauengesundheit im Gefängnis, Freiburg im Breisgau: Lambertus, 45–53.

Maelicke, Bernd (2015): Das Knast-Dilemma, München: Bertelsmann.

Ochmann, N. (2017): Gesundheit und Gesundheitsförderung von Frauen im Gefängnis -Ergebnisse einer qualitativen Forschungsarbeit. In: Halbhuber-Gassner, L./Grote-Kux, G. (Hg.): Frauen in Haft. Spezielle Belastungen und Lösungswege, Freiburg im Breisgau: Lambertus, 75–82.

Statistisches Bundesamt (2019): Anzahl der Gefangenen und Verwahrten in den Justizvollzugsanstalten (geschlossener und offener Vollzug) in Deutschland nach Art des Strafvollzugs am 31. März 2019. Online verfügbar unter: https://de.statista.com/statistik/daten/studie/37763/umfrage/verteilung-der-weiblichen-gefangenen-in-justizvollzugsanstalten-nach-bundeslaendern/ [Stand: 31.10.20].

Stöver, Heino (2012): Drogenkonsum, Sucht und Haft: eine unvermeidliche Klammer? Übersicht über Prävalenz, und Stand der Interventionen. In: Suchttherapie (13), Stuttgart u.a.: Georg Thieme Verlag KG, 74–80. Online verfügbar unter: https://www.researchgate.net/publication/275179439_Drogenkonsum_Sucht_und_Haft_eine_unvermeidliche_Klammer_Ubersicht_uber_Pravalenz_und_Stand_der_Interventionen [Stand 04.12.2020].

Bundesverfassungsgericht (1973): Urteil des Ersten Senats vom 5. Juni 1973 (1 BvR 536/72). Online verfügbar unter: https://www.servat.unibe.ch/dfr/bv035202.html [Stand: 31.10.20].

van den Boogaart, H. (2017): Psychische Probleme inhaftierter Frauen, in: Halbhuber-Gassner, L./Grote-Kux, G. (Hg.): Frauen in Haft. Spezielle Belastungen und Lösungswege, Freiburg im Breisgau: Lambertus, 11–24.

ZIS – Zentrum für interdisziplinäre Suchtforschung der Universität Hamburg (2013): Medizinische Rehabilitation Drogenkranker gemäß § 35 BtMG („Therapie statt Strafe"). Wirksamkeit und Trends, Universität Hamburg.

3.2.2 Vorbereitung der Haftentlassung bei Menschen mit chronischen Infektionserkrankungen (Bärbel Knorr)

Hintergrund

Der Konsum illegalisierter Stoffe wird in Deutschland immer noch strafrechtlich geahndet, daher befinden sich viele betäubungsmittelgebrauchende Menschen im Strafvollzug. Bei 34 % der inhaftierten Frauen und 19 % der inhaftierten Männer liegt eine Opiatabhängigkeit vor. Von den Drogengebrauchenden, bei denen eine Substitutionstherapie angezeigt wäre, werden 53,6 % der Frauen und 21,4 % der Männer in Haft substituiert (Stoll et al. 2019). Es besteht folglich eine Unterversorgung im Zugang und während der Inhaftierung, als auch später bei der Entlassung. Die Unterbrechungen in der Substitution bergen große gesundheitliche Risiken für opiatabhängige Gefangene. Diese reichen von Infektionsrisiken durch fortgesetzten Konsum, starken physischen und psychischen Belastungen bis hin zu einer höheren Mortalitätsrate nach Haftentlassung.

Insbesondere in dieser Gruppe haben viele Menschen eine chronische Infektionserkrankung wie Hepatitis C, Hepatitis B und HIV. Es gibt derzeit keine bundeseinheitliche Datenerhebung zu Infektionserkrankungen im Vollzug. Es wird davon ausgegangen, dass bei ca. 10 % aller Inhaftierten eine behandlungsbedürftige HCV-Infektion und bei knapp 1 % eine HIV-Infektion vorliegt.

Ein großer Teil der Inhaftierten ist für eine kurze Haftstrafe von bis zu 9 Monaten (34 %) verurteilt worden und weitere 10 % der Gefangenen verbüßen eine Ersatzfreiheitsstrafe, da sie ihre Geldstrafe nicht haben zahlen können (Statistisches Bundesamt 2019). Somit stehen bei ca. 44 % der Inhaftierten die Entlassungsvorbereitungen bereits am Tag der Aufnahme auf der Agenda. Theoretisch gilt dies auch für alle anderen Gefangenen, da die Strafvollzugsgesetze der Bundesländer entsprechende Passagen enthalten. Die Besonderheit bei den Kurzzeit- und Ersatzfreiheitsstrafen ist allerdings die hohe Fluktuation mit einhergehender hoher Fallzahl, eine geringe Zeit der Bearbeitung und Vorbereitung.

Übergänge entpuppen sich häufig als Risikosituationen

Die Aufnahme in die JVA und die Entlassung selbst können sich als besonders schwierige Momente zeigen, da beide Situationen starke Veränderungen mit sich ziehen, die mit einer hohen Emotionalität einhergehen können. Vieles ist zu regeln, es bestehen Ängste und Hoffnungen und beide Situationen können als Überforderung erlebt werden. Hier bieten Aidshilfen Begleitung und Unterstützung an, in dem neben der klassischen Beratung auch emotionale Begleitungen angeboten werden. Oft wird dies von ehrenamtlichen Mitarbeiter*innen übernommen die, soweit gewünscht, den Kontakt über die gesamte Haftdauer halten und regelmäßige Besuche anbieten. In der Beratung durch hauptamtliche Mitarbeiter*innen sind Ängste, Befürchtungen und mögliche Überforderungen zentrale Themen. Neben den organisatorischen Aspekten wird besprochen, wie sich die ersten Wochen gestalten sollen und wie Risikosituationen, z.B. erhöhter Konsumdruck, reduziert oder abgemildert werden können.

Direkt zu Beginn der Haftzeit sollten daher die „Basisfragen" zur Entlassung besprochen und die Bearbeitung der Anliegen begonnen werden. Die nachfolgenden Aspekte sind abhängig von der voraussichtlichen Haftdauer, offizielle Meldungen und Beantragungen werden vom Sozialdienst der JVA übernommen, alle anderen Punkte können in Absprache und Kooperation mit den regionalen Aidshilfen erfolgen.

Bei der Aufnahme
- Meldung beim Jobcenter, Rentenversicherungsträger etc. (abhängig vom Leistungsbezug vor der Inhaftierung) oder Arbeitgeber*in
- Meldung an die Krankenkasse
- Kontaktaufnahme zu Schwerpunktpraxen (Substitution, Behandlung HIV und Hepatitiden etc.) und Beratungsstellen
- Meldung Einwohnermeldeamt
- Wohnsituation vor der Inhaftierung und ggf. Erhalt des Wohnraums, sonst Auflösung der Wohnung und Sicherung des Hausrats
- Postnachsendeantrag
- Kontaktaufnahme zum Stromanbieter
- Schulden und ggf. Aussetzen der Zahlungen
- Kinderbetreuung und Unterhaltszahlungen
- Ggf. Klärung, wo Haustiere untergebracht werden können

Zur Vorbereitung der Entlassung
- Mögliche Meldeadresse und Personalausweis drei Monate vor der Entlassung prüfen und wenn nötig neuen Personalausweis beantragen, da dieser bei allen Behördengänge vorzulegen ist. In manchen JVAs besteht ein „Passservice", es können Ausweise in der JVA beantragt werden.
- Meldung Jobcenter, Arbeitsagentur etc., Jobsuche. Wer innerhalb der letzten 30 Monate insgesamt 12 Monate versicherungspflichtig beschäftigt war und nach der Haftentlassung arbeitslos ist, kann Arbeitslosen-

geld I beantragen. Die Justizvollzugsanstalten führen Versicherungsbeiträge ab, wenn ein Arbeitsverhältnis in der JVA besteht bzw. bestand.
- Beantragung Erwerbsunfähigkeitsrente: Während der Inhaftierung werden keine Beiträge an die gesetzliche Rentenversicherung abgeführt, dies ist insbesondere bei langen Haftstrafen, die verbüßt wurden, zu beachten. Vor der Beantragung der Rente wegen Erwerbsminderung oder Erwerbsunfähigkeit sollte unbedingt eine Rentenberatung aufgesucht werden, da viele Punkte zu Vorversicherungszeiten etc. zu beachten sind und die Thematik sehr komplex ist.
- Aufnahme in die gesetzliche oder private Krankenversicherung (s.u.).
- Weiterbehandlung im Fall einer Substitution oder Infektionserkrankung, Kontaktaufnahme zu weiterbehandelnden Praxen bzw. Suche nach Arztpraxis.
- Mitgabe eines Arztbriefes für die Weiterbehandlung.
- Regelung zur Medikamentenmitgabe in den ersten Tagen in Freiheit.
- Falls kein Wohnraum besteht, Wohnungssuche oder Kontaktaufnahme zu Einrichtungen des Betreuten Wohnens.
- Bei Wohnungslosigkeit: Beantragung eines Wohnberechtigungsscheins mit Dringlichkeit
- ...

Aidshilfen

Seit Gründung der Aidshilfen in den 80er Jahren engagieren sich Aidshilfen auch in der Haftarbeit. Diese wird von fast einhundert haupt- und ehrenamtlichen Mitarbeiter*innen geleistet. Während der Fokus früher auf Haftvermeidung, Gnadengesuche, emotionale Begleitung, Behandlungsmöglichkeiten und Infektionsprophylaxe lag, hat sich dieser im Laufe der Jahre erweitert und neben vielen psychosozialen Aspekten, die in die Beratung einfließen, spielt das Übergangsmanagement eine immer größer werdende Rolle.

In 2018 fand eine Befragung der Aidshilfen zu ihren Angeboten in Haftanstalten statt, an der 80 Einrichtungen teilnahmen (Rönfeldt 2019): 52,5 % der Aidshilfen bieten Informationen und Beratung für Gefangene und Bedienstete an und weitere 7,5 % planen die Angebotsaufnahme.

Von den 180 Justizvollzugsanstalten in Deutschland werden 37 % von Aidshilfen direkt erreicht und aufgesucht.

3.2 Soziale Arbeit; Drogenberatung, AIDS-Hilfe

Abbildung 1: Aidshilfen, die in Haft tätig sind (Rönfeld, 2019)

Aidshilfen und Haftarbeit (n=80)

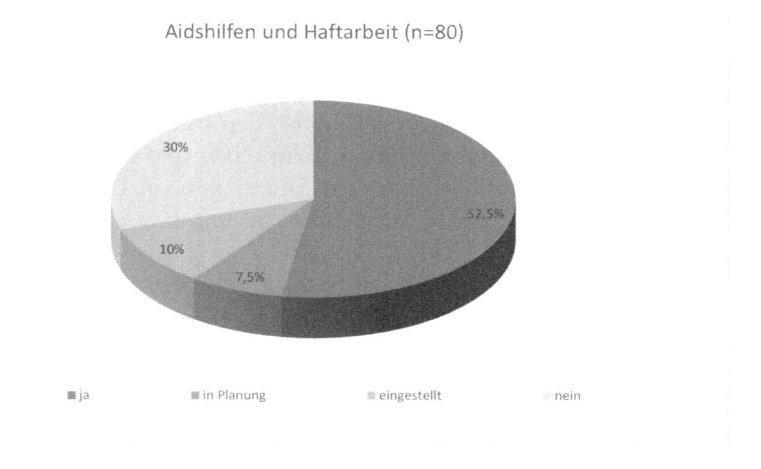

- 52,5 % ja
- 30 % in Planung
- 10 % eingestellt
- 7,5 % nein

Abbildung 2: Angebote der Aidshilfen für Inhaftierte (Rönfeld, 2019)

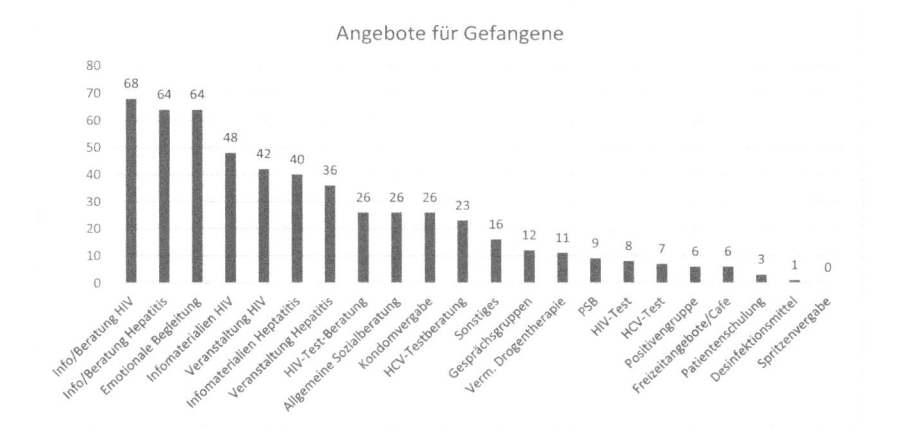

Angebote für Gefangene

Angebot	Anzahl
Info/Beratung HIV	68
Info/Beratung Hepatitis	64
Emotionale Begleitung	64
Infomaterialien HIV	48
Veranstaltung HIV	42
Infomaterialien Hepatitis	40
Veranstaltung Hepatitis	36
HIV-Test-Beratung	26
Allgemeine Sozialberatung	26
Kondomvergabe	26
HCV-Testberatung	23
Sonstiges	16
Gesprächsgruppen	12
Verm. Drogentherapie	11
PSB	9
HIV-Test	8
HCV-Test	7
Positivengruppe	6
Freizeitangebote/Cafe	6
Patientenschulung	3
Desinfektionsmittel	1
Spritzenvergabe	0

In der Befragung wurde nicht explizit die Entlassungsvorbereitung als ein Angebot abgefragt, jedoch gab es eine Frage zu den von den Inhaftierten genannten Problemen, wobei die Entlassungsvorbereitung mehrfach aufgeführt wurde. Im Vordergrund standen dabei die medizinische Weiterbehandlung, fehlender Krankenversicherungsschutz, fehlende Arztberichte zur Mitgabe, keine oder zu geringe Medikamentenmitgabe, keine Wohnmöglichkeiten und Entlassung in die Obdachlosigkeit sowie zu wenig Personal für die Vorbereitung der Entlassung.

Aidshilfen sind während der Haftzeit als auch in den Übergangsphasen vor allem mit der Behandlung bzw. Weiterbehandlung der HIV- und Hepatitis-Infektionen, Infektionsschutz, der Substitution und Wohnmöglichkeiten im Anschluss betraut. Soweit von den Inhaftierten gewünscht, findet dies in Kooperation mit den medizinischen und sozialen Diensten des Vollzugs statt. In konfliktbelasteten Situationen, in denen eine Behandlung nicht stattfindet, wird versucht vermittelnd zu agieren und notfalls auch rechtlich unterstützend zu wirken.

Es ist sinnvoll, wenn sich Inhaftierte auf das Leben in Freiheit vorbereiten und sich um ihre persönlichen Belange, wie z.B. die Wohnungssuche, eigenständig kümmern können. Problematisch ist allerdings, dass Lockerungen zur Entlassungsvorbereitung Drogengebraucher*innen oftmals verwehrt werden, hier kann dann nur stellvertretend agiert werden. Werden begleitete Ausgänge genehmigt, sind Aidshilfen unterstützend tätig. In diesen Fällen können die behördlichen Gänge, Suche einer Schwerpunktpraxis, Kontakte zu anderen Hilfseinrichtungen etc. gemeinsam unternommen werden.

In der Vorbereitungszeit der Entlassung werden mögliche Hürden und Hindernisse besprochen, auch auf lange Bearbeitungszeiten von Anträgen wird hingewiesen. Dies dient der besseren Einschätzung des möglichen zeitlichen Ablaufs, aber auch um Frust und Enttäuschung vorzubeugen.

Inhaftierte, die am Entlassungstag begleitet werden möchten, können dies mit der Aidshilfe vereinbaren. Besonders nach langen Haftstrafen kann dies sinnvoll sein, wenn wenige soziale Kontakte bestehen und mehr Sicherheit im Umgang mit der neuen Situation erlangt werden soll.

Entlassungsvorbereitung bei einer bestehenden chronischen Erkrankung und Drogenabhängigkeit

Eine besondere Herausforderung ist, dass Inhaftierte des geschlossenen Vollzugs nicht Mitglied in einer gesetzlichen oder privaten Krankenversicherung sind. Alle medizinischen Leistungen werden direkt vom Vollzug erbracht. Menschen mit einer chronischen Infektionserkrankung und auch substituierte Inhaftierte stehen am Tag der Entlassung vor dem Problem sofort einen Krankenversicherungsschutz und eine medizinische Weiterbehandlung erhalten zu müssen.

Dreh- und Angelpunkte bei der Entlassung ist eine schnelle Wiederaufnahme in die Krankenversicherung und die (Weiter-) Behandlung in einer Substitutionspraxis. Dies kann aus der Haft heraus zumindest versucht werden zu regeln. Leider gibt es hier keinen bundeseinheitlichen Weg, der zu beschreiten wäre.

Krankenversicherung nach Haftentlassung

In manchen Regionen besteht die Möglichkeit Arbeitslosengeld I oder II aus der Haft heraus zu beantragen, so dass am Tag der Entlassung ein Bezug von Arbeitslosengeld und die Möglichkeiten des Krankenversicherungsschutzes gegeben sind. Dies ist die einfachste Lösung, um eine Weiterbehandlung der Infektionserkrankungen und der Substitution zumindest von versicherungsrechtlicher Seite zu gewährleisten.

Möglichkeiten der Sicherstellung der Substitution nach der Haftentlassung

– Eine Vereinbarung zwischen den Akteur*innen wurde getroffen und umgesetzt, als Beispiel guter Praxis gilt hier die Kooperationsvereinbarung die zwischen dem Jobcenter Region Hannover, AOK und den Justizvollzugsanstalten Hannover und Sehnde getroffen wurde. U.a. ist in der Vereinbarung geregelt, dass eine Antragstellung beim Jobcenter vier Wochen vor der Entlassung erfolgen kann und eine gleichzeitige Meldung an die Krankenkasse geht. Damit ist der Bezug von ALG II und eine Krankenversicherung am Tag der Entlassung sichergestellt. (Jobcenter Region Hannover et al. 2019)
– Depotspritzen, die inzwischen in der Substitution und der HIV-Behandlung eingesetzt werden, können im Übergang eine zeitliche Entlastung schaffen. Sie werden 14-tägig oder 1x monatlich verabreicht. Der Nachteil ist, dass es Depotspritzen nicht für alle Medikamente und Substanzen gibt und folglich nur ein kleiner Teil von dieser Lösung profitieren kann.
– Falls kein Übergang geschaffen wurde, kann das Substitut noch 1–2 Wochen über die JVA bezogen werden, dies ist eine Regelung in Bremen.
– Kölner Modell: Alle Kölner*innen können sich im Notfall an das Gesundheitsamt der Stadt Köln wenden. Hier bestehen u.a. ein Substitutionsangebot und Hilfestellung zur Wiederaufnahme in die Gesetzliche Krankenversicherung.

Literaturverzeichnis

Stoll, Katharina/Bayer, Michael/Häßler, Ulrike et al. (2019) Länderübergreifende Arbeitsgruppe „Stoffgebundene Suchtproblematik" Bundeseinheitliche Erhebung zur stoffgebundenen Suchtproblematik im Justizvollzug, Stichtagserhebung 31.03.2018. Online verfügbar unter: www.berlin.de/justizvollzug/service/zahlen-und-fakten/drogen-sucht/.

Rönfeldt, Malina (2019): Befragung der Aidshilfen zur Haftarbeit, Deutsche Aidshilfe.

Statistisches Bundesamt (2019): Strafvollzugsstatistik 2019. Online verfügbar unter: https://www.destatis.de/DE/Themen/Staat/Justiz-Rechtspflege/Publikationen/Downloads-Strafverfolgung-Strafvollzug/strafvollzug-2100410197004.pdf?__blob=publicationFile [Stand 23.12.2020].

Jobcenter Region Hannover/Justizvollzugsanstalt Hannover/Justizvollzugsanstalt Sehnde/AOK Niedersachsen (2019): Vereinbarung zur Zusammenarbeit zur Verbesserung von Betreuung und Integration von Substitutionspatient*innen nach Haftentlassung. Online verfügbar unter: https://www.hannover.de/Leben-in-der-Region-Hannover/Soziales/Sozialleistungen-weitere-Hilfen/Beauftragter-Sucht-und-Suchtpr%C3%A4vention/Kooperationsvereinbarung-f%C3%BCr-Substitutions%C2%ADpatient*innen.

3.2.3 Das „Therapie statt Strafe"-Prinzip (§ 35 BtMG) im niedersächsischen Justizvollzug – Entwicklungen, Stand und Chancen für die Resozialisierung (Jan Weber & Thimna Klatt)

Abstract

Die hohe Prävalenz von Suchterkrankungen unter Gefangenen sowie des in der Haft fortgesetzten riskanten und süchtigen Konsums illegaler Substanzen sind vielfach belegt. Auch im Kontext des niedersächsischen Justizvollzugs stellen sie ein relevantes und sich weiter verschärfendes Problem dar. Substanzkonsum weist zudem einen stark positiven Zusammenhang mit delinquentem Verhalten auf. In und aus der Haft vermittelte Suchttherapien besitzen dementsprechend ein hohes rückfallpräventives Potential. Dies gilt für süchtiges und kriminelles Verhalten gleichermaßen. Gleichzeitig ist für die zurückliegende Dekade auch in Niedersachsen ein auffälliger Rückgang der nach dem Prinzip „Therapie statt Strafe" gemäß § 35 des Betäubungsmittelgesetzes (BtMG) aus der Haft vermittelten Suchttherapien zu verzeichnen. Der vorliegende Beitrag diskutiert mögliche Ursachen für diese Entwicklung, u.a. das Inkrafttreten des Justizmodernisierungsgesetzes im Jahr 2004, das Verbot der Umstellung der Vollstreckungsreihenfolge durch den Bundesgerichtshof im Jahr 2010 sowie Probleme im Hinblick auf die Therapiekostenübernahme durch Kranken- und Rentenversicherer. Ebenfalls beleuchtet werden mögliche Zusammenhänge mit der Entwicklung der Anzahl der nach § 64 Strafgesetzbuch (StGB) im Rahmen des Maßregelvollzuges in eine Entziehungsanstalt Eingewiesenen sowie strukturelle Veränderungen im Hinblick auf die Organisation der Suchtberatung im Niedersächsischen Justizvollzug.

Einleitung

Die diversen – und weltweit im Vergleich zur Allgemeinbevölkerung ungleich höheren – gesundheitlichen Belastungen von Strafgefangenen sind vielfach beschrieben (im Überblick: Enggist et al. 2014). Als ursächlich gelten zum einen die Bedingungen der Strafverbüßung selbst: die mit dem Freiheitsentzug verbundene Trennung von Familie und sozialem Umfeld, psychische Belastungen, beispielsweise aufgrund von Gewissenskonflikten, Perspektivlosigkeit und eingeschränkter oder nicht vorhandener Privatsphäre, der Verlust von Autonomie sowie der durch sozialen Anpassungsdruck gekennzeichnete Haftalltag. Zum anderen ist die Gefangenenpopu-

3 Verbesserte Handlungsmöglichkeiten für die Praxis

lation auch dadurch charakterisiert, dass sie aus Individuen besteht, deren Gesundheitsstatus mehrheitlich als stark angegriffen zu beschreiben ist (Stöver 2016). Neben allgemeinen somatischen und (aufgrund der im Durchschnitt älter werdenden Gefangenenpopulation zunehmend) geriatrischen Gesundheitsproblemen[39] (Mößle 2015) ist davon auszugehen, dass die Gefangenen überproportional häufig von psychischen Störungen und Erkrankungen (Schönfeld et al. 2006) sowie Substanzkonsum- und Suchtproblematiken (Jakob et al. 2013) betroffen[40] sind (zusammenfassend Stöver 2015b, 2016). Die Europäische Beobachtungsstelle für Drogen und Drogensucht (European Monitoring Center for Drugs and Drug Addiction/EMCDDA) weist beispielsweise darauf hin, dass Gefangene durchschnittlich wesentlich häufiger Erfahrungen mit dem Konsum illegaler Substanzen haben als der Rest der Bevölkerung. Innerhalb der Länder der Europäischen Union liegt die Rate der Gefangenen mit entsprechenden Konsumerfahrungen mehrheitlich bei über 50 %. Der Konsum der Gefangenen geht wiederum mit unterschiedlichen und zum Teil schwerwiegenden Gesundheitsrisiken und -problemen einher (EMCDDA 2012). Aus Deutschland stammende, jedoch zum Teil ältere Daten weisen in die gleiche Richtung. Dünkels (1993) Analyse von Strafvollzugsakten inhaftierter Frauen in Berlin ergab eine Drogen- bzw. Alkoholabhängigkeitsquote von 64 %. Wirth (2002) untersuchte 1997 in Nordrhein-Westfalen über einen Zeitraum von drei Monaten 1.858 neu aufgenommene Gefangene und bezifferte die Rate derjenigen Neuzugänge, die Erfahrungen mit dem Konsum illegaler Drogen hatten, auf 50 %. In einer ebenfalls durchgeführten Stichtagserhebung bei 930 zufällig ausgewählten, jedoch bereits vor dem Untersuchungszeitraum inhaftierten Gefangenen haben 48 % Drogenkonsumerfahrungen gemacht. Bei immerhin 14 % dieser Stichprobe fanden sich zudem Anzeichen dafür, dass auch in der Haft Drogen konsumiert wurden; 11 % wurden als drogenabhängig klassifiziert.

Köhler et al. (2010) fanden bei ihrer Untersuchung von 471 neu aufgenommenen Jugendlichen in einer Jugendstraf- und einer Jugendarrestanstalt in Norddeutschland heraus, dass 43 % der Befragten vor der Inhaftierung täglich oder fast täglich Cannabis konsumiert hatten. 25 % der Stich-

---

39 Zur gesundheitlichen Situation und den Versorgungserfordernissen älterer Gefangener vgl. Meuschke 2018.
40 Zur Situation in Niedersachsen vgl. ausführlich die Ergebnisse der von Tielking et al. zwischen Januar 2002 und Januar 2003 in der Justizvollzugsanstalt Oldenburg durchgeführten Studie zur gesundheitlichen Situation der Inhaftierten sowie dem damit verbundenen Bedarf für Gesundheitsversorgung und -förderung (vgl. Tielking et al. 2003; 2004).

3.2 Soziale Arbeit; Drogenberatung, AIDS-Hilfe

probe hatten vor der Haft täglich oder fast täglich Alkohol getrunken (Köhler et al. 2010). In einem zwischen 1997 und 2002 durchgeführten Forschungsprojekt befragte das Kriminologische Forschungsinstitut Niedersachsen e.V. (KFN) männliche Erstinhaftierte im Justizvollzug. Die als Längsschnitterhebung angelegte Untersuchung schloss die Inhaftierten von fünf Justizvollzugsanstalten in Niedersachsen, Hamburg und Sachsen-Anhalt ein (n = 1880). Von einer insgesamt 1.246 Personen umfassenden Substichprobe stimmten 329 (26 %) der Aussage zu, drogenabhängig zu sein. Auch unter den sich nicht explizit als drogenabhängig bezeichnenden Jugendlichen und Heranwachsenden bestätigten 9 % in den vorangegangenen Monaten Heroin konsumiert zu haben. 6 % hiervon wollten dies häufig oder regelmäßig getan haben. 4 % der Inhaftierten berichteten zudem von regelmäßigem Kokainkonsum. Insgesamt gehen die Autorinnen und Autoren der Studien davon aus, dass bis zu 31 % der Befragten einem hohen Gefährdungsrisiko im Hinblick auf ihren Konsum illegaler Substanzen unterlagen. Weitere 11 % der Befragten bezeichneten sich bei Haftantritt selbst als alkoholabhängig – allerdings gaben insgesamt 29 % an täglich und 13 % mehrmals täglich Alkohol konsumiert zu haben (vgl. Hosser 2003; für eine ausführliche Analyse der Ergebnisse vgl. Enzmann und Raddatz 2005).

Auffällig ist, dass der Anteil riskant und süchtig Konsumierender an der Gesamtpopulation der Gefangenen in den 1990er Jahren noch auf 20 % bis 30 % beziffert wurde (vgl. z.B. die Angaben bei Simon et al. 2001; Stöver 2002b).[41] Dem Zugrunde lagen insbesondere auch zwei Studien, die, mangels einer länderübergreifenden statistischen Erfassung, versuchten, das Problem im Rahmen von Schätzstudien zu beschreiben. So bat Dolde (1995) im Jahr 1993 ca. 30 Baden-Württembergische Anstaltsärztinnen und -ärzte im Rahmen der Zugangsuntersuchung die Gefährdung oder Abhängigkeit der 3.600 neu aufgenommenen Gefangenen einzuschätzen. Im Ergebnis wurden 30 % der Gefangenen im Zugang als betäubungsmittelgefährdet, das heißt als beratungs- oder therapiebedürftig klassifiziert. Auch

---

41 Auch Kern (1997) verweist auf eine offizielle, in der Auswertung von Urinproben von Gefangenen gründenden Schätzung des Baden-Württembergischen Justizministeriums, wonach unter den im Jahr 1995 insgesamt 23.940 Gefangenen des Landes der Anteil von Drogenkonsumentinnen und -konsumenten bei 26 % lag. Auf Grundlage der Ergebnisse zweier in den Jahren 1994 und 1996 durchgeführten Informantenbefragungen (n = 18/16) in der JVA-Bruchsal berichtete er jedoch von einem Anteil von Drogenkonsumenten unter den Gefangenen von 55 % bis 60 %. Der Anteil der Nutzer harter Drogen, denen auch eine Abhängigkeit unterstellt wurde, lag bei 15 %.

die von Küfner et al. (2000) im Kontext einer Evaluation zu externen Beratungsangebote für suchtgefährdete und suchtkranke Gefangene in bayerischen Justizvollzugsanstalten befragten Mitarbeiterinnen und Mitarbeiter des Vollzuges schätzten, dass bei zwei Dritteln der Gefangenen eine Suchtmittelproblematik vorliegt, wobei dies bei knapp 30 % eine Problematik im Bereich illegaler Drogen betrifft.

Abgesehen von den genannten Einzelbefunden und darauf basierenden Schätzungen im Hinblick auf die Gesamtprävalenz problematischen Substanzkonsums unter in deutschen Haftanstalten Inhaftierten standen lange keine Daten zur Verfügung. Auch deshalb hat der Strafvollzugsausschuss der Länder im Jahr 2012 beschlossen, die Suchtmittelproblematik bundesweit einheitlich zu erheben. Seit 2016 wird im Rahmen der Zugangsuntersuchung jetzt erstmals für jeden Neuzugang eine Einschätzung zu möglicherweise bestehenden Konsum- und Abhängigkeitsproblemen in den Justizvollzugsanstalten vorgenommen. Damit einhergehend werden auch diejenigen Inhaftierten in die Erhebung einbezogen, die sich zu Beginn der jährlichen Untersuchung bereits in Haft befinden. Auch die Rate der Substitutions- und Entgiftungsfälle sowie die Anzahl der auf Grundlage des § 35 BtMG in Therapie vermittelten Gefangenen werden erfasst (Niedersächsischer Landtag 2017; Häßler 2017; Häßler und Suhling 2017). Gemäß § 35 BtMG kann eine Haftstrafe bzw. Reststrafe von insgesamt nicht mehr als zwei Jahren zugunsten der Teilnahme an einer therapeutischen Maßnahme zur Behandlung einer bestehenden Suchterkrankung zurückgestellt werden. Weitere Voraussetzungen sind ein Zusammenhang zwischen der Tat und der Suchterkrankung, die Zustimmung des erstinstanzlich zuständigen Gerichtes sowie die Zusagen der Kostenträger, dass Behandlungs- und Lebensunterhaltskosten übernommen werden (Hammel 2016).

Im Jahr 2019 wurden von der Länderübergreifenden Arbeitsgruppe „Stoffgebundene Suchtproblematik" so erstmalig aus 12 Bundesländern aggregierte Daten der bundesweiten Stichtagserhebung veröffentlicht, die den substanzkonsumassoziierten Status von 65 % aller am Stichtag 31.08.2018 Inhaftierten repräsentieren. Von den 41.896 erreichten Gefangenen lag demnach bei insgesamt 44 % ein missbräuchlicher (17 %) oder abhängiger (27 %) Konsum von Substanzen vor (Länderübergreifende Arbeitsgruppe "Stoffgebundene Suchtproblematik" 2019). Ausgehend von den von Stöver (2002b) berichteten Quoten von 20 % bis 30 % deutet sich an, dass das Problem entweder lange unterschätzt wurde, oder es in den zurückliegenden zwei Dekaden einen Anstieg der Zahl süchtiger und problematisch konsumierender Gefangener gegeben hat.

3.2 Soziale Arbeit; Drogenberatung, AIDS-Hilfe

Die Ergebnisse einer Auswertung von bundesweiten Stichtagserhebungen der Jahre 1994 bis 2011 (von der Haar 2012) fügen sich in dieses Bild. Demnach stieg sowohl die Anzahl der Maßregelanordnungen nach § 64 StGB[42] als auch die Zahl der sogenannten „Erledigungen". Letztere bezeichnen Fälle, in denen der Aufenthalt in der Entziehungsanstalt im Rahmen des Maßregelvollzuges wegen Aussichtslosigkeit der weiteren Behandlung beendet und die Verurteilten in den Justizvollzug überführt werden, sofern sie ihre Haftstrafe nicht bereits über die im Maßregelvollzug verbrachte Zeit abgegolten haben und in die Freiheit entlassen werden. Während der Anteil derer, die den Maßregelvollzug als „Erlediger" verließen, im Jahr 1994 gemessen an allen Abgängen aus dem Maßregelvollzug noch bei 35 % lag, stieg er bis zum Jahr 2011 auf 47 %.[43] Zwischenzeitlich betrug die Quote im Jahr 2005 sogar 55 % (von der Haar 2012).

Die hohe Anzahl von Gefangenen mit suchtmittelassoziierten Problemen deutet sich zudem auch in den Straftaten an, die zu ihrer Verurteilung geführt haben. Von den zum Stichtag 31.03.2019 bundesweit 50.589 Strafgefangenen und Sicherungsverwahrten waren 6.796 Personen (13 %) aufgrund von Verstößen gegen das Betäubungsmittelgesetz (Handel, illegale Einfuhr, Konsumdelikte) inhaftiert (Statistisches Bundesamt 2020b). Hinzu kommt eine hohe Dunkelziffer von Gefangenen, die aufgrund kriminellen Verhaltens im Zusammenhang mit der Befriedigung ihres Suchtdrucks verurteilt wurden, deren Delikte jedoch nicht direkt – das heißt im Sinne eines Verstoßes gegen das BtMG – mit dem Konsum von Drogen in Zusammenhang stehen. Angesprochen ist damit vor allem die Beschaffungskriminalität (Schulte et al. 2018).[44] Nicht zu verschweigen ist jedoch, dass der Anteil der aufgrund von BtMG-Delikten Inhaftierten an der An-

---

42 Die Anordnung einer Maßregel nach § 64 StGB (Unterbringung in einer Entziehungsanstalt) ist vorgesehen, wenn eine Person einen Hang zum Suchtmittelkonsum aufweist, der (mit-)ursächlich für die Begehung der betreffenden Straftat war und das Risiko besteht, dass aufgrund dieses Hangs weitere erhebliche Straftaten begangen werden.

43 Aufgrund über die Jahre offenbar schwankenden Teilnahmeraten bei den sich an der Stichtagserhebung beteiligenden Kliniken sind die Angaben als Richtwerte anzusehen.

44 Darüber hinaus werden jedes Jahr zahlreiche Straftaten unter dem Einfluss berauschender Substanzen begangen. Die Polizeiliche Kriminalstatistik (PKS) weist für das Jahr 2019 beispielsweise insgesamt 173.140 registrierte Fälle von schwerer Gewaltkriminalität aus. 26 % der ermittelten Tatverdächtigen standen während der Tat unter Alkoholeinfluss (BKA 2019). Zwar ist davon auszugehen, dass ein Großteil dieser Tatverdächtigen keine Abhängigkeitserkrankung aufweist, den-

zahl der Gefangenen insgesamt bundesweit seit 2008 tendenziell rückläufig ist (Tabelle 1).

Tabelle 1: Bestand der zum Stichtag 31.03. insgesamt sowie aufgrund von Verstößen gegen das Betäubungsmittelgesetz (BtMG) inhaftierten Gefangenen (Quellen: Statistisches Bundesamt 2003, 2005, 2006b, 2006a, 2008, 2009, 2010b, 2010a, 2011a, 2012, 2014a, 2015a, 2016, 2017b, 2017a, 2018b, 2020a)

Jahr	Gefangene insg.	BtMG-Delikte	BtMG-Delikte (%)
2003	62.594	9.015	14,4
2004	63.677	9.221	14,5
2005	63.533	9.277	14,6
2006	64.512	9.579	14,8
2007	64.700	9.665	14,9
2008	62.348	9.540	15,3
2009	61.878	9.283	15,0
2010	60.693	8.880	14,6
2011	60.067	8.841	14,7
2012	58.073	8.126	14,0
2013	56.641	7.562	13,4
2014	54.515	7.144	13,1
2015	52.412	6.820	13,0
2016	50.858	6.415	12,6
2017	51.643	6.506	12,6
2018	50.957	6.551	12,9
2019	50.589	6.796	13,4

noch kommt die häufig enthemmende und in diesem Sinne Gewalt begünstigende Wirkung psychotroper Substanzen zum Ausdruck.

Ferner ist zu beachten, dass Suchtmittelkonsum und delinquentes Verhalten generell eng miteinander verbunden sind (im Überblick: Görgen und Nowak 2013). Dabei ist jedoch nicht von einem direkten Kausalzusammenhang auszugehen. Keine Substanz bzw. ihr Konsum führt unausweichlich zu Kriminalität. Vielmehr ist von einem komplexen und wechselseitig wirkenden Bedingungsgefüge auszugehen, bei dem Persönlichkeitsmerkmale, die Erziehung, das soziale Umfeld, situative und drogenspezifische Einflüsse sowie rechtliche und gesellschaftliche Rahmenbedingungen zusammenwirken und in kriminellem Verhalten kulminieren (Kreuzer 2015).

Riskanter und süchtiger Konsum in niedersächsischen Justizvollzugsanstalten

Auch unter den in niedersächsischen Justizvollzugsanstalten[45] Inhaftierten ist von einer hohen Substanzmissbrauchs- und Suchtbelastung auszugehen. In den Jahren 2005 und 2006 wurde vom Kriminologischen Dienst im Bildungsinstitut des niedersächsischen Justizvollzugs eine Befragungsstudie durchgeführt. Die Daten wurden von den Vollzugsgeschäftsstellen und den ärztlichen Diensten für Neuzugänge erfasst. Innerhalb eines Dreimonatszeitraums wurden so Daten von 746 Neuzugängen und bereits länger Inhaftierten in 10 niedersächsischen Justizvollzugsanstalten erhoben. Dabei wurde festgestellt, dass sich schon vor Haftantritt die Hälfte der Jugendstrafgefangenen von einer Droge abhängig gefühlt hat. In Anstalten des Vollzuges an Erwachsenen traf dies auf etwa jeden vierten männlichen und jede zweite weibliche Gefangene zu. Die Daten wurden durch eine Stichtagserhebung mit 668 bereits länger inhaftierten Gefangenen ergänzt. Die Ergebnisse der Stichtagsbefragung belegen, dass 59 % der bereits länger inhaftierten Gefangenen vor der Haft Erfahrungen mit dem Konsum von Drogen hatten. Bei etwa einem Drittel der Inhaftierten fanden sich Hinweise auf eine Drogenabhängigkeit. Zudem gaben 23 % der Inhaftierten und 15 % der Neuzugänge an, vor der Haft intravenös Drogen appliziert zu haben. Darüber hinaus bestätigte ein Drittel der Inhaftierten, dass sie auch in der Haftanstalt bereits Drogen konsumiert hatten. Noch 13 % der Befragten fühlten sich in der Haft abhängig. Gemäß den Angaben des ärztlichen Dienstes musste etwa ein Fünftel der Gefangenen einer Entgiftungsbehandlung zugeführt werden. Ein großer Teil der Entgifteten war alkoholabhängig. Schon damals wurde ein Teil der heroinabhängigen Gefangenen substituiert (Kriminologischer Dienst Niedersachsen 2006).

Obwohl Besitz und Konsum psychoaktiver Substanzen in einer Haftanstalt untersagt sind bzw. durch regulative und repressive Maßnahmen vermindert und sanktioniert werden, lässt sich auch in niedersächsischen Justizvollzugsanstalten der Konsum von Drogen nicht gänzlich verhindern.

---

45 Gemäß der Rechtspflegestatistik des Statistisches Bundesamtes verfügt Niedersachsen derzeit über 13 Justizvollzugsanstalten. Zum Stichtag 31. August 2018 verbüßten 3.768 Gefangene (darunter 179 weibliche) eine Freiheits- oder Jugendstrafe oder befanden sich in Sicherungsverwahrung. Im vorangegangenen Kalendermonat waren 21 (davon 7 weibliche) Gefangene aufgrund einer Zurückstellung der Strafvollstreckung nach § 35 Betäubungsmittelgesetz (BtMG) in eine suchttherapeutische Behandlung überführt worden (Statistisches Bundesamt 2018a).

3 Verbesserte Handlungsmöglichkeiten für die Praxis

Die bereits zitierten Studienergebnisse sowie zwischen den Jahren 2011 und 2012 im Rahmen einer KFN-Studie zu Opfererfahrungen im Justizvollzug erhobene Daten bestätigen dies. In der KFN-Studie gaben von 865 männlichen Gefangenen in fünf Jugendstrafanstalten, von denen zwei in Niedersachsen lagen, 30 % der Teilnehmer an, in den vergangenen vier Wochen Drogen konsumiert zu haben. Die verbreitetste Substanz war dabei Cannabis (28 % aller Befragten). 2 % der Studienteilnehmer gaben an, sich Drogen zu injizieren; 15 % berichteten den Konsum von anderen Drogen als Cannabis (Klatt und Baier 2017). Von 461 befragten erwachsenen weiblichen Strafgefangenen hatten 15 % während der vergangenen vier Wochen mindestens selten Drogen konsumiert (Klatt 2016). In einer weiteren, aus 2.200 männlichen Gefangenen 18 unterschiedlicher Justizvollzugsanstalten bzw. Abteilungen in Niedersachsen bestehenden Stichprobe gaben 15 % der Befragten an, in den vier Wochen vor der Erhebung Drogen genommen zu haben (Klatt et al. 2017).

Um die Substanzkonsum- und Suchtprobleme in Haftanstalten effektiv steuern und dem gesetzlichen Beratungsauftrag (vgl. §§ 9, 57, 68 und 181 des Niedersächsischen Justizvollzugsgesetzes; NJVollzG) nachkommen zu können, sind aktuelle Informationen zu Art und Ausmaß der Suchtmittelproblematik unverzichtbar. Aus der in 2016 begonnenen niedersächsischen Stichtagserhebung sind jedoch öffentlich bislang nur sehr wenige Daten verfügbar. Diese scheinen die zuvor referierten, aus den Jahren 2005 und 2006 stammenden Ergebnisse (Kriminologischer Dienst Niedersachsen 2006) zu bestätigen. Demnach lag am Stichtag 31.03.2016 bei 54 % der insgesamt 4.922 Inhaftierten eine Substanzkonsum- oder Abhängigkeitsproblematik vor. Bei 1.775 (67 %) der 2.650 Inhaftierten mit Suchtmittelproblematik wurde eine manifeste Abhängigkeitserkrankung festgestellt. Die meisten Betroffen waren zudem von mehreren Substanzen abhängig. Besonders belastet waren jugendliche Inhaftierte (Häßler 2017; beachte Erratum in Justiz Newsletter Nr. 27: 23). Angesichts des im Bericht der Länderübergreifenden Arbeitsgruppe (2019) angegebenen und auf den Daten von 12 Bundesländern basierenden Durchschnittswertes von 44 % abhängiger oder missbräuchlich konsumierender Gefangener deutet sich zumindest an, dass die in niedersächsischen Vollzugseinrichtungen Inhaftierten im Vergleich zu den eher stärker belasteten gehören.

Suchtdruck als Risiko für Gesundheit und Resozialisierung

Insbesondere der intravenöse (i.v.) Drogenkonsum innerhalb der Haftanstalten stellt vor dem Hintergrund des dabei häufig praktizierten *Needle* und *Drug Sharings* ein bedeutendes zusätzliches gesundheitliches Risiko dar. Auf Grundlage der Angaben zur Prävalenz von Hepatitis und HIV unter Gefangen von Radun et al. (2007) und Schulte et al. (2009) sowie in der Allgemeinbevölkerung (RKI 2007; UNAIDS 2006) geht Stöver (2012) von einer 26- bis 32-fach höheren Belastung der Gefangenenpopulation mit Hepatitis und einer 16- bis 24-fach höheren Belastung mit HIV im Vergleich zur Allgemeinbevölkerung aus. Die Gefahr, sich durch den gemeinsamen Gebrauch von Spritzen mit Hepatitis oder HIV zu infizieren, ist unter Haftbedingungen daher besonders hoch (Tielking et al. 2003, 2004; Stöver 2012, 2018). In einer Querschnittsstudie mit Gefangenen aus sieben deutschen Gefängnissen[46] lag die Lebenszeitprävalenz des i.v. Drogenkonsums unter den 1.511 Befragten, die hierzu Angaben machten, bei 30 %. Von den Untersuchungsteilnehmerinnen und -teilnehmern gaben 8 % an mit Hepatitis B, 16 % mit Hepatitis C und 2 % mit dem HI-Virus infiziert zu sein (Eckert 2008).

Bis zu 81 % der i.v.-Drogenkonsumentinnen und -konsumenten haben Hafterfahrung (RKI 2016). Die hohe Zahl mehrfachinhaftierter, insbesondere opiatabhängiger Gefangener weist auf das hohe Rückfallrisiko hin. Letzteres bezieht sich dabei sowohl auf die Wiederaufnahme des Drogenkonsums nach der Entlassung, als auch auf die erneute Straffälligkeit beispielsweise aufgrund von Beschaffungskriminalität zur Befriedigung des Suchtdrucks. Unbehandelte Suchterkrankungen erhöhen so auch das kriminalitätsbezogene Rückfallrisiko.

Darüber hinaus ist die Entlassung suchtkranker Gefangener mit einem erhöhten Mortalitätsrisiko assoziiert. Vor dem Hintergrund der Zwangsabstinenz bzw. reduzierter Konsumoptionen kommt es bei Opiatabhängigen zu einer haftbedingten Toleranzreduktion. Insbesondere im Hinblick auf den intravenösen Konsum von Heroin ist bei kürzlich entlassenen, süchtigen Gefangenen die Gefahr einer tödlichen Überdosierung daher besonders hoch (Merrall et al. 2010; Binswanger et al. 2013; Pierce et al. 2016; Marsden et al. 2017).

---

46 Chemnitz (n = 299, darunter Befragte der JVA Zeithain), Bochum (n = 154), Hameln (n = 182), Köln (n = 619), Remscheid (n = 193) und Rheinbach (n = 131) (Eckert 2008).

Der hohe Suchtdruck be- bzw. verhindert bei vielen betroffenen Gefangenen die Annäherung an das Ziel einer erfolgreichen Resozialisierung auch deshalb, weil Rauschmittelkonsum innerhalb der Justizvollzugsanstalt ein weiteres Delikt und häufiger Grund für eine zusätzliche Sanktionierung (z.B. Disziplinarmaßnahmen, Versagen von Vollzugslockerungen, Entzug von Vergünstigungen, verstärkte Kontrolle) darstellt (MS.Niedersachsen 2004).

Suchterkrankungen im Kontext des Justizvollzuges sind somit nicht nur ein auf die Haftanstalten beschränktes, institutionsbezogenes bzw. den Justizvollzugsprozess betreffendes Problem. Aufgrund ihrer weitreichenden Konsequenzen, beispielsweise im Hinblick auf die Rückfallwahrscheinlichkeit und die Wiedereingliederungsmöglichkeiten, sind sie als gesamtgesellschaftliche Herausforderung zu sehen. Gleichzeitig können bedarfsgerechte Therapie- und Versorgungsangebote während und nach der Haftzeit vielen Straftäterinnen und Straftätern die Chance auf einen Ausstieg aus der Abwärtsspirale von Sucht und Kriminalität bieten (vgl. hierzu Häßler und Maiwald 2018). Suchttherapeutischen Angeboten für suchtkranke Inhaftierte kann deshalb auch ein bedeutender kriminalpräventiver Effekt innewohnen (Koehler et al. 2013; Jehle und Albrecht 2013; in diesem Sinne und mit einem Schwerpunkt auf alkoholkranke Gefangene vgl. auch Graham et al. 2012). Eine vertiefte Auseinandersetzung mit den Bedingungen der Therapievermittlung nach § 35 BtMG scheint deshalb umso lohnenswerter.

Suchtprävention und -beratung im Niedersächsischen Justizvollzug

Bei der zum Zeitpunkt des Haftantritts durchgeführten medizinischen Untersuchung können Suchtmittelmissbrauch und (stoffgebundene) Suchterkrankungen festgestellt werden (MS.Niedersachsen 2008). Wird ein Hinweis auf missbräuchlichen Konsum oder eine Abhängigkeitserkrankung dokumentiert, sollen die Gefangenen gemäß den Niedersächsischen Ausführungsvorschriften für den Strafvollzug zu § 56 NJVollzG (Beratung und Betreuung von suchtgefährdeten und suchtkranken Gefangenen in Justizvollzugseinrichtungen) auf die Hilfsangebote der anstaltseigenen Suchtberatung sowie weitere (externe) Therapieoptionen und die Möglichkeit der Teilnahme an Selbsthilfegruppen hingewiesen werden. Suchtkranken muss während der Haft die Möglichkeit eröffnet werden, sich mit ihrem Suchtproblem auseinander zu setzen und gegebenenfalls die Voraussetzungen zur Teilnahme an einer therapeutischen Maßnahme zu schaffen (vgl. auch MJ.Niedersachsen 2004; MS.Niedersachsen 2008).

Die Suchtarbeit innerhalb des niedersächsischen Justizvollzuges wird heute zentral von einer oder einem vom Niedersächsischen Justizministerium bestellten Koordinatorin bzw. Koordinator aus den Reihen der Suchtbeauftragten der Justizvollzugsanstalten gelenkt. Die mit dem Amt verbundenen Aufgaben werden in den Niedersächsischen Ausführungsvorschriften für den Strafvollzug (IV. Koordination der vollzuglichen Suchtarbeit) spezifiziert. Demnach ist die bestellte Person für die Datenauswertung und Berichtslegung verantwortlich, leistet fachliche Unterstützung für die Suchtberatung in den Justizvollzugsanstalten und gewährleistet den Informationsaustausch zwischen den Anstalten und dem Justizministerium als der vorstehenden Behörde. Auch die Fortbildung der Mitarbeiterinnen und Mitarbeiter der Suchtberatung gehört zu ihren Aufgaben.

In den Justizvollzugsanstalten werden die Suchtbeauftragten sowie deren Vertreterinnen und Vertreter im Regelfall aus den Reihen der Mitarbeiterinnen und Mitarbeiter des gehobenen Sozialdienstes von der Leitung der Anstalt bestimmt. Gemäß den Ausführungsvorschriften für den Strafvollzug zu § 56 NJVollzG (II. Personelle, sächliche und räumliche Ausstattung) soll ihre Arbeit durch eine Suchtkrankenhelferin bzw. einen Suchtkrankenhelfer[47] pro 200 Gefangene unterstützt werden. Im Jahr 2018 waren insgesamt 39[48] entsprechend fortgebildete Suchtberaterinnen und Suchtberater im Einsatz. In Bezug zu den zum Stichtag 31.03.2019 in niedersächsischen Haftanstalten Inhaftierten (s.o.) gesetzt (Statistisches Bundesamt 2020a), wird die Quote derzeit erfüllt. Angesichts der hohen Prävalenz riskant und abhängig Konsumierender unter den Gefangenen und den vielschichtigen, u.a. die mögliche therapeutische Versorgung während und nach der Haft betreffenden Herausforderungen, stellt sich dennoch die Frage, ob der Personalschlüssel der Suchtberaterinnen und -berater dem Bedarf entspricht.

Gemäß den weiteren Niedersächsischen Ausführungsvorschriften zum Strafvollzug bietet das Team der Suchtberatung umfangreiche Beratungs- und Unterstützungsleistungen im Hinblick auf die Initiierung der Teilnahme an suchttherapeutischen Maßnahmen und die Schaffung der entsprechenden Voraussetzungen an. Etwa seit dem Jahr 2004 geschieht dies ins-

---

47 Die im Justizvollzugsgesetz vorzufindende Unterscheidung zwischen Suchtberaterinnen und -beratern sowie Suchtkrankenhelferinnen und -helfern entspricht jedoch nicht mehr der vollzuglichen Praxis.
48 Auskunft des Niedersächsischen Justizministeriums vom 10.12.2018.

3 Verbesserte Handlungsmöglichkeiten für die Praxis

besondere auch im Rahmen des Programms „Fit für Therapie". Das Angebot ist auf die Förderung des Erwerbs sozialer Kompetenzen gerichtet und will die inhaftierten Teilnehmerinnen und Teilnehmer im Rahmen von ca. 11 eineinhalbstündigen Gruppensitzungen durch psychoedukative Maßnahmen in einem therapieähnlichen Setting auf die Teilnahme an einer stationären Suchttherapie vorbereiten (JVA Hannover 2020). „Fit für Therapie" ist in nahezu allen niedersächsischen Justizvollzugsanstalten verfügbar.[49] Ein dezidiert suchttherapeutisches Angebot wird jedoch nur in der Jugendanstalt Hameln in Form einer stationären Suchtbehandlung vorgehalten (Niedersächsischer Landtag 2019).

Die in niedersächsischen Justizvollzugsanstalten verfügbaren Angebote der Suchtprävention und -hilfe wurden ab dem Jahr 2005 umstrukturiert (MJ.Niedersachsen 2004; MS.Niedersachsen 2008). Finanziert durch das Niedersächsische Sozialministerium waren zuvor seit 1986 insgesamt 24 Mitarbeiterinnen und Mitarbeiter ($\approx$ 16,5 Vollzeitstellen) der Fachstellen für Sucht und Suchtprävention für Beratung und Therapievermittlung in den Haftanstalten zuständig (NLS 2005). Seit dem Jahr 2005 wird die Suchtberatung und Therapievermittlung in Verantwortung des Niedersächsischen Justizministeriums von entsprechend fortgebildetem Personal der Anstalten selbst organisiert und geleistet (MS.Niedersachsen 2008; vgl. auch Niedersächsischer Landtag 2008: Kapitel IV.3.3.3).

Parallel hierzu und einem neuen Ansatz folgend wurde die externe Suchtberatung über das Jahr 2005 hinaus im Rahmen des Modellversuches „Erfolgsbezogene externe Therapievermittlung aus den Justizvollzugsanstalten" (Wienemann und Schmidt 2006) fortgesetzt (Niedersächsischer Landtag 2008: Kapitel IV.3.3.3; vgl. auch: NLS 2005). Ziel des Modellprojekts war die Erprobung der Praktikabilität, Funktionalität und Effektivität von Leistungsvereinbarungen (NLS 2006). Nach Auslaufen der Finanzierung durch die Klosterkammer Hannover wurde die externe Suchtberatung in den Haftanstalten dann jedoch fast gänzlich eingestellt.[50] Ausnahmen sind die von internen Suchtberatungsdiensten und externen Thera-

---

49 Persönlich Mitteilung des Kriminologischen Dienstes Niedersachsen vom 10.03.2020.
50 Gemäß den Angaben der NLS konnten zwischen März und Oktober 2005 (bzw. der Hälfte der Projektlaufzeit) in den am Modellprojekt „Erfolgsbezogene externe Therapievermittlung aus den Justizvollzugsanstalten" beteiligten Standorten insgesamt 63 Therapien vermittelt werden (Hameln 29, Hannover 13, Meppen & Lingen 2, Oldenburg 16, Vechta 3). Dies entsprach mehr als der Hälfte der für die Gesamtlaufzeit angestrebten Vermittlungszahlen (vgl. NLS 2006). Zum Ende des Projektes wurde die vorab vereinbarte und angezielte Vermittlungsquote nur

pieeinrichtungen gemeinsam durchgeführten Informationsveranstaltungen zu verfügbaren Therapieoptionen. Die aufsuchende Arbeit im Justizvollzug stellt heute so nur noch den kleinsten Teil der die Kernarbeitsbereiche ergänzenden Angebote der niedersächsischen Fachstellen für Sucht- und Suchtberatung (Suchtberatungsstellen) dar (NLS 2017). Auf Grundlage eines Mustervertrages, der auf das genannte Modellprojekt zurückgeht, können für kleine Strafvollzugseinrichtungen bzw. -abteilungen ohne eigenen Suchtberatungsdienst auch weiterhin entsprechende Beratungsleistungen eingekauft werden (Niedersächsischer Landtag 2008: Kapitel IV.3.3.3). Die Entscheidung zur Reorganisation der Suchtberatung im niedersächsischen Justizvollzug wurde von den mehrheitlich aus den Reihen der Wohlfahrtsorganisationen stammenden Trägern der in den Kommunen verorteten Suchtberatungsstellen als faktische Abschaffung der zugehenden Sozialarbeit im Justizvollzug begriffen und stieß hier auf deutliche Kritik (z.B.: NLS 2005; STEP 2006). Neben fachlichen Erwägungen wie insbesondere einem befürchteten Qualitätsverlust durch den Wegfall eines bis dato erfolgreichen und professionellen Beratungsangebotes, das neben der Therapievermittlung auch die psychosoziale Begleitung von Inhaftierten mit Drogen- und Suchtproblemen gewährleistete (vgl. Wienemann und Schmidt 2006), können verbands- und berufspolitische Motive dabei nicht völlig ausgeschlossen werden.

Entwicklung der Anzahl von Zurückstellungen der Strafvollstreckung nach § 35 BtMG in Niedersachsen

Die wenigen öffentlich verfügbaren Zahlen lassen für die letzten Jahre einen deutlichen Rückgang im Hinblick auf die Anzahl der nach erfolgrei-

---

knapp verfehlt. Insgesamt wurden 113 Gefangene in Therapie vermittelt, was 94 % der ursprünglich angestrebten Gesamtzahl von 120 Vermittlungen entspricht: Hameln: 40/41 (105 %); Hannover: 20/20 (100 %); Meppen & Lingen: 20/18 (90 %); Oldenburg 20/21 (105 %); Vechta: 20/13 (65 %) (Wienemann und Schmidt 2006; NLS 2007). Darüber hinaus findet sich in dem 2008 veröffentlichten Bericht zur Landtagsentschließung Suchtprävention der niedersächsischen Landesregierung (Niedersächsischer Landtag 2008) die Zahl von 583 in unterschiedliche Therapieformen (ambulant/stationär/teil-stationär, Substitution) vermittelter Gefangener. Es konnte jedoch nicht abschließend verifiziert werden, ob es sich hierbei auch um tatsächlich angetretene Therapien handelt bzw. welchen Anteil die in Substitution Vermittelten ausgemacht haben. Letztere sind in den Angaben aus den Jahren 2003, 2004 und 2017 nicht enthalten.

cher Vermittlung nach § 35 BtMG in suchttherapeutische Behandlung entlassenen, von illegalen Drogen abhängigen Gefangenen erkennen.[51] Lag die Zahl nach Angaben der Niedersächsischen Landesstelle für Suchtfragen (NLS) in den Jahren 2003 und 2004 noch bei 391 bzw. 343 (NLS 2005), waren es gemäß der Niedersächsischen Landesregierung im Jahr 2017 nur noch 225[52] (Niedersächsischer Landtag 2019). Gemessen an den 343 Entlassenen aus dem Jahr 2004 ist dies ein Rückgang von rund 35 %. Den für den gleichen Zeitraum zu verzeichnenden Rückgang von 5.443 (Stichtag 31.3.2003; Statistisches Bundesamt 2003) auf 4.114 (Stichtag 31.03.2017; Statistisches Bundesamt 2017b) Gefangene in Niedersachsen berücksichtigend, egalisiert sich dieser jedoch nahezu. Angesichts der möglicherweise relativen Zunahme (s.o.) von Gefangen mit riskanten und süchtigen Konsummustern erscheint es dennoch angebracht sich genauer mit den möglichen Ursachen für den Rückgang der Therapievermittlungen nach § 35 BtMG zu befassen. Als relevanter Einflussfaktor interessiert so auch die generelle Entwicklung der Verurteiltenzahlen.

Mögliche Ursachen für den Rückgang der Strafrückstellung gemäß § 35 BtMG

Entwicklung der Verurteiltenzahlen

Die Zahl der in den Jahren 2003 bis 2019 in Niedersachsen insgesamt sowohl nach allgemeinem wie nach Jugendstrafrecht zu Freiheits- bzw. Jugendstrafen ohne Bewährung Verurteilten ist stark zurückgegangen. Wurden im Jahr 2003 noch 4.755 Personen zu Freiheits- oder Jugendstrafen oh-

---

51 Ob die Anzahl der nach § 57 StGB und § 88 Jugendgerichtsgesetz (JGG) zugunsten einer Therapie zur Bewährung ausgesetzten Freiheits- und Jugendstrafen vergleichbar zurückgegangen ist, lässt sich nicht einschätzen. Für das Jahr 2017 wird die Zahl seitens der Landesregierung auf 53 beziffert (Niedersächsischer Landtag 2019).
52 Allerdings muss darauf hingewiesen werden, dass die Angabe für das Jahr 2017 gegebenenfalls nicht die zusätzlich durch externe Suchtberaterinnen und -berater vermittelten Therapien umfasst. Auch durch von Gefangenen selbst initiierte, an die Haft anschließende Therapien könnten nicht enthalten sein. Belastbare Zahlen hierzu waren nicht zu ermitteln. Vor diesem Hintergrund sowie möglichen Lücken in der Erfassung ist die Zahl vor allem als Richtwert zu verstehen.

ne Bewährung verurteilt, waren es in 2019 nur noch 3.610 und damit rund 24 % weniger (Abbildung 1).

Abbildung 1: Anzahl der in den Jahren 2003 bis 2015 in Niedersachsen verhängten Jugend- und Freiheitsstrafen ohne Bewährung (Quellen: Statistisches Bundesamt 2003, 2005, 2006b, 2006a, 2008, 2009, 2010b, 2010a, 2011a, 2012, 2014a, 2015a, 2016, 2017b, 2017a, 2018b, 2020a)

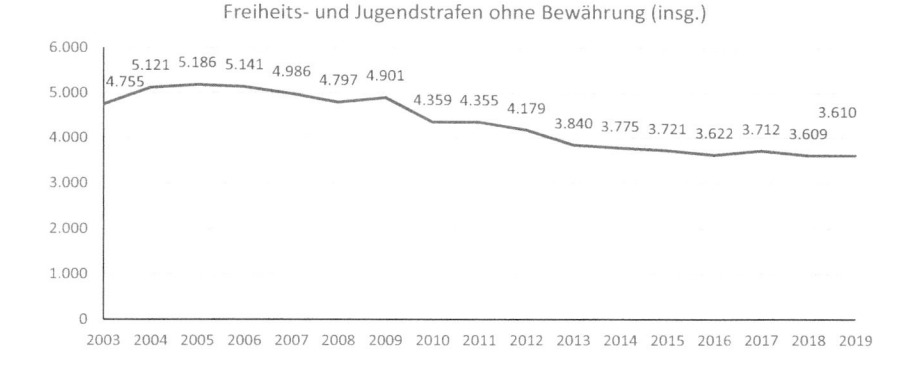

Freiheits- und Jugendstrafen ohne Bewährung (insg.)

Jahr	2003	2004	2005	2006	2007	2008	2009	2010	2011	2012	2013	2014	2015	2016	2017	2018	2019
Anzahl	4.755	5.121	5.186	5.141	4.986	4.797	4.901	4.359	4.355	4.179	3.840	3.775	3.721	3.622	3.712	3.609	3.610

Eine Strafrückstellung zugunsten einer Suchttherapie im Sinne des § 35 BtMG ist nur bei einer (Rest-) Strafe von nicht mehr als zwei Jahren möglich. Hiervon ausgehend kann auch die Betrachtung der Zahlen der in den Jahren 2003 bis 2019 in Niedersachsen zu einer Freiheits- oder Jugendstrafe von insgesamt höchstens zwei Jahren Verurteilten aufschlussreich sein. Das Vorliegen einer Suchterkrankung vorausgesetzt, kämen sie für eine Strafrückstellung in Sinne des Prinzips „Therapie statt Strafe" in Frage. Auch hier fällt der stetige Rückgang der Fallzahlen ins Auge. Im Jahr 2019 wurden mit 2.407 Verurteilten insgesamt 604 Menschen weniger zu entsprechenden Freiheits- und Jugendstrafen verurteilt als im Jahr 2003 (3.011). Dies entspricht einer relativen Abnahme von 20 % (Abbildung 2).

3 Verbesserte Handlungsmöglichkeiten für die Praxis

Abbildung 2: Anzahl der in den Jahren 2003 bis 2019 jährlich in Niedersachsen verhängten Jugend- und Freiheitsstrafen von höchstens 2 Jahren ohne Bewährung (Quellen: Statistisches Bundesamt 2003, 2005, 2006a, 2006b, 2008, 2009, 2010a, 2010b, 2011a, 2012, 2014a, 2015a, 2016, 2017b, 2017a, 2018b, 2020a)

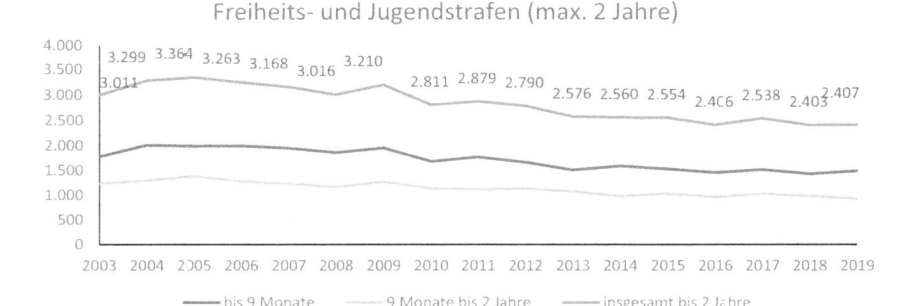

Vor diesem Hintergrund ebenfalls zu überprüfen sind mögliche Veränderungen in der Rechtsprechung im Hinblick auf suchtmittelabhängige Straftäterinnen und Straftäter. Unter anderem Dessecker (2013) beschreibt und diskutiert einen bundesweit beobachtbaren Anstieg der Anzahl nach § 64 StGB in einer Entziehungsanstalt untergebrachter Maßregelpatientinnen und -patienten. Auf Grundlage der Daten aus den alten Bundesländern lässt sich diese Entwicklung bis zum Jahr 2014 nachvollziehen. Hiernach sind anstatt der Daten aus Rheinland-Pfalz Daten aus Mecklenburg-Vorpommern eingeflossen (Abbildung 3).[53]

---

53 Aus Rheinland-Pfalz standen für die Berechnung für die Jahre 2000, 2001 sowie 2011 bis 2014 keine Daten zur Verfügung, weshalb die Daten des Jahres 1999 bzw. 2010 berücksichtig wurden. Für Schleswig Holstein war dies für das Jahr 2009 der Fall, weswegen hier erneut die Daten des Jahres 2008 herangezogen wurden (Statistisches Bundesamt 2015b). Ab dem Jahr 2015 sind Daten aus Mecklenburg-Vorpommern berücksichtigt, hingegen nicht eingeflossen sind Daten aus Rheinland-Pfalz. Für das Jahr 2016 sind für das Land Berlin die Vorjahreszahlen berücksichtigt. Im Jahr 2017 standen keine Daten aus Nordrhein-Westfalen zur Verfügung, weshalb Daten aus dem Jahr 2016 berücksichtigt wurden. In den Berechnungen für das Jahr 2018 konnten Daten einer nordrhein-westfälischen Klinik nicht berücksichtigt werden (Statistisches Bundesamt 2017c).

3.2 Soziale Arbeit; Drogenberatung, AIDS-Hilfe

Abbildung 3: Anzahl der aufgrund strafrechtlicher Anordnung nach § 64 StGB zum Stichtag 31.03. im Maßregelvollzug befindlicher Patientinnen und Patienten, alte Bundesländer (Quellen: Statistisches Bundesamt 2015b, 2017c)

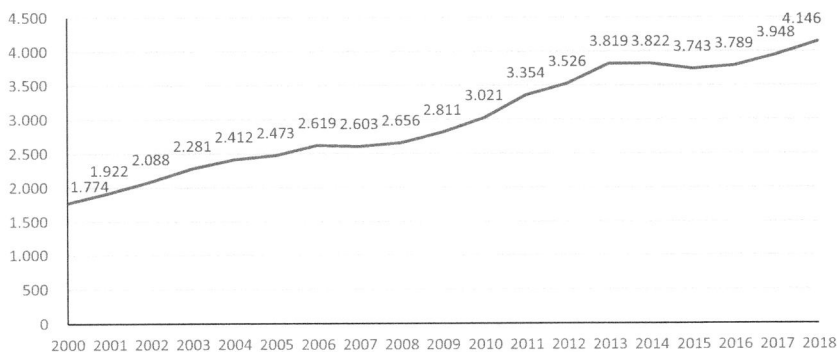

Anzahl Patientinnen und Patienten im Maßregelvollzug nach § 64 StGB

Jahr	Anzahl
2000	1.774
2001	1.922
2002	2.088
2003	2.281
2004	2.412
2005	2.473
2006	2.619
2007	2.603
2008	2.656
2009	2.811
2010	3.021
2011	3.354
2012	3.526
2013	3.819
2014	3.822
2015	3.743
2016	3.789
2017	3.948
2018	4.146

Der deutliche Anstieg der Fallzahlen könnte mit dem sich parallel vollziehenden Absinken der Vermittlungszahlen nach § 35 BtMG in Zusammenhang stehen. Der auch für die nach § 64 StGB vorwiegend auf kriminalpolitische Einflüsse zurückgeführte Anstieg der Zahl der Patientinnen und Patienten im Maßregelvollzug (vgl. Dessecker 2005, 2013) lässt sich allerdings für Niedersachsen vor allem für die 2000er Jahre nachvollziehen (Neumann et al. 2019: 40). Zwar zeigen die veröffentlichten Daten der 2010er Jahre ebenfalls einen leichten Aufwärtstrend bei den sich insgesamt pro Jahr aufgrund einer richterlichen Anordnung in einer Entziehungsanstalt befindlichen Patientinnen und Patienten. Dieser lässt sich jedoch auf zunehmend längere Unterbringungszeiten zurückzuführen. Die Zahl der jährlichen Neuzugänge bewegt sich – soweit der hierzu auf Grundlage unterschiedlicher Datenquellen nachvollzogene Verlauf erkennen lässt – auf leicht schwankendem, bzw. in der Tendenz eher rückläufigem Niveau (Abbildung 4).

3 Verbesserte Handlungsmöglichkeiten für die Praxis

Abbildung 4: Anzahl der zum Stichtag 31.03. nach § 64 StGB im niedersächsischen Maßregelvollzug befindlich sowie aufgrund richterlicher Anordnung dort neu untergebrachte Patientinnen und Patienten (Quelle: Statistisches Bundesamt 2011b, 2013, 2014b, 2015b; Landesamt für Statistik Niedersachsen 2020a, 2020b; Statistisches Bundesamt 2017c, 2018c)*. Für 2013 und 2015 konnten keine Angaben zu neuaufgenommenen Maßregelpatientinnen und -patienten recherchiert werden.

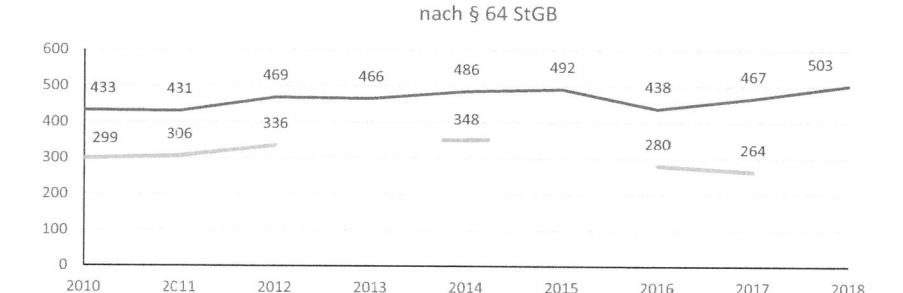

Maßregelpatientinnen und -patienten nach § 64 StGB

Jahr	2010	2011	2012	2013	2014	2015	2016	2017	2018
Anzahl Maßregelpat. Enziehungsanst.	433	431	469	466	486	492	438	467	503
Anzahl neuaufgenommener Maßregelpat.	299	306	336		348		280	264	

---

* Da die Veröffentlichungsreihe „Strafvollzugsstatistik – Im psychiatrischen Krankenhaus und in der Entziehungsanstalt aufgrund strafrichterlicher Anordnung Untergebrachte (Maßregelvollzug)" des Statistischen Bundesamtes nach dem Jahr 2015 eingestellt wurde, musste zur Erstellung der Grafik auf verschiedene Quellen zurückgegriffen werden. Die Daten zur Anzahl bereits untergebrachter und zu den neu aufgenommenen Maßregelpatientinnen und -patienten für die Jahre 2010, 2011, 2012 wurden hier entnommen: Statistisches Bundesamt 2011b, 2013, 2014b. Die Angabe zur Anzahl für das Jahr 2013 findet sich in Statistisches Bundesamt 2014b, S. 8. Die bei Statistisches Bundesamt 2015b auf Seite 5 angegeben Werte für das Jahr 2013 entsprechen exakt den Angaben des Jahres 2012 in Statistisches Bundesamt 2014b, was einen Fehler in der Statistik vermuten lässt. Eine valide Angabe zu den Neuaufgenommenen war so nicht zu ermitteln. Die Angabe zur Anzahl der Untergebrachten für das Jahr 2014 entstammt Statistisches Bundesamt 2015b, S. 8. Die Anzahl der Neuzugänge im Jahr 2014 wurden dem Autor und der Autorin vom niedersächsischen Landesamt für Statistik zur Verfügung gestellt. Gleiches gilt für den Wert zu den Untergebrachten im Jahr 2015 sowie zur Anzahl Untergebrachter und Neuaufgenommener im Jahr 2016 (Landesamt für Statistik Niedersachsen 2020a, 2020b).
Die Daten für die Jahre 2016, 2017 und 2018 entstammen der fortgeführten, jedoch nicht regelhaft veröffentlichten und auf Anfrage über die Landesämter für Statistik zu beziehenden anfangs genannten Statistik des Bundesamtes: Statistisches Bundesamt 2017c, Statistisches Bundesamt 2018c.

Der Rückgang der Zahl von zu Freiheits- und Jugendstrafen Verurteilten –
sowohl mit einer maximalen Dauer von zwei Jahren als auch insgesamt –
ist eine naheliegende Erklärung für das Absinken der Vermittlungszahlen
gemäß § 35 BtMG. Dem gegenüber stehen allerdings die eingangs berichteten hohen (Häßler 2017) – und ausgehend von den Ergebnissen früherer
Studien (Dolde 1995; Küfner et al. 2000) vermutlich steigenden – Prävalenzen riskant und süchtig Konsumierender unter den jährlichen Neuzugängen in niedersächsischen Gefängnissen, inklusive der zunehmenden Anzahl sogenannter „Erlediger", die aufgrund der Aussichtslosigkeit einer
weiteren Behandlung aus einer Entziehungsanstalt (Maßregelvollzug gem.
§ 64 StGB) teilweise in den Justizvollzug überführt werden und somit
ebenfalls zum Anwachsen der Gruppe der Gefangenen mit Suchtproblematiken beitragen. Vor diesem Hintergrund erklärt sich der Rückgang der
Therapievermittlungen nach § 35 BtMG auch bei sinkenden Gefangenenzahlen nur bedingt.

Qualität und Akzeptanz intramuraler Suchtberatungsangebote

Als ein möglicher Grund für den Rückgang der Strafrückstellungen gemäß
§ 35 BtMG erscheint auch, dass mit dem fast flächendeckenden Ausscheiden der von der Wohlfahrt getragenen Suchtberatung in Niedersachsen
ein Verlust von Beratungsqualität einherging oder nicht überall das zwischen Betroffenen und den jetzt – aus Sicht der Gefangenen – aus dem Justizapparat stammenden Beraterinnen und Beratern nötige Vertrauensverhältnis etabliert werden konnte.[54] Die Ergebnisse einer zwischen den Jahren 2016 und 2017 in drei nordrhein-westfälischen Erwachsenenstrafanstalten durchgeführten Befragungsstudie (Bäumler et al. 2019) mit männlichen (n = 72) und weiblichen (n = 73) Gefangenen unterstützen diese These. Neben nicht stattgefundener mündlicher Information über bestehende
Beratungsangebote (n = 104; 74 %) wurde von 95 Befragten bemängelt, seitens der Anstaltsärztinnen und -ärzte keine angemessene Behandlung bzw.
Beratung zu den Themen Drogenkonsum und Sucht zu erhalten. 126 Ge-

---

54 Bereits in einer in den Jahren 1997 bis 1998 durchgeführten Evaluationsstudie
zur externen Suchtberatung im bayerischen Justizvollzug äußerten sich Justizangehörige dahingehend, dass sie davon ausgehen, dass es externen Suchtberaterinnen und Suchtberatern vor dem Hintergrund der von ihnen zu wahrenden
Schweigepflicht leichter fallen würde, ein Vertrauensverhältnis zu den suchtkranken Gefangenen zu etablieren (Küfner 1998).

fangene waren zudem der Auffassung, dass sich Anstaltsärztinnen und -ärzte sowie weiteres medizinisches Personal nicht an die Schweigepflicht halten würden.[55] Auch wurde im Hinblick auf die suchtassoziierten vollzugsinternen Unterstützungsangebote anstaltsübergreifend der Mangel an qualifiziertem Personal kritisiert. Auch deshalb würden die Angebote zu selten stattfinden oder gar ausfallen. In der Folge würden lange Wartelisten für die begehrten Plätze in den Angeboten existieren. Seitens der Gefangen wurde die Einstellung externer Suchtberaterinnen und -berater gefordert. Dies wurde mit dem Hinweis verbunden, dass diesen im Gegensatz zum Anstaltspersonal mehr Vertrauen entgegengebracht würde (Bäumler et al. 2019).

Eine im Dezember 2018 durchgeführte unverbindliche Anfrage bei den in Niedersachsen in der NLS organisierten wohlfahrtlichen Trägern ergab zudem einzelne Hinweise darauf, dass Gefangene z.T. eigeninitiativ Kontakt zur externen Suchtberatung aufnehmen bzw. mindestens einzelne Justizvollzugsanstalten den Bedarf für Suchtberatung und -prävention aus eigener Kraft nicht vollständig decken können.

Insgesamt scheint bei vielen drogenabhängigen und -missbrauchenden Gefangenen somit Therapiebereitschaft zu bestehen. Diese trifft jedoch auf ein zu geringes Angebot von Beratungs-, Unterstützungs- und Therapieangeboten, das aus der Perspektive der Betroffenen zudem qualitative und strukturelle Mängel aufweist. Die (begrenzte) Verfügbarkeit, Effektivität und Qualität von intramuralen suchtassoziierten Versorgungsangeboten sind allerdings seit langem Gegenstand von Forschung und Fachdiskussionen (z.B. Lurigio 2000; Wirth 2002; Stöver 2002a; Tielking et al. 2003; Schönfeld et al. 2006; Stöver 2012; Scherlofsky 2013; Jakob et al. 2013). Dabei wurde der mögliche Einfluss der Organisationszugehörigkeit der die Angebote Umsetzenden, deren jeweilige qualifikatorische Voraussetzungen sowie die davon beeinflusste Akzeptanz bei den Gefangenen als Adressatinnen und Adressaten der Maßnahmen und Programme möglicherweise noch zu wenig berücksichtigt.

Gesetzliche und leistungsrechtliche Rahmenbedingungen

Abgesehen von einer evtl. mangelnden Verfügbarkeit und/oder Akzeptanz intramuraler Suchtberatungsangebote finden sich Hinweise darauf, dass

---

55 Zur besonderen Bedeutung der Schweigepflicht und des Zeugnisverweigerungsrechtes von Suchtberaterinnen und -beratern vgl. ausführlich Kreuzer 1993.

für den Rückgang der Therapievermittlungen nach § 35 BtMG eine veränderte Rechtspraxis der Vollstreckungsbehörden und Gerichte sowie Probleme im Hinblick auf die Zusage der Kostenübernahme seitens der Sozialversicherungsträger verantwortlich sein könnten. Neben der bislang fokussierten Entwicklung der Gefangenenzahlen sowie den Veränderungen im Bereich der Suchtberatungsangebote im niedersächsischen Justizvollzug soll daher nachstehend die sich in den zurückliegenden Jahren entstandene Diskussion um relevante gesetzliche und leistungsrechtliche Veränderungen thematisiert werden.

In einer an die Bundespolitik gerichteten Problemanzeige der Sucht-Fachverbände aus dem Jahr 2011 (BUSS et al. 2011) sehen die Träger suchttherapeutischer Einrichtungen die Versorgungsstrukturen und Behandlungsqualität für Suchtkranke insgesamt in Gefahr. Verantwortlich sei zum einen die erstmalig vollständige Ausschöpfung der damals seitens der Rentenversicherung für Rehabilitationsmaßnahmen zur Verfügung gestellten Mittel und das damit einhergehenden Risiko Betten abbauen oder die Behandlungsdauer verkürzen zu müssen. Zum anderen wurde ein massiver Rückgang der Zahl der nach dem Prinzip „Therapie statt Strafe" in ihre Einrichtungen vermittelten suchtkranken Straftäterinnen und Straftäter sowie die daraus resultierende Notwendigkeit, Behandlungskapazitäten abzubauen, beklagt. Als ursächlich wurde das 2004 verabschiedete Justizmodernisierungsgesetz genannt, in dessen Folge sich immer weniger Inhaftierte für eine suchttherapeutische Maßnahme qualifizieren könnten. Ein Grund für die Entwicklung wurde in der mit dem Gesetz einhergehenden Übertragung der Verantwortung für die Voraussetzungsprüfung von den Staatsanwaltschaften in den Verantwortungsbereich der Rechtspflegerinnen und Rechtpfleger gesehen, denen gleichzeitig weniger Ermessensspielraum zugestanden worden sei. Zudem wurde auf ein Urteil des Bundesgerichtshofs vom 4. August 2010 (5 AR (VS)23/10) verwiesen, das in seiner Konsequenz zu einem Verbot der Umstellung der Vollstreckungsreihenfolge geführt hat. Während bis dahin Strafen, die keinen Zusammenhang mit einer vorliegenden Suchterkrankung aufwiesen, zuerst verbüßt werden konnten, um dann für die Haftstrafe mit Kausalzusammenhang einen Zurückstellungsantrag zu stellen, stand diese Option nun nicht mehr zur Verfügung. Der neuen Gesetzeslage entsprechend mussten alle Haftstrafen zu mindestens zwei Dritteln verbüßt werden. Auch bei mehreren Haftstrafen kam so erst ab dem Zwei-Drittel-Zeitpunkt ein Antrag auf Strafrückstellung gemäß § 35 BtMG in Frage. Die Verbände gingen davon aus, dass dieser Umstand dazu führte, dass sich die Haftzeiten verlängerten.⁵⁶ Auf diese Weise – so die weitere Argumentation – wäre es immer schwerer durch suchttherapeutische Maßnahmen die Grundlage für eine erfolgreiche Resozialisierung zu legen. Parallel zu dieser Entwicklung würde zudem ein Kausalzusammenhang zwischen Suchterkrankungen und Straftaten von Teilen der Justiz zunehmend negiert und Anträge auf Strafrückstellung deshalb abgelehnt werden (BUSS et al. 2011).

Darüber hinaus wird moniert, dass Rentenversicherungsträger im Zusammenhang mit einer Strafaussetzung zur Bewährung gemäß § 57 StGB und § 88 JGG immer häufiger die Zusage der Kostenübernahme für eine Suchttherapie verweigerten. Als Folge davon würde die durch die genannten Paragraphen eröffnete Möglichkeit, bei bestehender Suchtmittelabhängigkeit aus der Haft in die Therapie zu wechseln, ausgehebelt. Die in § 57 StGB und § 88 JGG vorausgesetzte positive Prognose würde von den Strafvollstreckungsbehörden nur bei Vorliegen einer Kostenzusage bestätigt. Die Rentenversicherungsträger bestätigten diese jedoch immer öfter nur dann, wenn eine dahingehende Zusage der Vollstreckungsbehörden vorläge, dass § 57 StGB bzw. § 88 JGG zur Anwendung kommt. Die Verbände gingen so davon aus, dass dies einer der Gründe dafür war, dass immer mehr Gefangene in den Maßregelvollzug gem. § 64 StGB eingewiesen wurden (BUSS et al. 2011; vgl. hierzu auch Zurhold et al. 2013; Häßler und Maiwald 2018; Stöver 2018).

In einer weiteren Problemanzeige der Sucht-Fachverbände aus dem Jahr 2010 wurde darüber hinaus der bei aus der Haft Entlassenen häufig fehlende Krankenversicherungsschutz beklagt. Da dieser jedoch Voraussetzung für eine Rehabilitation ist – mindestens im Sinne der häufig parallel zur Abhängigkeitserkrankung zu behandelnden Komorbiditäten – wurde die Gewährleistung eines direkt an die Haft anschließenden Versicherungsschutzes gefordert, um eine reibungslose Überleitung zu gewährleisten (BUSS et al. 2010).

An anderer Stelle wurde zudem darauf verwiesen, dass Verzögerungen bei Antragstellung und Bewilligung oder lange Wartezeiten auf eine therapieanbahnende interne oder externe Beratung sich negativ auf die Therapiemotivation auswirken können. Wartezeiten aufgrund der beispielsweise

---

56 Häßler und Maiwald (2018) weisen jedoch darauf hin, dass mit dem Inkrafttreten des § 454b der Strafprozessordnung (StPO) am 17.08.2017 die Möglichkeit der Umstellung der Vollstreckungsreihenfolge unter bestimmten Umständen erneut gegeben ist. Sollte die vormalig versagte Umstellung der Strafreihenfolge entscheidenden Einfluss auf die Anzahl der nach § 35 BtMG in Therapie vermittelten Gefangenen gehabt haben, sollte sich dies durch erneut steigende Vermittlungszahlen alsbald zeigen.

durch die häufige Ablehnung der Therapiekostenübernahme durch die Rentenversicherungsträger und der fehlenden Krankenversicherung bestehenden Schnittstellenprobleme zwischen Haft und Therapiebeginn würden darüber hinaus die Rückfallgefahr erhöhen (Bürkle et al. 2010). Eine in Nordrhein-Westfalen durchgeführte Befragung drogenabhängiger, ehemals inhaftierter Patientinnen und Patienten einer Rehabilitationseinrichtung erbrachte wiederum Hinweise darauf, dass als Folge der Schnittstellenprobleme und der damit einhergehenden langen Beantragungszeiten weniger Therapieanträge gestellt werden. Als weitere Hürden wahrgenommene zusätzliche Anforderungen (verpflichtende Teilnahme an Selbsthilfegruppen oder Therapievorbereitungskursen sowie ein Abstinenznachweis durch Drogentests) der Justizvollzugsanstalten wurden dabei als weiterer negativer Einflussfaktor auf die Therapiemotivation beschrieben (AG DROPO 2011 zit. nach Zurhold et al. 2013).

Ein vom Bundesministerium für Gesundheit (BMG) gefördertes und von der Universität Hamburg durchgeführtes Forschungsprojekt ging im Jahr 2012 einigen der angezeigten Probleme nach (vgl. Zurhold et al. 2013). Dabei standen der Rückgang der Vermittlungszahlen nach § 35 BtMG innerhalb der vorangegangenen Dekade sowie die Frage nach möglichen Gründen hierfür im Mittelpunkt der Studie. Neben einer retrospektiven Trendanalyse und einer Querschnittsuntersuchung zur Anwendungspraxis des Prinzips „Therapie statt Strafe" wurden explorative Interviews mit ausgewählten Fachkräften aus Suchthilfe und Staatsanwaltschaften in Hamburg, Schleswig-Holstein und Nordrhein-Westfalen geführt. Für die Trendanalyse wurden bundesweite Rechtspflegestatistiken sowie Behandlungsdaten ausgewählter stationärer Rehabilitationseinrichtungen bzw. die Basisdokumentation der ambulanten Suchthilfe Hamburgs und Schleswig-Holsteins ausgewertet. Im Hinblick auf den vermuteten Rückgang der Strafzurückstellungen nach § 35 BtMG konnten in der Studie zwar Schwankungen der Vermittlungszahlen, jedoch kein eindeutiger Trend nachgewiesen werden. Es konnte auch nicht bestätigt werden, dass die im Nachgang der veränderten Gesetzeslage für die Prüfung der Voraussetzungen und die Beurteilung der Kausalität verantwortlichen Rechtspflegerinnen und Rechtspfleger zu kritischeren Beurteilungen kommen würden als die zuvor mit diesen Aufgaben betrauten Staatsanwältinnen und Staatsanwälte. Im Sinne einer Stärkung der Chance auf eine erfolgreiche Therapie wird u.a. empfohlen, für einen schnelleren Kontakt zwischen suchtkranken Gefangenen und der Suchtberatung und eine noch bessere Kommunikation zwischen Rechtspflegerinnen und Rechtspflegern und den Rehabilitationseinrichtungen zu sorgen (Zurhold et al. 2013).

3 Verbesserte Handlungsmöglichkeiten für die Praxis

Ob und welche der durch Zurhold et al. (2013) untersuchten und – angesichts sinkender Vermittlungszahlen – nach wie vor diskutierten Erklärungsansätze (vgl. Häßler und Maiwald 2018; Stöver 2018) in Niedersachsen von Bedeutung sind oder ob die vor einer knappen Dekade durch die Suchthilfeverbände angezeigten Hürden bei der Kostenübernahme durch Sozialversicherungsträger (in gleicher oder ähnlicher Form) persistieren bzw. was für die Bewilligungspraxis aus Sicht dieser Akteurinnen und Akteure maßgeblich ist, bleibt somit weiterhin unklar. Allerdings weist die von Hammel (2016) vorgelegte und anhand mannigfaltiger Beispiele aus der Rechtsprechung illustrierte Beschreibung der im Kontext der Haft und Haftentlassung bestehenden sozialrechtlichen Probleme suchtkranker Straffälliger darauf hin, dass sich das Zusammenspiel von Sozialleistungsträgern, Rehabilitationseinrichtungen sowie von Justiz- und Maßregelvollzug auch weiterhin äußerst kompliziert gestaltet und im Einzelfalls zu schweren Rechtsfragen führt. Gerade im Kontext einer Therapievermittlung betrifft dies, neben der Kostenübernahmezusage für die Rehabilitationsmaßnahme, auch die Sicherstellung der Gewährleistung des notwendigen Lebensunterhaltes während einer (voll-)stationären Unterbringung. Zudem finden sich in den – im Gegensatz zur Praxis anderer Bundesländer – öffentlich zugänglichen Berichtsstatistiken zu den dort von externen, wohlfahrtlichen Suchtberaterinnen und -beratern erreichten Vermittlungszahlen nach § 35 BtMG des Landes Baden-Württemberg sowohl Hinweise auf im Zeitverlauf ebenfalls lange rückläufige Vermittlungserfolge,[57] wie auch auf die genannten Probleme im Hinblick auf die Erlangung der Kostenübernahmezusagen durch die Sozialversicherungsträger. Besonders aufschlussreich und den Verfahrensaufwand belegend ist hier auch die präzise Dokumentation der Anzahl der Anträge, der ablehnenden Bescheide und der erfolgreich eingelegten Widersprüche (AG Doku der Landesstelle für Suchtfragen 2012, 2013, 2014, 2015, 2016, 2017, 2018, 2019).

Weitere Forschung zu suchtmittelkonsumierenden Gefangenen

In den bisher veröffentlichten Ergebnissen der bundesweiten Stichtagserhebungen (Häßler 2017; Länderübergreifende Arbeitsgruppe "Stoffgebundene Suchtproblematik" 2019) zeichnet sich ab, dass das zuvor nur aus

---

57 Erstmalig konnte im Jahr 2018 eine erneute Steigerung der Vermittlungserfolge verzeichnet werden. Ob dies den Anfang einer Trendwende markiert, werden die kommenden Berichtsjahre zeigen.

Einzelbefunden zusammengefügte Wissen über die Drogen- bzw. Suchtbelastung im Kontext des Justizvollzuges bestätigt wird bzw. die Drogen- und Suchtbelastung sogar noch ausgeprägter sein könnte, als bislang vermutet. Umso drängender stellt sich die Frage, wie der Justizvollzug zukünftig mit den damit verbundenen Herausforderungen umgehen kann.

Drogenkonsum und Suchterkrankungen im Kontext des Justizvollzuges waren jedoch sowohl international (jeweils im Überblick z.B.: Kanato 2008; EMCDDA 2012; Montanari et al. 2014)[58] als auch in Deutschland schon vielfach Gegenstand wissenschaftlicher Untersuchungen und Publikationen (vgl. ebenfalls im Überblick: Jacob und Stöver 1998; Stöver 2002a, 2012, 2015a). Wie bereits angesprochen standen (auch hierzulande) dabei vor allem Fragen der Verbreitung riskanter Konsumformen und Suchterkrankungen sowie die verschiedenen Substanzklassen im Mittelpunkt des Forschungsinteresses (exemplarisch: Tielking et al. 2003; Enzmann und Raddatz 2005; Kriminologischer Dienst Niedersachsen 2006; Jakob et al. 2013; Klatt 2016; Klatt und Baier 2017; Bi-Mohammed et al. 2017). Weigand et al. (2018) befassten sich in einer aktuellen Arbeit mit dem Risiko der Intoxikation im Haftkontext und fanden, dass der Konsum illegaler Substanzen einen Hauptrisikofaktor darstellt.

Aus den Studienergebnissen zur Verbreitung von Infektionskrankheiten (exemplarisch: Jacob 1997; Getahun et al. 2012; Schulte et al. 2009; Stöver et al. 2015, 2015; Kamarulzaman et al. 2016; RKI 2016) wurden vielfältige Versorgungserfordernisse und Handlungsempfehlungen, die den Umgang mit und die medizinische, psychosoziale und therapeutische Versorgung von drogenabhängigen Gefangenen betreffen (z.B.: WHO 2009, 2010; Arain et al. 2014; Enggist et al. 2014; Martin et al. 2015; Strathdee et al. 2015; WHO 2018) abgeleitet. Beispielhaft zu nennen und die Diskussion der letzten Jahre bestimmend sind diesbezüglich die Forderungen nach einer Stärkung der Gesundheitsförderung in den Justizvollzugsanstalten sowie der flächendeckenden Einführung von Spritzentauschprogrammen, Drugchecking-Optionen und weiteren, auf Harm-Reduction ausgerichteten Interventionen und Angeboten (exemplarisch: Jacob et al. 2001; Tielking et al. 2003, 2004; WHO 2010; Jakob et al. 2013; Arain et al. 2014; Sander und Murphy 2017; Vroling et al. 2018; Stöver 2018). Gegenstand weiterer Untersuchungen und Publikationen war zudem die haftinterne Heroinsubstitution (z.B.: Stallwitz und Stöver 2007; Schulte et al. 2009; zum ak-

---

58 Für eine vergleichende Zusammenschau der in den europäischen Nationalstaaten für das Monitoring des Drogenkonsums in Haftanstalten eingesetzten Fragebögen vgl. EMCDDA 2014.

tuellen Stand vgl. WD Deutscher Bundestag 2016). Sie zielt vorwiegend darauf ab, Abhängige durch die regelhafte Verabreichung einer (meist nicht berauschend wirkenden) Substanz (dem Substitut) von körperlichen Entzugserscheinungen zu befreien, um den Patientinnen und Patienten eine physische, psychische und soziale Stabilisierung sowie, perspektivisch, ein opioidfreies Leben zu ermöglichen (Bundesärztekammer 2017). Außerhalb der Haft gehört die Heroinsubstitution zum Repertoire der vertragsärztlichen Behandlungsmethoden (GBA 2020). Der Anspruch auf Leistungen der Gesetzlichen Krankenkassen ruht gemäß § 16 Abs. 1 Nr. 4 des fünften Sozialgesetzbuches (SGB V), während sich Versicherte in Haft oder im Maßregelvollzug befinden. Allerdings sichert das in § 3 Abs. 1 des Strafvollzugsgesetzes (StVollzG) geregelte Äquivalenzprinzip Gefangenen soweit wie möglich an die Bedingungen außerhalb der Haft angepasste Lebensverhältnisse zu. Dies erstreckt sich auch auf die Gesundheitsversorgung (vgl. auch WD Deutscher Bundestag 2016). Gerade im Hinblick auf die Substitution innerhalb des Justizvollzuges wird jedoch seit langem ein zwischen den Bundesländern stark variierender sowie generell zu geringer Implementierungsgrad kritisiert (Keppler et al. 2011). Gleichwohl berichten Bäumler et al. (2019) von Hinweisen darauf, dass sich die Versorgungssituation zumindest in Nordrhein-Westfalen in der zurückliegenden Dekade deutlich verbessert haben könnte. Dennoch sprechen die vorliegenden Ergebnisse insgesamt für die Notwendigkeit einer Verbesserung insbesondere der therapeutischen und risikominimierenden Angebote für riskant konsumierende und suchtkranke Gefangene sowie eine generell stärker am Äquivalenzprinzip orientierte intramurale gesundheitliche Versorgung und Förderung.

Fazit und Ausblick

Angesichts des für Niedersachsen – gemäß den vorab dokumentierten Zahlen – evidenten Rückgangs bei der Strafrückstellung nach § 35 BtMG bleibt die Frage nach dem entscheidenden auslösenden Faktor weiter unbeantwortet. Als mögliche Einflussgrößen wurden insbesondere
- die insgesamt rückläufigen Gefangenenzahlen,
- der in Niedersachsen vollzogene Wechsel von durch externe Suchtberaterinnen und -berater zu durch Angehörige des Justizvollzuges geleisteter intramuraler Suchtberatung sowie gegebenenfalls damit verbundenen Qualitäts- (z.B. im Sinne von Verschwiegenheit, Qualifikation, Standards) oder Akzeptanzeinbußen,

3.2 Soziale Arbeit; Drogenberatung, AIDS-Hilfe

- die Aussetzung der Umstellung der Vollstreckungsreihenfolge,
- der seitens der meistens wohlfahrtlichen Suchthilfeträger vermutete eingeschränkte Ermessensspielraum bei der Voraussetzungsprüfung durch die Rechtspflegerinnen und Rechtspfleger bei der Prüfung eines Kausalzusammenhangs von Sucherkrankung und Straftat bzw. die angenommene vermehrte Negierung der Anerkennung des Kausalzusammenhangs,
- die seitens der Sozialversicherer häufig negativ beschiedenen Anträge auf Therapie- und Lebensunterhaltskostenübernahme bzw. die daraus folgenden Verfahrensverzögerungen und Schnittstellenprobleme

identifiziert. Nicht zuletzt vor dem Hintergrund der sich andeutenden relativen Zunahme des Anteils von Gefangen mit riskanten und süchtigen Konsummustern bleibt jedoch weiterhin unklar, welche der beschriebenen und diskutierten möglichen Einflussfaktoren in Niedersachsen zum Tragen kommen. Zudem könnten weitere Parameter, wie beispielsweise Veränderungen bei der suchtkranken Gefangenenklientel und ein darin gründendes negativ beeinflusstes Inanspruchnahmeverhalten, eine Rolle spielen. Damit einhergehend stellt sich auch die Frage, welche Maßnahmen zu einer Verbesserung der Vermittlungssituation beitragen und ob ein Ausbau intramuraler Therapieoptionen – wie auch von Häßler und Maiwald (2018) diskutiert – eine bedarfsgerechtere, an rückfall- und kriminalpräventiven Zielen ausgerichtete Versorgung suchtkranker Gefangener bewirken können. Dabei ist ebenfalls die Situation aus dem Maßregelvollzug als „Erlediger" in den Strafvollzug zurückgekehrter Inhaftierter zu berücksichtigen.

Die seit 2016 implementierte flächendeckende Erfassung der Prävalenz von Drogen- und Suchtproblematiken in der Gefangenenpopulation bietet – so sie fortgeführt wird – die Chance, auf Grundlage der damit entstehenden Datenbasis entsprechende Versorgungsbedarfe genauer zu beschreiben, darauf aufbauend Versorgungsangebote zu implementieren sowie deren Entwicklung und Wirkung zu evaluieren. Voraussetzung hierfür ist jedoch, dass die Daten der Fachöffentlichkeit zugänglich gemacht und auch länderspezifische Entwicklungsverläufe nachvollziehbar werden. Solange die kriminologische und gesundheitswissenschaftliche Forschung auf die Rezeption nur bruchstückhaft veröffentlichter Vollzugsdaten zur gesundheitlichen Situation Gefangener angewiesen ist, wird auch der Fachdiskurs von eigentlich vermeidbaren Unschärfen geprägt bleiben. Die zurückhaltende Veröffentlichungspraxis hat auch zur Folge, dass gegebenenfalls außerhalb des Einflussbereiches des Justizvollzugs und beispielsweise an den Schnittstellen mit dem Sozialversicherungssystem bestehende Barrieren nicht ausreichend transparent werden. Zudem deutet sich an, dass die Stichtagserhebungen durch regelhafte Befragungen aktuell inhaftierter und ehemaliger Gefangener ergänzt werden sollten. Auf diese Weise könnten auch das Nutzungsverhalten intramuraler suchtorientierter Versorgungsangebote besser nachvollzogen, fördernde und hemmende Faktoren identifiziert und die Bedarfsgerechtigkeit im Sinne der Stärkung der Resozialisierungschancen der drogengebrauchenden und suchtkranken Gefangenen verbessert werden.

Literaturverzeichnis

AG Doku der Landesstelle für Suchtfragen (2012): Daten zur Suchtberichterstattung Baden-Württemberg 2011 der Landesstelle für Suchtfragen. – Ambulante Suchthilfe -. Hg. v. Landesstelle für Suchtfragen der Liga der freien Wohlfahrtspflege in Baden-Württemberg e.V. Stuttgart. Online verfügbar unter https://suchtfragen.de/dokumente/statistik/suchthilfe/Suchthilfestatistik_2011.pdf [Stand 26.06.2020].

AG Doku der Landesstelle für Suchtfragen (2013): Daten zur Suchtberichterstattung Baden-Württemberg 2012 der Landesstelle für Suchtfragen. – Ambulante Suchthilfe -. Hg. v. Landesstelle für Suchtfragen der Liga der freien Wohlfahrtspflege in Baden-Württemberg e.V. Stuttgart. Online verfügbar unter https://suchtfragen.de/dokumente/statistik/suchthilfe/Suchthilfestatistik_2012.pdf [Stand 26.06.2020].

AG Doku der Landesstelle für Suchtfragen (2014): Daten Ambulanten Suchthilfe Baden-Württemberg 2013. Suchthilfestatistik 2013. Hg. v. Landesstelle für Suchtfragen der Liga der freien Wohlfahrtspflege in Baden-Württemberg e.V. Stuttgart. Online verfügbar unter https://suchtfragen.de/dokumente/statistik/suchthilfe/Suchthilfestatistik_2013.pdf [Stand 26.06.2020].

AG Doku der Landesstelle für Suchtfragen (2015): Daten zur Suchtberichterstattung der Ambulanten Suchtilfe Baden-Württemberg 2014. Suchthilfestatistik 2014. Hg. v. Landesstelle für Suchtfragen der Liga der freien Wohlfahrtspflege in Baden-Württemberg e.V. Stuttgart. Online verfügbar unter https://suchtfragen.de/dokumente/statistik/suchthilfe/Suchthilfestatistik_2014.pdf [Stand 26.06.2020].

AG Doku der Landesstelle für Suchtfragen (2016): Daten zur Suchtberichterstattung der ambulanten Suchthilfe Baden-Württemberg 2015. Suchthilfestatistik 2015. Hg. v. Landesstelle für Suchtfragen der Liga der freien Wohlfahrtspflege in Baden-Württemberg e.V. Stuttgart. Online verfügbar unter https://suchtfragen.de/dokumente/statistik/suchthilfe/Suchthilfestatistik_2015.pdf [Stand 26.06.2020].

AG Doku der Landesstelle für Suchtfragen (2017): Daten zur Suchtberichterstattung der ambulanten Suchthilfe Baden-Württemberg 2016. Suchthilfestatistik 2016. Hg. v. Landesstelle für Suchtfragen der Liga der freien Wohlfahrtspflege in Baden-Württemberg e.V. Stuttgart. Online verfügbar unter https://suchtfragen.de/dokumente/statistik/suchthilfe/Suchthilfestatistik_2016.pdf [Stand 26.06.2020].

AG Doku der Landesstelle für Suchtfragen (2018): Daten zur Suchtberichterstattung der ambulanten Suchthilfe Baden-Württemberg 2017. Suchthilfestatistik 2017. Hg. v. Landesstelle für Suchtfragen der Liga der freien Wohlfahrtspflege in Baden-Württemberg e.V. Stuttgart. Online verfügbar unter https://suchtfragen.de/dokumente/statistik/suchthilfe/Suchthilfestatistik_2017.pdf, [Stand 26.06.2020].

AG Doku der Landesstelle für Suchtfragen (2019): Daten zur Suchtberichterstattung der ambulanten Suchthilfe Baden-Württemberg 2018. Suchthilfestatistik 2018. Hg. v. Landesstelle für Suchtfragen der Liga der freien Wohlfahrtspflege in Baden-Württemberg e.V. Stuttgart. Online verfügbar unter https://suchtfragen.de/dokumente/statistik/suchthilfe/Suchthilfestatistik_2018.pdf, [Stand 26.06.2020].

AG DROPO (2011): Befragung von Patienten/innen in stationärer medizinischer Rehabilitation bei Drogenabhängigkeit, die aus dem Justizvollzug in die stationäre Therapie gewechselt sind. Hg. v. Arbeitsgemeinschaft Drogenarbeit und Drogenpolitik in NRW e.V. (AG DROPO): Köln.

Arain, Amber; Robaeys, Geert; Stöver, Heino (2014): Hepatitis C in European prisons. A call for an evidence-informed response. In: BMC infectious diseases 14 Suppl 6, S17. DOI: 10.1186/1471–2334–14-S6-S17.

Bäumler, Esther; Schmitz, Maria-Magdalena; Neubacher, Frank (2019): Drogen im Strafvollzug. Einschätzungen und Bewertungen von Gefangenen. In: NK 31 (3), S. 301–318. DOI: 10.5771/0934–9200–2019–3–301.

Bi-Mohammed, Zanib; Wright, Nat M.; Hearty, Philippa; King, Nigel; Gavin, Helen (2017): Prescription opioid abuse in prison settings. A systematic review of prevalence, practice and treatment responses. In: Drug and alcohol dependence 171, S. 122–131. DOI: 10.1016/j.drugalcdep.2016.11.032.

Binswanger, Ingrid A.; Blatchford, Patrick J.; Mueller, Shane R.; Stern, Marc F. (2013): Mortality after prison release: opioid overdose and other causes of death, risk factors, and time trends from 1999 to 2009. In: Annals of internal medicine 159 (9), S. 592–600. DOI: 10.7326/0003–4819–159–9–201311050–00005.

BKA (2019): Polizeiliche Kriminalstatistik. Bundesrepublik Deutschland Jahrbuch 2018. Wiesbaden (1). Online verfügbar unter https://www.bka.de/SharedDocs/Downloads/DE/Publikationen/PolizeilicheKriminalstatistik/2018/pks2018Jahrbuch1Faelle.pdf?__blob=publicationFile&v=10, [Stand 23.05.2020].

Bundesärztekammer (2017): Richtlinie der Bundesärztekammer zur Durchführung der substitutionsgestützten Behandlung Opiatabhängiger, vom 02.10.2017. Online verfügbar unter https://www.bundesaerztekammer.de/fileadmin/user_upload/downloads/pdf-Ordner/RL/Substitution.pdf [Stand 27.06.2020].

Bürkle, S.; Koch, A.; Leune, J.; Weissinger, V.; Wessel, T. (2010): Krankenversicherungsschutz nach der Haft – Beim Übergang in die medizinische Rehabilitation stehen viele Haftentlassene ohne KV-Schutz. In: Konturen – Fachzeitschrift zu Sucht und sozialen Fragen (6), S. 23–27.

BUSS; CASU; FDR; GVS (2010): Problemanzeige Krankenversicherungsschutz für Haftentlassene. Hg. v. Bundesverband für stationäre Suchtkrankenhilfe e.V. (buss), Caritas-Suchthilfe (CaSu), Fachverband Drogen und Rauschmittel (FDR) und Gesamtverband für Suchthilfe e.V. (GVS). Online verfügbar unter http://www.sucht.org/fileadmin/user_upload/Service/Publikationen/Thema/Position/Problemanzeige_Krankenversicherungsschutz_Haftentlassene.pdf [Stand 05.07.2020].

BUSS; CASU; FDR; GVS (2011): Problemanzeige der Sucht-Fachverbände: Das System der Suchtrehabilitation gerät massiv unter Druck! Hg. v. Bundesverband für stationäre Suchtkrankenhilfe e.V. (buss), Caritas-Suchthilfe (CaSu), Fachverband Drogen und Rauschmittel (FDR) und Gesamtverband für Suchthilfe e.V. (GVS). Online verfügbar unter http://www.caritas-suchthilfe.de/cms/contents/caritas-suchthilfe.d/medien/dokumente/positionen-und-stell/das-system-der-sucht/problemanzeige_suchthilfe_110218.pdf?d=a&f=o [Stand 05.07.2020].

Dessecker, Axel (2005): Die Überlastung des Maßregelvollzugs: Folge von Verschärfungen im Kriminalrecht? In: NK 17 (1), S. 23–28. DOI: 10.5771/0934–9200–2005–1–23.

Dessecker, Axel (2013): Der psychiatrische Maßregelvollzug: Patientenzahlen und Wirkungen. In: Soziale Probleme 24 (1), S. 66–86. Online verfügbar unter https://www.ssoar.info/ssoar/bitstream/handle/document/44119/ssoar-soziprobleme-2013-1-dessecker-Der_psychiatrische_Maregelvollzug_Patientenzahlen_und.pdf?sequence=1&isAllowed=y&lnkname=ssoar-soziprobleme-2013-1-dessecker-Der_psychiatrische_Maregelvollzug_Patientenzahlen_und.pdf [Stand 15.05.2019].

Dolde, Gabriele (1995): Drogengefährdete und Drogenabhängige im Justizvollzug. In: Axel Dessecker (Hg.): Die strafrechtliche Unterbringung in einer Entziehungsanstalt. Rechtliche, empirische und praktische Aspekte. Wiesbaden: Kriminologische Zentralstelle (Kriminologie und Praxis, 16), S. 93–103.

Dünkel, F. (1993): Empirische Daten zur sozialen Lage von Strafgefangenen. Ergebnisse zweier Untersuchungen in Schleswig-Holstein und Berlin. In: Kriminalpädagogische Praxis 21 (33), S. 6–17.

Eckert, Josef (2008): Infektionserkrankungen unter Gefangenen in Deutschland: Kenntnisse, Einstellungen und Risikoverhalten. Teilergebnisse des Projekts: "Infectious Diseases in German Prisons – Epidemiological and Sociological Surveys among Inmates and Staff". Unter Mitarbeit von Sabine Fleger, Mari Grimm und Doris Theissen. Wissenschaftliches Institut der Ärzte Deutschlands (WIAD) gem. e.V. Bonn. Online verfügbar unter http://www.ahnrw.de/newsletter/upload/01_NL_ahnrw/2008/2008_10_01_NL20/Endbericht_Gefangene_060808_kompl.pdf.

EMCDDA (2012): Prisons and Drugs in Europe. The Problem and Responses. Luxembourg: Publ. Office of the European Union (Selected issue / European Monitoring Centre for Drugs and Drug Addiction, 2). Online verfügbar unter http://publications.europa.eu/de/publication-detail/-/publication/95667d4d-5543-42e0-b6f0-43630e51979a.

EMCDDA (Hg.) (2014): Drug use in Prison: Assessment Report. Reviewing tools for monitoring illicit drug usin in prison populations in Europe. Unter Mitarbeit von Luis Royuela, Linda Montanari, Miriam Rosa und Julian Vicente. ohne Ortsangabe: European Monitoring Centre for Drugs and Drug Addiction. Online verfügbar unter https://www.emcdda.europa.eu/system/files/publications/784/Drug_use_in_prison_assessment_report_462763.pdf [Stand 05.07.2020].

Enggist, Stefan; Møller, Lars; Galea, Gauden; Udesen, Caroline (Hg.) (2014): Prisons and Health. Copenhagen: World Health Organization, Regional Office for Europe. Online verfügbar unter https://www.euro.who.int/__data/assets/pdf_file/0005/249188/Prisons-and-Health.pdf?ua=1 [Stand 05.07.2020].

Enzmann, D.; Raddatz, S. (2005): Substanzabhängigkeit jugendlicher und heranwachsender Inhaftierter. In: Klaus-Peter Dahle und Renate Volbert (Hg.): Entwicklungspsychologische Aspekte der Rechtspsychologie. Göttingen: Hogrefe, S. 150–172.

GBA (2020): Richtlinie des Gemeinsamen Bundesausschusses (GBA) zu Untersuchungs- und Behandlungsmethoden der vertragsärztlichen Versorgung. (Richtlinie Methoden vertragsärztliche Versorgung). In: Bundesanzeiger BAnz AT 08.06.2020 B5. Online verfügbar unter https://www.g-ba.de/downloads/62-492-2183/MVV-RL_2020-03-20_iK-2020-06-09.pdf [Stand 27.06.2020].

Getahun, Haileyesus; Gunneberg, Christian; Sculier, Delphine; Verster, Annette; Raviglione, Mario (2012): Tuberculosis and HIV in people who inject drugs. Evidence for action for tuberculosis, HIV, prison and harm reduction services. In: Current opinion in HIV and AIDS 7 (4), S. 345–353. DOI: 10.1097/COH.0b013e328354bd44.

Görgen, Thomas; Nowak, Sabine (2013): Alkohol und Gewalt: eine Analyse des Forschungsstandes zu Phänomenen, Zusammenhängen und Handlungsansätzen. Deutsche Hochschule der Polizei (Münster); AG "Lebenswerter öffentlicher Raum". Münster. Online verfügbar unter https://im.baden-wuerttemberg.de/fileadmin/redaktion/m-im/intern/dateien/publikationen/Literaturanalyse.pdf [Stand 05.07.2020].

Graham, Lesley; Parkes, Tessa; McAuley, Andrew; Doi, Lawrence (2012): Alcohol problems in the criminal justice system. An opportunity for intervention. Copenhagen, Denmark: World Health Organization Regional Office for Europe. Online verfügbar unter https://www.euro.who.int/__data/assets/pdf_file/0006/181068/e96751-ver-2.pdf [Stand 05.07.2020].

Hammel, Manfred (2016): Sozialrechtliche Probleme suchtkranker Straffälliger. In: Bewährungshilfe 63 (4), S. 340–353.

Häßler, Ulrike (2017): Ergebnisse des ersten Stichtages der bundeseinheitlichen Erhebung zur stoffgebundenen Suchtmittelproblematik im Justizvollzug für Niedersachsen. In: Justiz Newsletter (26), S. 2–6. Online verfügbar unter https://www.bildungsinstitut-justizvollzug.niedersachsen.de/download/117946/Justiz-Newsletter_Nr._26_04_2017_.pdf [Stand 05.07.2020].

Häßler, Ulrike; Maiwald, Thomas (2018): Drogenabhängige Inhaftierte. In: Bernd Maelicke und Stefan Suhling (Hg.): Das Gefängnis auf dem Prüfstand. Wiesbaden: Springer Fachmedien Wiesbaden, S. 423–442.

Häßler, Ulrike; Suhling, Stefan (2017): Wer nimmt denn im Gefängnis Drogen? Prävalenz und individuelle Prädiktoren des Suchtmittekonsums im Justizvollzug. In: Bewährungshilfe 64 (1), S. 101–124. Online verfügbar unter https://go.galegroup.com/ps/i.do?p=AONE&sw=w&u=googlescholar&v=2.1&it=r&id=GALE%7CA560419316&sid=classroomWidget&asid=d1aea097.

Hosser, Daniela (2003): Die Drogenproblematik im Jugendstrafvollzug. In: Sucht Aktuell (1), S. 57–62.

Jacob, Jutta (1997): Drogengebrauch und Infektionsgeschehen (HIV, AIDS und Hepatitis) im Strafvollzug. Berlin: Dt. AIDS-Hilfe (AIDS-Forum DAH, Bd. 28).

Jacob, Jutta; Keppler, Karlheinz; Stöver, Heino (Hg.) (2001): LebHaft: Gesundheitsförderung für Drogen Gebrauchende im Strafvollzug. Berlin: Deutsche AIDS-Hilfe (AIDS-Forum DAH, 42,1).

Jacob, Jutta; Stöver, Heino (1998): Drogenkonsum und Infektionsrisiken im Justizvollzug – Empirische Befunde im Rahmen eines Modellprojektes. In: Sucht 44 (4), S. 247–256.

Jakob, Lisa; Stöver, Heino; Pfeiffer-Gerschel, Tim (2013): Suchtbezogene Gesundheitsversorgung von Inhaftierten in Deutschland – eine Bestandsaufnahme. In: Sucht 59 (1), S. 39–50. DOI: 10.1024/0939–5911.a000228.

Jehle, Jörg-Martin; Albrecht, Hans-Jörg (Hg.) (2013): Legalbewährung nach strafrechtlichen Sanktionen. Eine bundesweite Rückfalluntersuchung 2007 bis 2010 und 2004 bis 2010. Deutschland. 1. Aufl. Mönchengladbach: Forum-Verl. Godesberg (Recht).

JVA Hannover (2020): Fit für Therapie (FFT). Justizvollzugsanstalt Hannover. Hannover. Online verfügbar unter https://www.justizvollzugsanstalt-hannover.niedersachsen.de/startseite/themen/resozialisierung/behandlung/suchtberatungsdienst/fit_fur_therapie/fit-fuer-therapie-fft-138068.html [Stand 24.04.2020].

Kamarulzaman, Adeeba; Reid, Stewart E.; Schwitters, Amee; Wiessing, Lucas; El-Bassel, Nabila; Dolan, Kate et al. (2016): Prevention of transmission of HIV, hepatitis B virus, hepatitis C virus, and tuberculosis in prisoners. In: The Lancet 388 (10049), S. 1115–1126. DOI: 10.1016/S0140–6736(16)30769–3.

Kanato, Manop (2008): Drug use and health among prison inmates. In: Current opinion in psychiatry 21 (3), S. 252–254. DOI: 10.1097/YCO.0b013e3282fc985c.

Keppler, Karlheinz; Knorr, Bärbel; Stöver, Heino (2011): Substitutionsbehandlung in Haft. In: Inge Hönekopp und Heino Stöver (Hg.): Beispiele Guter Praxis in der Substitutionsbehandlung. Freiburg: Lambertus-Verlag, S. 79–97.

Kern, Johannes (1997): Zum Ausmaß des Drogenmißbrauchs in den Justizvollzugsanstalten und den Möglichkeiten seiner Eindämmung. In: Zeitschrift für Strafvollzug und Straffälligenhilfe (2), S. 90–92.

Klatt, Thimna (2016): Risk factors of violent and drug misconduct among female inmates. Annual Meeting of the American Society of Criminology. New Orleans, LA, 16.11.2016.

Klatt, Thimna; Baier, Dirk (2017): Prävalenz und Prädiktoren von Drogenkonsum im Jugendstrafvollzug. In: Bewährungshilfe 64 (1), S. 5–16.

Klatt, Thimna; Suhling, Stefan; Bergmann, Marie Christine; Baier, Dirk (2017): Merkmale von Justizvollzugsanstalten als Einflussfaktoren von Gewalt und Drogenkonsum – Eine explorative Studie. In: Monatsschrift für Kriminologie und Strafrechtsreform / Journal of Criminology an Penal Reform 100 (4), S. 250–271. DOI: 10.1515/mkr-2017–1000403.

Koehler, Johann A.; Humphreys, David K.; Akoensi, Thomas D.; Sánchez de Ribera, Olga; Lösel, Friedrich (2013): A systematic review and meta-analysis on the effects of European drug treatment programmes on reoffending. In: Psychology, Crime & Law 20 (6), S. 584–602. DOI: 10.1080/1068316X.2013.804921.

Köhler, D.; Uthmann, C.; Comtesse, H.; Hinrichs, Günter; Huchzermeier, Christian (2010): Substanzkonsum von jungen Straftätern in der Zeit vor der Aufnahme in den Jugendarrest und den Jugendstrafvollzug. In: Praxis der Rechtspsychologie 20 (1), S. 91–106.

Kreuzer, Arthur (1993): Drogenberatung und Justiz. Entstehung und Bedeutung eines rechtlich neu geregelten Verhältnisses. In: Landesstelle gegen die Suchtgefahren in Baden-Württemberg (Hg.): Sucht und Justiz. Suchtkrankenhilfe oder Strafverfolgung?; zwei Ansätze zur Problembewältigung; 13. Landestagung 1992 am 7. – 8. September 1992 in Asperg, Kreis Ludwigsburg. Geesthacht: Neuland (Landestagung/Landesstelle gegen die Suchtgefahren in Baden-Württemberg der Liga der Freien Wohlfahrtspflege, 13).

Kreuzer, Arthur (2015): Zusammenhänge zwischen Drogen und Kriminalität. In: Forens Psychiatr Psychol Kriminol 9 (1), S. 3–9. DOI: 10.1007/s11757-014–0297–9.

Kriminologischer Dienst Niedersachsen (2006): Drogenerfahrungen von Inhaftierten im niedersächsischen Justizvollzug. Ergebnisse einer Zugangs- und Stichtagsstudie. Celle: Kriminologischer Dienst im Bildungsinstitut des niedersächsischen Justizvollzuges. Online verfügbar unter https://publikationen.uni-tuebingen.de/xmlui/bitstream/handle/10900/81243/Abschlussbericht_Drogenpraevalenz.pdf?sequence=1&isAllowed=y [Stand 05.07.2020].

Küfner, Heinrich (1998): Evaluation von externen Beratungsangeboten für suchtgefährdete und suchtkranke Gefangene in bayerischen Justizvollzugsanstalten. Beschreibung des Modellprojektes und erste Ergebnisse. In: Sucht 44 (6), S. 406–408.

Küfner, Heinrich; Beloch, Estsher; Scharfenberg, Carola; Türk, Dilek (2000): Evaluation von externen Beratungsangeboten für suchtgefährdete und suchtkranke Gefangene in bayerischen Justizvollzugsanstalten. Evaluation of external addiction counselling for jail immates with substance disorders. Baltmannsweiler: Schneider-Verl. Hohengehren.

Länderübergreifende Arbeitsgruppe "Stoffgebundene Suchtproblematik" (2019): Bundeseinheitliche Erhebung zur stoffgebundenen Suchtproblematik im Justizvollzug. Auswertung der Stichtagserhebung (31.08.2018) zur Konsumeinschätzung und Substitution. Unter Mitarbeit von Katharina Stoll, Michael Bayer, Urlike Häßler und Kai Abrahm. Online verfügbar unter https://www.berlin.de/just izvollzug/_assets/senjustv/sonstiges/bericht_suchtproblemat, zuletzt geprüft am 22.06.2020.

Landesamt für Statistik Niedersachsen (2020a): Tabelle ST 1b (Nachweisung B) der Strafvollzugsstatistik der aufgrund strafrichterlicher Entscheidung Untergebrachten nach Alter, Religionszugehörigkeit und Familienstand, Stichtag 31.03.2015. Hannover, 30.06.2020. elektronische Übermittlung an KFN. Tabelle.

Landesamt für Statistik Niedersachsen (2020b): Tabelle ST 1b (Nachweisung B) der Strafvollzugsstatistik der aufgrund strafrichterlicher Entscheidung Untergebrachten nach Alter, Religionszugehörigkeit und Familienstand, Stichtag 31.03.2016. Hannover, 30.06.2020. elektronische Übermittlung an KFN. Tabelle.

Lurigio, Arthur J. (2000): Drug Treatment Availability and Effectiveness. Studies on the General and Criminal Justice Populations. In: Criminal Justice and Behavior 27 (4), S. 495–528.

Marsden, John; Stillwell, Garry; Jones, Hayley; Cooper, Alisha; Eastwood, Brian; Farrell, Michael et al. (2017): Does exposure to opioid substitution treatment in prison reduce the risk of death after release? A national prospective observational study in England. In: Addiction (Abingdon, England) 112 (8), S. 1408–1418. DOI: 10.1111/add.13779.

Martin, Natasha K.; Vickerman, Peter; Dore, Gregory J.; Hickman, Matthew (2015): The hepatitis C virus epidemics in key populations (including people who inject drugs, prisoners and MSM). The use of direct-acting antivirals as treatment for prevention. In: Current opinion in HIV and AIDS 10 (5), S. 374–380. DOI: 10.1097/COH.0000000000000179.

Merrall, Elizabeth L. C.; Kariminia, Azar; Binswanger, Ingrid A.; Hobbs, Michael S.; Farrell, Michael; Marsden, John et al. (2010): Meta-analysis of drug-related deaths soon after release from prison. In: Addiction (Abingdon, England) 105 (9), S. 1545–1554. DOI: 10.1111/j.1360 – 0443.2010.02990.x.

Meuschke, Norman (2018): Der Lebensabend im Gefängnis. In: Bernd Maelicke und Stefan Suhling (Hg.): Das Gefängnis auf dem Prüfstand. Wiesbaden: Springer Fachmedien Wiesbaden, S. 403–422.

MJ.Niedersachsen (2004): Einheitliches Niedersächsisches Vollzugskonzept. Hg. v. Niedersächsisches Justizministerium (MJ). Hannover.

Montanari, L.; Royuela, L.; Pasinetti, M.; Giraudon, I.; Wiessing, L.; & Vicente, J. (2014): Drug use and related consequences among prison populations in European countries. In: Stefan Enggist, Lars Møller, Gauden Galea und Caroline Udesen (Hg.): Prisons and Health. Copenhagen: World Health Organization, Regional Office for Europe, S. 107–112.

Mößle, Regine (2015): Altern hinter Gittern — Wie kann Intervention bei älteren Gefangenen gelingen? In: Bernd Wischka, Willi Pecher und Hilde van den Boogaart (Hg.): Behandlung von Straftätern. Sozialtherapie, Maßregelvollzug, Sicherungsverwahrung, Bd. 26. Herbolzheim: Centaurus Verlag & Media (Studien und Materialien zum Straf- und Maßregelvollzug, v.26), S. 548–556.

MS.Niedersachsen (2008): Suchtprävention in Niedersachsen. Hannover. Online verfügbar unter https://www.ms.niedersachsen.de/download/9860/Suchtpraevention_in_Niedersachsen_2009.pdf [Stand 05.07.2020].

Neumann, Merten; Heintzsch, Ronja; Glaubitz, Christoffer; Killig, Lisann; Schumann, Richard; Bliesener, Thomas (2019): Analyse der Vollzugslockerung im niedersächsischen Maßregelvollzug. Forschungsbericht Nr. 150. Unter Mitarbeit von Isabelle Scharnojahn, Louisa Bauer, Lisa-Marie Soujoun, Jana Sophie Lanio, Anna Waizenegger, Carolin Behrens et al. Kriminologisches Forschungsinsitut Niedersachsen e.V. Hannover. Online verfügbar unter https://kfn.de/wp-content/uploads/Forschungsberichte/FB_150.pdf [Stand 09.03.2020].

Niedersächsischer Landtag (2008): Suchtprävention. Unterrichtung. Beschluss des Landtages vom 23.06.2005. In: Drucksache 15/4383.

Niedersächsischer Landtag (2017): Unterrichtung der Landesregierung zum Beschluss des Landtages vom 21.01.2016 – Drs. 17/5028 "Wirksame Resozialisierung von Inhaftierten ermöglichen!". In: Drucksache 17/6074 17. Wahlperiode.

Niedersächsischer Landtag (2019): Kleine Anfrage Bundeseinheitliche Erhebung zur stoffgebundenen Suchtproblematik im Justizvollzug. In: Drucksache 18/3049.

NLS (2005): Jahresbericht 2004. Hg. v. Niedersächsische Landesstelle für Suchtfragen (NLS). Hannover.

NLS (2006): Jahresbericht 2005. Hg. v. Niedersächsische Landesstelle für Suchtfragen (NLS). Hannover.

NLS (2007): Jahresbericht 2006. Hg. v. Niedersächsische Landesstelle für Suchtfragen (NLS). Hannover.

NLS (2017): Jahresbericht 2016. Hg. v. Niedersächsische Landesstelle für Suchtfragen (NLS). Hannover.

Pierce, Matthias; Bird, Sheila M.; Hickman, Matthew; Marsden, John; Dunn, Graham; Jones, Andrew; Millar, Tim (2016): Impact of treatment for opioid dependence on fatal drug-related poisoning: a national cohort study in England. In: Addiction (Abingdon, England) 111 (2), S. 298–308. DOI: 10.1111/add.13193.

Radun, D.; Weilandt, C.; Eckert, J. et al. (2007): Cross-sectional study on seroprevalence regarding hep b, hep c and hiv, risk behaviour, knowledge and attitudes about blood-borne infections among adult prisoners in Germany – preliminary results. Abstract. European Scientific Conference on Applied Infectious Disease Epidemiology – ESCAIDE.

RKI (2007): Zur Situation wichtiger Infektionskrankheiten in Deutschland. Virushepatitis B, C und D im Jahr 2006. In: Epidemiologische Bulletin (49), S. 457–468.

RKI (2016): Drogen und chronische Infektionskrankheiten in Deutschland – DRUCK-Studie. Hg. v. Robert Koch Institut (RKI). Online verfügbar unter https://www.rki.de/DE/Content/InfAZ/H/HIVAIDS/Studien/DRUCK-Studie/Abschlussbericht.pdf?__blob=publicationFile [Stand 05.07.2020].

Sander, Gen; Murphy, Fionnuala (2017): The furthest left behind. The urgent need to scale up harm reduction in prisons. In: International journal of prisoner health 13 (3–4), S. 185–191. DOI: 10.1108/IJPH-08-2016-0044.

Scherlofsky, Kimberly C. (2013): The Effectiveness of Alcohol and Drug Treatment among the Incarcerated Population. A United States and European Union Perspective with Special Emphasis on Mississippi and Austria. Dissertation. Universität Wien, Wien. Online verfügbar unter http://othes.univie.ac.at/26331/ [Stand 03.07.2020].

Schönfeld, C-E von; Schneider, F.; Schröder, T.; Widmann, B.; Botthof, U.; Driessen, M. (2006): Prävalenz psychischer Störungen, Psychopathologie und Behandlungsbedarf bei weiblichen und männlichen Gefangenen. In: Der Nervenarzt 77 (7), S. 830–841. DOI: 10.1007/s00115-005-1946-1.

Schulte, B.; Stöver, H.; Thane, K.; Schreiter, C.; Gansefort, D.; Reimer, J. (2009): Substitution treatment and HCV/HIV-infection in a sample of 31 German prisons for sentenced inmates. In: International journal of prisoner health 5 (1), S. 39–44. DOI: 10.1080/17449200802692144.

Schulte, Loretta; Dammer, Esther; Pfeiffer-Gerschel, Tim; Bartsch, Gabriele; Friedrich, Maria (2018): Bericht 2017 des nationalen REITOX-Knotenpunktes an die EBDD (Datenjahr2016/2017). Gefängnis. Workbook Prison. Hg. v. Deutsche Beobachtungsstelle für Drogen und Drogensucht (DBDD). München. Online verfügbar unter https://www.dbdd.de/fileadmin/user_upload_dbdd/05_Publikationen/PDFs/REITOX_BERICHT_2017/WB_09_Gefaengnis_Germany_DE.pdf [Stand 05.07.2020].

Simon, Roland; Hoch, Eva; Hüllinghorst, Rolf; Nöcker, Guido; David-Spickermann, Marion (2001): Bericht zur Drogensituation in Deutschland 2001. Deutsche Referenzstelle für die Europäische Beobachtungstelle für Drogen und Drogensucht (DBDD). München. Online verfügbar unter https://www.emcdda.europa.eu/system/files/publications/205/NR2001GermanyDE_65334.pdf [Stand 24.06.2020].

Stallwitz, Anke; Stöver, Heino (2007): The impact of substitution treatment in prisons–a literature review. In: The International journal on drug policy 18 (6), S. 464–474. DOI: 10.1016/j.drugpo.2006.11.015.

Statistisches Bundesamt (2003): Rechtspflege. Strafvollzug. Demographische und kriminologische Merkmale der Strafgefangenen zum Stichtag 31.03.2003. Statistisches Bundesamt (Destatis). Wiesbaden. Online verfügbar unter https://www.statistischebibliothek.de/mir/servlets/MCRFileNodeServlet/DEHeft_derivate_00006790/2100410037004.pdf [Stand 24.06.2020].

Statistisches Bundesamt (2005): Rechtspflege. Strafvollzug. Demographische und kriminologische Merkmale der Strafgefangenen zum Stichtag 31.03.2004. Statistisches Bundesamt (Destatis). Wiesbaden. Online verfügbar unter https://www.statistischebibliothek.de/mir/servlets/MCRFileNodeServlet/DEHeft_derivate_00006791/2100410047004.pdf [Stand 30.06.2020].

Statistisches Bundesamt (2006a): Rechtspflege. Strafvollzug. Demographische und kriminologische Merkmale der Strafgefangenen zum Stichtag 31.03.2005. Statistisches Bundesamt (Destatis). Wiesbaden. Online verfügbar unter https://www.statistischebibliothek.de/mir/servlets/MCRFileNodeServlet/DEHeft_derivate_00006792/2100410057004.pdf [Stand 30.06.2020].

Statistisches Bundesamt (2006b): Rechtspflege. Strafvollzug. Demographische und kriminologische Merkmale der Strafgefangenen zum Stichtag 31.03.2006. Statistisches Bundesamt (Destatis). Wiesbaden. Online verfügbar unter https://www.statistischebibliothek.de/mir/servlets/MCRFileNodeServlet/DEHeft_derivate_00006793/2100410067004.pdf [Stand 30.06.2020].

Statistisches Bundesamt (2008): Rechtspflege. Strafvollzug. Demographische und kriminologische Merkmale der Strafgefangenen zum Stichtag 31.03.2007. Statistisches Bundesamt (Destatis). Wiesbaden. Online verfügbar unter https://www.statistischebibliothek.de/mir/servlets/MCRFileNodeServlet/DEHeft_derivate_00006794/2100410077004.pdf [Stand 30.06.2020].

Statistisches Bundesamt (2009): Rechtspflege. Strafvollzug. Demographische und kriminologische Merkmale der Strafgefangenen zum Stichtag 31.03.2008. Statistisches Bundesamt (Destatis). Wiesbaden. Online verfügbar unter https://www.statistischebibliothek.de/mir/servlets/MCRFileNodeServlet/DEHeft_derivate_00006795/2100410087004.pdf [Stand 30.06.2020].

Statistisches Bundesamt (2010a): Rechtspflege. Strafvollzug. Demographische und kriminologische Merkmale der Strafgefangenen zum Stichtag 31.03.2009. Statistisches Bundesamt (Destatis). Wiesbaden. Online verfügbar unter https://www.statistischebibliothek.de/mir/servlets/MCRFileNodeServlet/DEHeft_derivate_00006796/2100410097004.pdf [Stand 30.06.2020].

Statistisches Bundesamt (2010b): Rechtspflege. Strafvollzug. Demographische und kriminologische Merkmale der Strafgefangenen zum Stichtag 31.03.2010. Statistisches Bundesamt (Destatis). Wiesbaden. Online verfügbar unter https://www.statistischebibliothek.de/mir/servlets/MCRFileNodeServlet/DEHeft_derivate_00006797/2100410107004.pdf [Stand 30.06.2020].

Statistisches Bundesamt (2011a): Rechtspflege. Strafvollzug. Demographische und kriminologische Merkmale der Strafgefangenen zum Stichtag 31.03.2011. Statistisches Bundesamt (Destatis). Wiesbaden. Online verfügbar unter https://www.statistischebibliothek.de/mir/servlets/MCRFileNodeServlet/DEHeft_derivate_00010113/2100410117004.pdf [Stand 30.06.2020].

Statistisches Bundesamt (2011b): Strafvollzugsstatistik. Im psychiatrischen Krankenhaus und in der Entziehungsanstalt aufgrund strafrechtlicher Anordnung Untergebrachte (Maßregelvollzug). 2010/2011 (Stand 31.10.2011). Statistisches Bundesamt (Destatis). Wiesbaden. Online verfügbar unter https://www.statistischebibliothek.de/mir/servlets/MCRFileNodeServlet/DEHeft_derivate_00018340/5243202119004.pdf [Stand 05.07.2020].

Statistisches Bundesamt (2012): Rechtspflege. Strafvollzug. Demographische und kriminologische Merkmale der Strafgefangenen zum Stichtag 31.3.12. Statistisches Bundesamt (Destatis). Wiesbaden. Online verfügbar unter https://www.statistischebibliothek.de/mir/servlets/MCRFileNodeServlet/DEHeft_derivate_00010114/2100410127004.pdf [Stand 30.06.2020].

Statistisches Bundesamt (2013): Strafvollzugsstatistik. Im psychiatrischen Krankenhaus und in der Entziehungsanstalt aufgrund strafrechtlicher Anordnung Untergebrachte (Maßregelvollzug). 2011/2012. Statistisches Bundesamt (Destatis). Wiesbaden. Online verfügbar unter https://www.statistischebibliothek.de/mir/receive/DEHeft_mods_00035084 [Stand 05.07.2020].

Statistisches Bundesamt (2014a): Rechtspflege. Demographische und kriminologische Merkmale der Strafgefangenen zum Stichtag 31.3.2013. Statistisches Bundesamt (Destatis). Online verfügbar unter https://www.statistischebibliothek.de/mir/servlets/MCRFileNodeServlet/DEHeft_derivate_00013700/2100410137004_korr25062014.pdf [Stand 30.06.2020].

Statistisches Bundesamt (2014b): Strafvollzugsstatistik. Im psychiatrischen Krankenhaus und in der Entziehungsanstalt aufgrund strafrechtlicher Anordnung Untergebrachte (Maßregelvollzug). 2012/2013. Statistisches Bundesamt (Destatis). Wiesbaden. Online verfügbar unter https://www.statistischebibliothek.de/mir/receive/DEHeft_mods_00035087 [Stand 05.07.2020].

Statistisches Bundesamt (2015a): Rechtspflege. Strafvollzug. Demographische und kriminologische Merkmale der Strafgefangenen zum Stichtag 31.3.2014. Statistisches Bundesamt (Destatis). Wiesbaden. Online verfügbar unter https://www.statistischebibliothek.de/mir/servlets/MCRFileNodeServlet/DEHeft_derivate_00027053/2100410157004_Korr29062016.pdf [Stand 30.06.2020].

Statistisches Bundesamt (2015b): Strafvollzugsstatistik. Im psychiatrischen Krankenhaus und in der Entziehungsanstalt aufgrund strafrechtlicher Anordnung Untergebrachte (Maßregelvollzug). 2013/2014. Statistisches Bundesamt (Destatis). Wiesbaden. Online verfügbar unter https://www.statistischebibliothek.de/mir/receive/DEHeft_mods_00035091 [Stand 05.07.2020].

Statistisches Bundesamt (2016): Rechtspflege. Strafvollzug. Demographische und kriminologische Merkmale der Strafgefangenen zum Stichtag 31.3.2015. Statistisches Bundesamt (Destatis). Wiesbaden. Online verfügbar unter https://www.statistischebibliothek.de/mir/servlets/MCRFileNodeServlet/DEHeft_derivate_00030949/2100410167004.pdf [Stand 30.06.2020].

Statistisches Bundesamt (2017a): Rechtspflege. Strafvollzug. Demographische und kriminologische Merkmale der Strafgefangenen zum Stichtag 31.3.2016. Statistisches Bundesamt (Destatis). Wiesbaden. Online verfügbar unter https://www.statistischebibliothek.de/mir/servlets/MCRFileNodeServlet/DEHeft_derivate_00030949/2100410167004.pdf [Stand 30.06.2020].

Statistisches Bundesamt (2017b): Rechtspflege. Strafvollzug. Demographische und kriminologische Merkmale der Strafgefangenen zum Stichtag 31.3.2017. Statistisches Bundesamt (Destatis). Wiesbaden. Online verfügbar unter https://www.statistischebibliothek.de/mir/servlets/MCRFileNodeServlet/DEHeft_derivate_00034871/2100410177004.pdf [Stand 30.06.2020].

Statistisches Bundesamt (2017c): Zusammenstellung von Länderlieferungen zum Maßregelvollzug im Auftrag des Bundesministeriums der Justiz und für Verbraucherschutz. Im psychiatrischen Krankenhaus und in der Entziehungsanstalt aufgrund strafrichterlicher Anordnung Untergebrachte (Maßregelvollzug) im Jahr 2016 und zum Stichtag 31. März 2017. H2/H205/32499990–01.02. Statistisches Bundesamt. ohne Ortsangabe.

Statistisches Bundesamt (2018a): Rechtspflege. Bestand der Gefangenen und Verwahrten in den deutschen Justizvollzugsanstalten nach ihrer Unterbringung auf Haftplätzen des geschlossenen und offenen Vollzugs jeweils zu den Stichtagen 31. März, 31. August und 30. November eines Jahres. Statistisches Bundesamt (Destatis). Wiesbaden. Online verfügbar unter https://www.statistischebibliothek.de/mir/servlets/MCRFileNodeServlet/DEHeft_derivate_00037978/5243201189004.pdf [Stand 05.07.2020].

Statistisches Bundesamt (2018b): Rechtspflege. Strafvollzug. Demographische und kriminologische Merkmale der Strafgefangenen zum Stichtag 31.03.2018. Statistisches Bundesamt (Destatis). Wiesbaden. Online verfügbar unter https://www.statistischebibliothek.de/mir/servlets/MCRFileNodeServlet/DEHeft_derivate_00040938/2100410187004.pdf [Stand 30.06.2020].

Statistisches Bundesamt (2018c): Zusammenstellung von Länderlieferungen zum Maßregelvollzug im Auftrag des Bundesministeriums der Justiz und für Verbraucherschutz. Im psychiatrischen Krankenhaus und in der Entziehungsanstalt aufgrund strafrichterlicher Anordnung Untergebrachte (Maßregelvollzug) im Jahr 2017 und zum Stichtag 31. März 2018. H2/H205/32499990–01.02. Statistisches Bundesamt. ohne Ortsangabe.

Statistisches Bundesamt (2020a): Rechtspflege. Strafvollzug. Demographische und kriminologische Merkmale der Strafgefangenen zum Stichtag 31.03.2019. Statistisches Bundesamt (Destatis). Wiesbaden. Online verfügbar unter https://www.statistischebibliothek.de/mir/servlets/MCRFileNodeServlet/DEHeft_derivate_00054637/2100410197004.pdf [Stand 24.06.2020].

Statistisches Bundesamt (2020b): Strafvollzug. Demographische und kriminologische Merkmale der Strafgefangenen zum Stichtag 31.3.2019. Statistisches Bundesamt (Destatis). Wiesbaden. Online verfügbar unter https://www.destatis.de/DE/Themen/Staat/Justiz-Rechtspflege/Publikationen/Downloads-Strafverfolgung-Strafvollzug/strafvollzug-2100410197004.pdf?__blob=publicationFile [Stand 04.06.2020].

STEP (2006): Jahresbericht 2006. Schritte aus der Sucht. Hannover: Paritätische Gesellschaft für Sozialtherapie und Pädagogik.

Stöver, Heino (2002a): DrogengebraucherInnen und Drogenhilfe im Justizvollzug – eine Übersicht. In: Suchttherapie (3), S. 135–145.

Stöver, Heino (2002b): Drug and HIV/AIDS services in European prisons. Oldenburg: Bibliotheks- und Informationssystem der Univ (Schriftenreihe "Gesundheitsförderung im Justizvollzug", 8). Online verfügbar unter http://nbn-resolving.de/urn:nbn:de:gbv:715-oops-5867.

Stöver, Heino (2012): Drogenabhängige in Haft – Epidemiologie, Prävention und Behandlung in Totalen Institutionen. In: Suchttherapie 13 (02), S. 74–80. DOI: 10.1055/s-0032–1311600.

Stöver, Heino (2015a): Drogen im Gefängnis. In: Marcel Schweder (Hg.): Handbuch Jugendstrafvollzug. Weinheim: Beltz Juventa.

Stöver, Heino (2015b): Gesundheit und Gesundheitsversorgung Gefangener. In: Bernhard Badura, Antje Ducki, Helmut Schröder, Joachim Klose und Markus Meyer (Hg.): Fehlzeiten-Report 2015. Berlin, Heidelberg: Springer Berlin Heidelberg, S. 259–269.

Stöver, Heino (2016): „Healthy prisons". Gesundheit und Gesundheitsversorgung Gefangener. In: Präv Gesundheitsf 11 (4), S. 251–258. DOI: 10.1007/s11553–016–0565-y.

Stöver, Heino (2018): Gute Behandlungsangebote in und bedarfsgerechte Überleitung nach der Haft – was kann, was muss gemacht werden? In: 5. Alternativer Drogen- und Suchtbericht 2018. Lengerich, Westf: Pabst Science Publishers (Alternativer Drogen- und Suchtbericht, 5), S. 174–193.

Stöver, Heino; Arain, Amber; Robaeys, Geert (2015): Hepatitis C in Gefängnissen: Dringender Handlungsbedarf. In: Suchtmedizin in Forschung und Praxis 16 (6), S. 275–282.

Strathdee, Steffanie A.; West, Brooke S.; Reed, Elizabeth; Moazen, Babak; Moazan, Babak; Azim, Tasnim; Dolan, Kate (2015): Substance Use and HIV Among Female Sex Workers and Female Prisoners. Risk Environments and Implications for Prevention, Treatment, and Policies. In: Journal of acquired immune deficiency syndromes (1999) 69 Suppl 2, S110-7. DOI: 10.1097/QAI.0000000000000624.

Tielking, Knut; Becker, Susanne; Stöver, Heino (2003): Entwicklung gesundheitsfördernder Angebote im Justizvollzug. Eine Untersuchung zur gesundheitlichen Lage von Inhaftierten der Justizvollzugsanstalt Oldenburg. Oldenburg: Bibliotheks- und Informationssystem der Univ (Schriftenreihe "Gesundheitsförderung im Justizvollzug", 9).

Tielking, Knut; Becker, Susanne; Stöver, Heino (2004): Stand und Perspektiven der Gesundheitsförderung im Justizvollzug am Beispiel der Ergebnisse einer Untersuchung in der Justizvollzugsanstalt Oldenburg. In: Gerd Koop und Bernd Wischka (Hg.): Kriminalpädagogische Praxis. Einmal kriminell – immer kriminell? Mehr Sicherheit durch längere Strafen und schärferen Strafvollzug. Lingen: Kriminalpädagogischer Verlag (43).

UNAIDS (2006): 2006 Report on the global AIDS epidemic. A UNAIDS 10th anniversary special edition. Joint United Nations Programme on HIV/AIDS (UNAIDS). Online verfügbar unter https://data.unaids.org/pub/report/2006/2006_gr_en.pdf [Stand 05.07.2020].

von der Haar, Michael (2012): Stichtagserhebung im Maßregelvollzug nach § 64 StGB. Ergebnisse der bundesweiten Erhebung. Maßregelvollzugszentrum Niedersachsen. Bad Rehburg. Online verfügbar unter https://www.mrvzn-badrehburg.niedersachsen.de/download/67678/Stichtagserhebung_im_MRV.pdf [Stand 05.07.2020].

Vroling, Hilde; Oordt-Speets, Anouk M.; Madeddu, Giordano; Babudieri, Sergio; Monarca, Roberto; O'Moore, Eamonn et al. (2018): A systematic review on models of care effectiveness and barriers to Hepatitis C treatment in prison settings in the EU/EEA. In: Journal of viral hepatitis 25 (12), S. 1406–1422. DOI: 10.1111/jvh.12998.

WD Deutscher Bundestag (2016): Substitutionsbehandlung im Justizvollzug. Sachstand. Hg. v. Wissenschaftliche Dienste des Deutschen Bundestags. Berlin (WD 9 3000 – 049/16). Online verfügbar unter https://www.bundestag.de/resource/blob/480528/079376bd958e4a1b9baa2652713d63cb/wd-9-049-16-pdf-data.pdf [Stand 05.07.2020].

Weigand, Elisabeth; Schaper, Andreas; Schlott, Thilo (2018): Intoxikation in Justizvollzugsanstalten. pg-papers 01/2018 – Diskussionspapiere aus dem Fachbereich Pflege und Gesundheit. Fulda: Hochschule Fulda. Online verfügbar unter https://fuldok.hs-fulda.de/opus4/frontdoor/deliver/index/docId/748/file/pgp-2018-01-weigand.pdf [Stand 05.07.2020].

WHO (2009): Clinical Guidelines for Withdrawal Management and Treatment of Drug Dependence in Closed Settings. Geneva. Online verfügbar unter https://www.ncbi.nlm.nih.gov/books/n/whowddc/pdf/ [Stand 05.07.2020].

WHO (2010): Prevention of Acute Drug-related Mortality in Prison Populations during the Immediate Post-release Period. Geneva: World Health Organization. Online verfügbar unter http://site.ebrary.com/lib/alltitles/docDetail.action?docID=10404014.

WHO (2018): Good practices in the prevention and care of tuberculosis and drugresistant tuberculosis in correctional facilities. Copenhagen: WHO Regional Office for Europe (WHO). Online verfügbar unter https://www.euro.who.int/__data/assets/pdf_file/0003/360543/TB-prisons-9789289052917-eng.PDF [Stand 05.07.2020].

Wienemann, Elisabeth; Schmidt, Timo (2006): Therapievermittlung aus den Justizvollzugsanstalten zur Erprobung einer erfolgsbezogenen Leistungsvereinbarung". Evaluation des Modellversuches. Bericht. Hg. v. Leibniz Universität Hannover – Weiterbildungsstudium Arbeitswissenschaft. Hannover.

Wirth, W. (2002): Das Drogenproblem im Justizvollzug. Zahlen und Fakten. In: Bewährungshilfe 49, S. 104–122.

Zurhold, Heike; Verthein, Uwe; Reimer, Jens; Savinsky, Lara Alescha (2013): „Medizinische Rehabilitation Drogenkranker gemäß § 35 BtMG ("Therapie statt Strafe"): Wirksamkeit und Trends". Abschlussbericht. Hg. v. Zentrum für Interdisziplinäre Suchtforschung (ZIS) der Universität Hamburg. Online verfügbar unter https://www.bundesgesundheitsministerium.de/fileadmin/Dateien/5_Publikationen/Drogen_und_Sucht/Berichte/Abschlussbericht/Abschlussbericht_Forschungsstudie____35_BtMG.pdf [Stand 05.07.2020].

3.2.4 Drogenhilfe nach Entlassung – Praxisbeispiel Bielefeld (Jan-Gert Hein & Mark Neidert)

Die Landschaft der Straffälligenhilfe in Bielefeld

Die Straffälligenhilfe in Bielefeld umfasst eine Vielzahl von staatlichen und nichtstaatlichen Institutionen. Auf Initiative des Landes NRW, welche 1998 in dem Arbeitskreis Integrierte Kriminalpolitik entwickelt wurde, sowie dem Engagement des Vereins zur Förderung der Straffälligenhilfe e.V., entstand in Bielefeld 2003 das Netzwerk soziale Strafrechtspflege Bielefeld (vgl. Schreier 2012: 117). Ziel des Netzwerkes ist die Vertretung regionaler Akteure aus dem Feld der Straffälligenhilfe, die Vernetzung des Hilfefeldes, Öffentlichkeitsarbeit sowie die Förderung von Integration und Vermeidung strafbarer Rückfälle (vgl. Weber et al. 2017: 136).

Zur Umsetzung dieser Ziele bedient sich das Netzwerk der Einrichtung von Einzelfallkooperationen und des sog. Koordinierungskreises. Letzterer stellt durch seine Zusammensetzung ein wirksames Mittel der Zusammenarbeit dar. Sämtliche Institutionen des Netzwerkes werden dort durch handlungsbefugte Vertreter*innen repräsentiert. Diese Zusammenarbeit bildet die Grundlage für die Handlungsfähigkeit des Koordinierungskreises, sodass zu bearbeitende Problemstellungen struktureller Natur unbürokratisch begegnet werden kann.

Im Rahmen von Entlassungen aus einer Freiheitsstrafe finden die Einzelfallkonferenzen regelmäßig Anwendung. Neben Vertreter*innen der Justizvollzugsanstalten, der Bewährungshilfe und der Wohnungslosenhilfe, sind auch die Mitarbeiter*innen der Drogenberatung e.V. Bielefeld häufig vertreten. Da etwa 44 % der inhaftierten Menschen eine stoffgebundene Drogenproblematik aufweisen (vgl. Ludwig 2019: 125), ist die Einbeziehung lokaler Suchthilfeträger, wie der Drogenberatung e.V. Bielefeld, zwingend notwendig.

Folgend sollen die Angebote der Drogenberatung Bielefeld nach Haftentlassung, mit einem Schwerpunkt auf der Vermittlung in Substitutionsbehandlung und Überlebenshilfe, vorgestellt werden. Auch die Interventionen während der Inhaftierung werden kurz benannt, da diese eine wichtige Brücke zu den Angeboten außerhalb schaffen.

3 Verbesserte Handlungsmöglichkeiten für die Praxis

Angebote der Drogenberatung

Die prekäre Situation von haftentlassenen Menschen wird durch eine vorhandene Suchterkrankung zusätzlich erschwert. Das Ergebnis des Re-Integrationsprozesses hängt dabei stark von den „Integrationsbedingungen der relevanten sozialen Handlungssysteme und der realisierten Dynamik der Einbindung des betreffenden Akteurs zusammen" (Sommerfeld et al. 2012: 318). Die Erwartungen, die während der Inhaftierung entstehen und sich im Verlauf der Entlassung nicht erfüllen lassen, führen in der Folge häufig zu einem negativen Selbstwirksamkeitserleben (vgl. ebd.: 337). Die Drogenberatung bietet hier eine Reihe sozialarbeiterischer und sozialmedizinischer Interventionen, um einen positiven Erfahrungsgewinn zu unterstützen.

Angebote in Haft

Die Drogenberatung e.V. Bielefeld hat in den zurückliegenden Jahren vielfältige Leistungsangebote für drogenabhängige Menschen in Haft konzipiert und kontinuierlich weiterentwickelt. So ist ein breit gefächertes Handlungsinstrumentarium entstanden für Menschen, die in ihrer aktuellen Situation nicht die Möglichkeit haben, Drogenhilfeeinrichtungen aufzusuchen. Aufgrund der kommunalen Förderung und der zusätzlich finanzierten Fachleistungsstunden konnten Klient*innen in den Justizvollzugsanstalten des Erwachsenenvollzuges, der JVA Senne und JVA Bielefeld-Brackwede sowie des Jugendvollzuges der JVA Herford unterstützt werden.

Im geschlossenen erwachsenen Vollzug der Justizvollzugsanstalt Bielefeld-Brackwede werden so die Bielefelder Bürger*innen und solche, die planen künftig in Bielefeld zu leben, im Rahmen einer psychosozialen Beratung während der Inhaftierung begleitet. Daneben gibt es in Zusammenarbeit mit der JVA internen Suchtberatung Gruppenangebote zur Therapievorbereitung und Rückfallprophylaxe. Für die inhaftierten Frauen gibt es seit 2020 ebenfalls das Angebot einer gendersensiblen Gesprächsgruppe.

Im offenen Vollzug der Justizvollzugsanstalt Bielefeld-Senne, welche zu den größten offenen Vollzugsanstalten Europas gehört, gibt es analog zum geschlossenen Vollzug eine gendersensible Gruppe im Frauenhaus sowie Angebote zur Rückfallprophylaxe. Die Personen im offenen Vollzug haben zudem die Möglichkeit, sämtliche Angebote der Drogenberatungsstelle und des Drogenhilfezentrums in Anspruch zu nehmen.

Die Vermittlung in Therapieangebote nach § 35 BtMG wird in sämtlichen Justizvollzugsanstalten angeboten. Die Vermittlung findet dabei sowohl in ambulante als auch stationäre Einrichtungen im gesamten Bundesgebiet (vom Bodensee bis nach Fehmarn) statt. Die Inhaftierten werden dabei bei der Beantragung der Kostenübernahme, der Auswahl eines geeigneten Behandlungsangebotes und der inhaltlichen Vorbereitung der bevorstehenden Maßnahme unterstützt.

Substitution nach Haftentlassung

Im Rahmen der Betreuung von inhaftierten Menschen bietet die Drogenberatung Bielefeld die Psychosoziale Betreuung (PSB) von Gefangenen sowohl im geschlossenen als auch im offenen Vollzug der ortsansässigen Haftanstalten an. Dabei erfolgt die PSB im offenen Vollzug über regelmäßig vor Ort stattfindende Sprechstunden in der JVA und den angegliederten Außenstellen sowie über Gespräche in der Beratungsstelle, zu denen gefangene Personen schriftlich eingeladen werden können.

Im geschlossenen Vollzug der JVA Bielefeld-Brackwede wird die PSB aller inhaftierter Bielefelder Bürger*innen durch die Drogenberatung Bielefeld e.V. geleistet. Die hierfür zuständigen Mitarbeiter*innen haben neben der JVA-Arbeit auch Stellenanteile im Bereich PSB in der Beratungsstelle des Vereins sowie im niedrigschwelligen Drogenhilfezentrum (DHZ), auf dessen Gelände sich auch die größte Substitutionsambulanz der Stadt mit insgesamt 350 Behandlungsplätzen befindet. Hierdurch kann in vielen Fällen eine Kontinuität der Betreuung an den vielfach kritischen Übergängen sowohl in die Haft als auch direkt nach der Haftentlassung gewährleistet werden. Mitarbeiter*in und Klient*in kennen sich häufig schon lange, so dass nach der Inhaftierung in der JVA nicht erst mühsam ein Vertrauensverhältnis aufgebaut werden muss. Nach der Entlassung kann zumeist auch eine Weiterbetreuung durch den/die in der JVA zuständigen Mitarbeiter*in stattfinden, so dass die*der Klient*in sich nicht jedes Mal erneut „erklären" muss und keine häufigen Beziehungsabbrüche erlebt, sondern auf ein Gegenüber trifft, welches mit den Gegebenheiten in Haftanstalten und dem Verlauf der jeweils individuell erlebten Haftzeit vertraut ist.

Auch die Sicherung und ggf. die Neuorganisation von Anschlussbehandlungen zur Opiatsubstitution fallen in den mit der JVA vereinbarten Aufgabenbereich der Drogenberatung. Um eine möglichst reibungslose Weiterversorgung nach einer Haftentlassung zu gewährleisten, werden alle Zugänge möglichst zeitnah nach Haftantritt aufgesucht und es erfolgt das

3 Verbesserte Handlungsmöglichkeiten für die Praxis

in Bielefeld auch außerhalb der JVA ausschließlich durch die Drogenberatung durchgeführte „Clearing" zur Vorbereitung einer Substitutions-behandlung. Hierbei werden die für eine Behandlung notwendigen Daten erhoben. Fragen etwa zum Ablauf und zu den Rahmenbedingungen einer Behandlung oder zu den unterschiedlichen Wirkungsweisen einzelner Substitute werden erörtert und Wünsche sowie Befürchtungen der Klient*innen können besprochen werden. Auf der Grundlage dieses Gespräches erfolgt dann eine Vermittlung in eine geeignete Ambulanz oder in die Praxis eines*r niedergelassener Ärzt*in. Auch hier wird der geschilderte Prozess häufig durch die oben beschriebene Kontinuität in der Beratung/Betreuung erheblich vereinfacht und lässt sich effektiver gestalten. In Einzelfällen können nötige Vorstellungsgespräche etwa in der psychiatrischen Ambulanz im Rahmen von begleiteten Ausgängen von den vermittelnden Mitarbeiter*innen mit den Klient*innen durchgeführt werden. Sollten sehr schnelle Vermittlungen etwa bei einer ungeplanten Entlassung aus Straf- oder Untersuchungshaft nötig werden, ist durch die enge Vernetzung mit der Substitutionspraxis auf dem Gelände des Drogenhilfezentrums jederzeit eine telefonische Notfallvermittlung möglich, bei der alle erforderlichen Formalitäten ggf. auch erst nach erfolgter Aufnahme in die Behandlung erledigt werden können.

Darüber hinaus besteht die Möglichkeit schwierige Vermittlungen, etwa von als schwer in Praxisabläufe integrierbare oder teilweise „nicht-absprachefähige" Klient*innen (z.B. aufgrund von psychischen Erkrankungen oder aggressivem Auftreten) im Rahmen des viermal jährlich stattfindenden Qualitätszirkel Substitution der KV Bielefeld vorzustellen. An diesem Zirkel nehmen nahezu alle substituierenden Ärzt*innen aus Bielefeld, der Anstaltsarzt der JVA Senne, sowie Vertreter*innen der Drogenberatung teil (u.a. ein Mitarbeiter, der auch in der JVA tätig ist). So kann auch für solche Fälle ein passendes Behandlungsangebot entwickelt werden.

In den Fällen, in denen sich haftentlassene Klient*innen trotz guter Vorbereitung nicht direkt nach der Entlassung in eine Anschlussbehandlung begeben, sind diese in der überwiegenden Mehrheit schon in den ersten Tagen im Drogenhilfezentrum anzutreffen, um die niedrigschwelligen Angebote wie etwa den angegliederten Drogenkonsumraum oder das Essensangebot zu nutzen. Bei diesen Gelegenheiten können sie dann direkt Kontakt zu den ihnen aus der Haft bereits bekannten Mitarbeiter*innen aufnehmen und auch dann kann eine Substitutionsbehandlung ggf. schnell initiiert werden. Dabei kann die medizinische Versorgung zur Stabilisierung der Klient*innen vielfach schon beginnen, während die nötigen Voraussetzungen für eine dauerhafte Behandlung, wie etwa die Anmeldung

3.2 Soziale Arbeit; Drogenberatung, AIDS-Hilfe

beim Jobcenter und bei der Krankenkasse mit Hilfe der zuständigen Mitarbeiter*innen erst geschaffen werden müssen.

Überlebenshilfe nach Haftentlassung

Seit 2019 gibt es im Drogenhilfezentrum Schulungen im Umgang mit Naloxon. Zielgruppe sind vor allem die riskant konsumierenden Klient*innen, jedoch auch Angehörige. Da es sich bei Naloxon um ein verschreibungspflichtiges Medikament handelt, kann es nur an konsumierende Teilnehmer*innen verschrieben werden. Die Verschreibung erfolgt über den Arzt, der die Schulung mit den Klient*innen durchführt und diese häufig auch in der hausärztlichen Betreuung hat.

Zu Beginn des Jahres 2020 sollten etwaige Schulungen in der Entlassungsabteilung des geschlossenen Vollzuges der JVA Bielefeld-Brackwede beginnen. Aufgrund der Corona-bedingten Umstände konnte dies jedoch bislang nicht umgesetzt werden. Ziel soll es sein, möglichst viele Menschen über die sichere Anwendung aufzuklären, um bei Notfällen handlungsfähig zu sein. Dadurch, dass Schulungen bereits während der Haft angeboten werden, möchte die JVA in Zusammenarbeit mit der Drogenberatung dem Umstand Rechnung tragen, dass die häufig abstinent verbrachte Haftzeit die Gefahr einer Überdosierung und somit die Mortalität im Anschluss an eine Haftentlassung erhöht (vgl. Ludwig 2019: 136).

Eine Entlassung aus der Inhaftierung bedeutet für die drogengebrauchenden Menschen zudem häufig auch eine gezwungene Rückkehr in den öffentlichen Raum, da der Wohnraum durch die Haftstrafe aufgegeben werden musste. Da so wenig Rückzugsmöglichkeiten bestehen, führt die Angst vor Repressionen stellenweise zu unhygienischen und damit gefährlichen Konsumweisen (vgl. Klaus et al. 2019: 25ff). Diesem Umstand wird mit dem im Drogenhilfezentrum vorhandenen Konsumraum begegnet, in dem die Klient*innen die Möglichkeit haben, in Ruhe, mit sauberem Besteck und unter medizinischer Aufsicht zu konsumieren.

Ausblick und Bewertung

In der Zusammenarbeit mit den ortsansässigen Haftanstalten ist es gelungen, den Übergang zwischen Haft und Entlassung sanfter zu gestalten. Die Angebote im Drogenhilfezentrum und der Beratungsstelle sowie die kontinuierliche Betreuung während und im Anschluss der Inhaftierung haben

3 Verbesserte Handlungsmöglichkeiten für die Praxis

sich bislang in der Praxis bewährt. Nach der Entlassung findet die überwiegende Mehrzahl Anschluss an die Akteur*innen der örtlichen Straffälligenhilfe. Besonders im Hinblick auf die Versorgung substituierter Personen sehen wir jedoch noch Verbesserungsmöglichkeiten.

So diskutieren die im Verein zur Förderung der Straffälligenhilfe Bielefeld vertretenen Kooperationspartner*innen derzeit eine mögliche Übernahme der Vereinbarung der Stadt Hannover[59] mit der AOK NordWest und dem Jobcenter Hannover. Diese sieht vor, dass die substituierten Gefangenen die Möglichkeit erhalten, bereits während der Inhaftierung einen Antrag auf Leistungen nach dem SGB II zu stellen und vor der Entlassung einen entsprechenden Bewilligungsbescheid erhalten. Mit diesem erhalten Sie am Tag der Entlassung beim zuständigen Jobcenter auch einen Behandlungsschein, der die Finanzierung der Substitution unmittelbar nach der Haftentlassung sichert. Angelehnt an diese Regelung sind die Kooperationspartner*innen in Bielefeld bemüht eine Lösung zu finden, von der sämtliche Menschen mit chronischen oder psychischen Erkrankungen, die auf eine regelmäßige medizinische Versorgung angewiesen sind, profitieren können. Für Menschen in Substitutionsbehandlung ohne Krankenversicherungsschutz, erklärt sich die Drogenberatung Bielefeld e.V. in Einzelfällen bislang bereit, die Kosten für die Fortführung der Behandlung zu übernehmen.

Im Falle einer bestehenden Substitutionsbehandlung stellen sich im Rahmen des Entlassungsmanagements derzeit noch weitere Probleme dar. Im BTMVV sind mittlerweile etliche weitere Medikamente zur Substitution zugelassen, in den meisten NRW Gefängnissen beschränkt sich die Behandlungsbreite jedoch auf die Vergabe von Methadon und Levomethadon. Die Einschränkung der verfügbaren Medikamente sei auf das „Spannungsverhältnis zwischen adäquater Behandlung einerseits und dem Sicherheitsauftrag (Stichwort: Ausspucken bestimmter Substanzen zum Weiterverkauf an andere Gefangene) sowie finanziellen Aspekten" (Häßler und Maiwald 2018: 434f) zurückzuführen. Dies stellt im Rahmen des Entlassungsmanagements teilweise erhebliche Schwierigkeiten dar, da der Abbruch bzw. die Wiederaufnahme einer bereits begonnen Behandlung (etwa mit Buprenorphin) nicht immer ohne weiteres möglich ist. Der Wechsel zwischen Medikamenten ist aufgrund der pharmakologischen Eigenschaften stellenweise problematisch und für die Menschen unter Umstän-

---

[59] Online verfügbar unter: https://www.hannover.de/content/download/760448/190 71732/file/Vereinbarung_Zusammenarbeit_Schlussfassung.pdf [Stand 28.07.2020].

den mit Schmerzen und einem hohen Zeitaufwand verbunden (vgl. Poehlke et al. 2016: 36f; vgl. Bayerische Akademie für Sucht- und Gesundheitsfragen 2011: 44ff).

Zukünftig soll zudem versucht werden, den Erfolg der Abstinenz während der Inhaftierung in die Freiheit zu retten (vgl. Böhmer et al. 2020: 6). Dazu gehört die Stärkung der örtlichen Selbsthilfeangebote und die Begleitung der Haftentlassung mit Gruppen für ehemalig substituierte Personen. Auch gibt es bislang keine Möglichkeit, Naloxon während der Haft zu erhalten und auf die Kammer zu geben, damit das Medikament am Entlassungstag verfügbar ist.

Für ein gelungenes Angebot nach der Haftentlassung ist es notwendig, sich auch während der Inhaftierung für die Klient*innen zu engagieren. Eine gute und zielführende Zusammenarbeit mit sämtlichen Akteur*innen der Justiz und der nichtstaatlichen Straffälligenhilfe ist dabei unabdingbar, um Übergänge gut zu gestalten und Überleben zu sichern.

Literaturverzeichnis

Bayerische Akademie für Sucht- und Gesundheitsfragen (Hg.) (2011): Leitfaden für Ärzte Zur substitutionsgestützten Behandlung Opiatabhängiger. 2. Aufl. München. Online verfügbar unter file:///D:/BAS_Substitutionsleitfaden_2011_final_110107.pdf [Stand 11.07.2020].

Böhmer, Kathrin/Schecke, Henrike/Render, Irmgard/Scherbaum, Norbert (2020): Implementation of opioid maintenance treatment in prisons in North Rhine-Westphalia, Germany – a top down approach. In: Substance Abuse Treatment, Prevention, and Policy 15 (1), 1–8. DOI: 10.1186/s13011-020-00262-w.

Häßler, Ulrike/Maiwald, Thomas (2018): Drogenabhängige Inhaftierte. In: Maelicke, Bernd/Suhling, Stefan (Hg.): Das Gefängnis auf dem Prüfstand. Zustand und Zukunft des Strafvollzugs. Wiesbaden: Springer (Edition Forschung und Entwicklung in der Strafrechtspflege), 423–442.

Klaus, Luise/Jamin, Daniela/Dichtl, Anna (2019): Zum Umgang mit Drogenszenen im öffentlichen Raum. In: 6. Alternativer Drogen- und Suchtbericht (1. Aufl.), Lengerich: Pabst Science Publishers, 25–31.

Ludwig, Daniela (Hg.) (2019): Drogen- und Suchtbericht 2019. Ministerium für Gesundheit. Berlin. Online verfügbar unter https://www.drogenbeauftragte.de/fileadmin/dateien-dba/Drogenbeauftragte/4_Presse/1_Pressemitteilungen/2019/2019_IV.Q/DSB_2019_mj_barr.pdf [Stand 04.06.2020].

Poehlke, Thomas/Heinz, Werner/Stöver, Heino (2016): Drogenabhängigkeit und Substitution – ein Glossar von A-Z. (4. Aufl.), Berlin u.a.: Springer Berlin Heidelberg. Online verfügbar unter http://gbv.eblib.com/patron/FullRecord.aspx?p=4526881.

Schreier, Kerstin (2012): Übergangsmanagement für junge Menschen zwischen Strafvollzug und Nachbetreuung. Hrsg.: DBH – Fachverband für Soziale Arbeit, Strafrecht und Kriminalpolitik e.V. Konzeption und Red.: Kerstin Schreier. Köln: DBH (DBH-Materialien, 68).

Sommerfeld, Peter/Hollenstein, Lea/Calzaferri, Raphael (2012): Integration und Lebensführung. Ein forschungsgestützter Beitrag zur Theoriebildung der Sozialen Arbeit (1. Aufl. 2011), Wiesbaden: VS Verlag für Sozialwissenschaften / Springer Fachmedien Wiesbaden GmbH Wiesbaden. Online verfügbar unter http://gbv.eblib.com/patron/FullRecord.aspx?p=884574.

Weber, Ulrich/Taner, Eckhard/Nelle-Cornelsen, Uwe (2017): Das Netzwerk soziale Strafrechtspfliche Bielefeld. Ein Erfolgsmodell?! In: Karl Heinrich Schäfer und Helmut Bunde (Hg.): Die Entwicklung der evangelischen Straffälligenhilfe. Von der Gefangenenhilfe zur Hilfe für Menschen in besonderen sozialen Lebenslagen, Freiburg: Lambertus-Verlag, 133–141.

3.3 Übergangsmanagement, Kooperation und Netzwerk

3.3.1 Übergangsmanagement. Erfolgserwartungen und Behandlungsabbruch einer stationären Suchtmitteltherapie (Ulrike Häßler & Marcel Guéridon)

Die Ausgestaltung des Übergangs aus der Haft heraus in die Freiheit ist für suchtmittelabhängige Personen meist ebenso individuell, wie die vielfältigen und einzigartigen Problemlagen dieser Menschen. Für viele inhaftierte Suchtmittelabhängige wird unter bestimmten Vorrausetzungen eine stationäre Entwöhnungsbehandlung nach § 35 BtMG aus der Haft heraus angestrebt (vertiefend Weber/Klatt i. d. B.). Die Vermittlungszahlen sind seit 2012 allerdings rückläufig (Zurhold et al. 2013), u.a. weil die Unterbringung in eine Entziehungsanstalt nach § 64 StGB vorranging angeordnet werden soll (siehe § 64 StGB, BGH, NStZ-RR 2010, 319). Der Anteil der Unterbringungen in einer Entziehungsanstalt nach § 64 StGB ist daher in den letzten zehn Jahren um mehr als das Doppelte gestiegen (Querengässer/Ross 2015; Zurhold et al. 2013).

Trotz der hohen Auslastung des Maßregelvollzuges gem. § 64 StGB werden bundesweit immer noch rund 230 Inhaftierte pro Monat aus der Haft heraus in eine stationäre Entwöhnungsbehandlung gem. § 35 BtMG entlassen (Statistisches Bundesamt 2020). Für die Suchtberater*innen, die in den Justizvollzugsanstalten tätig sind, bedeutet die Vermittlung in eine solche Therapieform in der Regel viel Arbeit: Anträge müssen gestellt werden, die Kostenübernahme mit der Rentenversicherung bzw. Krankenkasse muss geklärt werden, Sozialberichte müssen geschrieben, Arztberichte eingefordert und ggf. weitere therapievorbereitende Maßnahmen im Einzel- oder Gruppensetting durchgeführt werden. Bisherige Untersuchungen innerhalb der Inhaftiertenpopulation zeigen, dass eine solche stationäre Entwöhnungsbehandlung in 50 % der Fälle als erfolgreich, d.h. regulär beendet, beschrieben wird (Brorson et al. 2013; Egg 1992; Egg 1999; Gößling et. al. 2001; Kurze 1994; McMurran/Ward 2010; NIDA 2009; Prendergast et al. 2002; Stark 1992; Zarkin et al. 2002; Zurhold et al. 2013). Angesichts dieser hohen Basisrate des Abbruchs ist die Auseinandersetzung mit den Folgen und Möglichkeiten der Prävention der Behandlungsabbrüche ein dringliches und wichtiges Thema.

Behandlungsabbrüche stellen in der Tat aus verschiedenen Gründen eine Herausforderung für die Implementation und Durchführung von Programmen dar. Neben ökonomischen Argumenten (begrenzte Ressourcen hätten anderen Personen zugutekommen können) wird insbesondere die Gefahr iatrogener, also durch die Behandlung selbst verursachte Effekte diskutiert. Gemeint ist damit, dass eine abgebrochene Behandlung nicht etwa keine oder immerhin ein wenig positive Wirkung zeigt, sondern Personen durch die abgebrochene Behandlung schlechtere Ergebnisse haben, als wenn sie die Behandlung nie begonnen hätten (McMurran/Theodosi 2007; Olver et al. 2011).

Im Bereich der Kriminaltherapie können solche Effekte bisher zumindest nicht ausgeschlossen werden (Endres 2014; Olver et al. 2011). Für den Bereich der Suchtbehandlung sind systematische Ergebnisse nicht bekannt, jedoch legen einzelne Studien nahe, dass sich Abbrüche negativ auf die Klient*innen auswirken (Huebner/Cobbina 2007; Rüsch/Hättenschiller 2001). Rüsch und Hättenschiller kommen beispielsweise zum Ergebnis, dass „Rückfälle [...] eine deutliche Verschlechterung der emotionalen Befindlichkeit und eine negativere Bewertung des eigenen Zustandes zur Folge" (Rüsch/Hättenschilder 2001:16) haben, was sich wiederrum negativ auf die Motivation für die Fortsetzung der Behandlung auswirkte. Zudem können sich Behandlungsabbrüche der Klient*innen auch ungünstig auf die Behandelnden auswirken (z.B. im Sinne von Unzufriedenheit mit der eigenen Arbeit) (Holdsworth et al. 2014; Piper/Perrault 1989; Querengässer/Ross 2015).

Aus diesen Überlegungen heraus stellt sich die Frage, wie Behandlungsabbrüche möglichst vermieden werden können. Naheliegende Optionen sind dabei a) eine strengere Selektion (Personen mit erhöhter Wahrscheinlichkeit des Misserfolgs werden nicht ausgewählt) und b) gezielte erweiterte Maßnahmen bei Personen, die ein höheres Risiko für einen Abbruch zeigen. Die Anpassung der Selektion ist durchaus kritisch zu sehen. Gerade wenn im Vergleich die stärker belasteten Personen von der Behandlung ausgeschlossen werden, mag das gut für die Abbruchquote sein, reduziert aber vermutlich das Risiko erneuten Fehlverhaltens nicht.[60] Zudem bleibt die Prognose des Behandlungsabbruchs unsicher, auch Personen mit schlechter Prognose schließen Programme ab. Demgegenüber stellt die gezielte Förderung (kausaler) Faktoren für den erfolgreichen Abschluss der Behandlung einen grundsätzlich vielversprechenden Ansatz dar. Denkbar ist beispielsweise, auf Grundlage eines Screenings standardmäßig vorberei-

---

60 Im speziellen Fall eines bei regulärer Beendigung wirksamen Programmes, starker iatrogener Effekte bei Behandlungsabbruch und einer guten Vorhersagbarkeit des Abbruchs mag dies zwar immer noch seltsam wirken, stellt letztlich aber die klügere Strategie dar. In diesem Setting würde ein neues Programm benötigt werden.

tende Maßnahmen oder ergänzende Bausteine (z.B. die „Kurzintervention zu Motivationsförderung" „KIM", Breuer et al. 2014) für Personen mit erhöhter Wahrscheinlichkeit einer vorzeitigen Beendigung durchzuführen. Für eine solche Strategie ist natürlich ein ausreichend validiertes Screening-Instrument nötig.

Um solche Maßnahmen und Strategien entwickeln und gezielt nutzen zu können, müssen also an erster Stelle Mechanismen und Risikofaktoren für einen Abbruch der Behandlung untersucht werden. Obwohl eine Vielzahl von Forschungsarbeiten bereits Prädiktoren des Behandlungsabbruchs untersucht haben (Zurhold et al. 2013; Brorson et al. 2013; Prendergast et al. 2002; Zarkin et al. 2002), bleiben weiterhin viele Fragen offen. Insbesondere für Therapieabbrüche bei suchtmittelabhängigen Gefangenen ist unklar, ob sich z.B. eine drohende (erneute) Freiheitsentziehung positiv auf den Behandlungserfolgt auswirkt oder welche speziellen Abbruchsprädiktoren für inhaftierte Frauen gelten.

Ein weiterer Faktor, der bisher zwar diskutiert, aber nur wenig systematisch untersucht wurde, ist die Erfolgserwartung der (zukünftigen) Klient*innen an einen regulären Therapieabschluss. In der Psychologie bzw. Kriminologie ist die Diskussion über Erfolgserwartungen in viele Theorien eingeflossen, nicht nur im Kontext der Motivationsforschung (z.B. „Modell der gesundheitlichen Überzeugung" nach Rosenstock 1965; „Risiko-Wahl-Modell" nach Atkinson 1957; „Theorie des geplanten Handelns" nach Ajzen 1988; „Theorie der rationalen Wahl" nach Cornish/Clarke 2014).

In diesem Beitrag wollen wir uns daher der Frage widmen, welche Rolle Erfolgserwartungen in Bezug auf einen Behandlungsabbruch einer stationären Suchtbehandlung im Kontext von Delinquenz spielen können und ob bzw. inwieweit Erfolgserwartungen durch Merkmale der Klient*innen vorhergesagt werden können.

1. Erfolgserwartungen und Behandlungsabbruch: Theorie

Ganz grundsätzlich kann ein Behandlungsabbruch als Funktion von Person, Kontext und ihrer Interaktion beschrieben werden. Konkret meint dies, dass beispielsweise die Schwere der Erkrankung (Person), das therapeutische Konzept und die Behandelnden (Kontext) sowie ihre Wechselwirkung (Konzept wirkt unterschiedlich bei leichter und schwerer Erkrankung, Behandelnde*r kann mit bestimmten Personen besser arbeiten) für die Vorhersage und die Erklärung von Behandlungsabbrüchen herangezo-

3 Verbesserte Handlungsmöglichkeiten für die Praxis

gen werden sollten. Wichtig ist dabei die Berücksichtigung des dynamischen Charakters der Behandlung.[61] Nicht nur, dass sich ganz grundlegend bestimmte Merkmale unabhängig von der Behandlung ändern und damit eine andere Wirkung haben können (sogenannte „time-dependent variables" -zeitabhängige Kovariaten), auch können „frühe" Behandlungsabbrüche ganz andere Ursachen haben als „späte" Abbrüche. Generell sollte deutlich hervorgehoben werden, dass die Teilnahme und Bindung an eine Behandlung ein dynamischer Prozess ist, der von der Aufnahme der Behandlung über die Fortführung bis zum regulären Ende führt – oder eben zur Verweigerung, dem Nicht-Aufnehmen der Behandlung oder dem Abbruch. Die Vorhersage und Erklärung von Behandlungsabbrüchen wird im Besonderen noch einmal erschwert durch die Tatsache, dass diese das Ergebnis einer ganzen Reihe von Prozessen sein können und ebenso durch die Behandelnden wie durch die Klient*innen oder Dritte (z.B. begrenzte Kostenübernahme) veranlasst sein können.

Im Folgenden wollen wir hier eine Perspektive auf den Behandlungsabbruch zugrunde legen, die/den Klient*in als aktive/n, ratiomorphe/n (also begrenzt rationale/n) Agent*in in den Fokus stellt, also als „active learner and problem solver" agiert (Bohart/Wade 2013: 219). Ein vereinfachtes Modell für den erfolgreichen Behandlungsprozess bezieht sich aus dieser Perspektive heraus lediglich auf das Können (Kompetenz) und das Wollen (Einstellung, Performanz) (vgl. z.B. Suhling/Pucks/Bielenberg 2012). Ein Behandlungsabbruch ist entsprechend dieses Modells einerseits wahrscheinlich, wenn die Person nicht die vom Kontext geforderten Fähigkeiten aufweist (z.B. zu geringe kognitive Kompetenzen für edukative Elemente, zu geringe Impulskontrolle). Bringt eine Person die notwendigen Fähigkeiten aber mit, ist der weiterhin notwendige Faktor eine positive Bindung an die Fortführung der Behandlung bzw. der Einhaltung der Regeln und Ähnliches. Dies ist der Bereich, der meist mit „Behandlungsmotivation" überschrieben wird. Entsprechend wurde der Aspekt der Erfolgserwartung bisher häufig in Studien zu Motivation im Behandlungskontext untersucht. Erfolgserwartungen wurden dabei als ein Teilaspekt von Motivation gesehen (Hampton et al. 2011; Drieschner et al. 2004), auch im „multifactor offender readiness model" (MORM) von McMurran/Ward (2010) werden Überzeugungen und Selbstvertrauen als personenbezogene Faktoren für die Behandlungsfähigkeit einer Person benannt.[62]

---

61 Weiterführend: Querengässer/Ross (2015).
62 Bereits ältere Modelle zur Therapiemotivation von Inhaftierten führten Erfolgserwartung als bedeutenden Faktor auf (Dahle 1995).

3.3 Übergangsmanagement, Kooperation und Netzwerk

Im Modell der Therapiemotivation nach Drieschner et al. (2004) wird die Erfolgserwartung beispielsweise als ein „interner Prozess" definiert, der die Motivation zum Therapieantritt erhöht. Weitere „interne Prozesse" sind z.B. Problemeinsicht, wahrgenommene Nützlichkeit der Behandlung und wahrgenommene Kosten. Diese „internen Prozesse" werden wiederrum durch bestimmte Faktoren beeinflusst (s. Abbildung 1). Darunter fallen solche Faktoren wie das Therapiekonzept, bestimmte Lebensereignisse, verschiedene soziodemographische Merkmale und das Krankheitsbild der/s (zukünftigen) Klientin/en.

Abbildung 1. Modell der Therapiemotivation nach Drieschner et al. (2004: 1131)

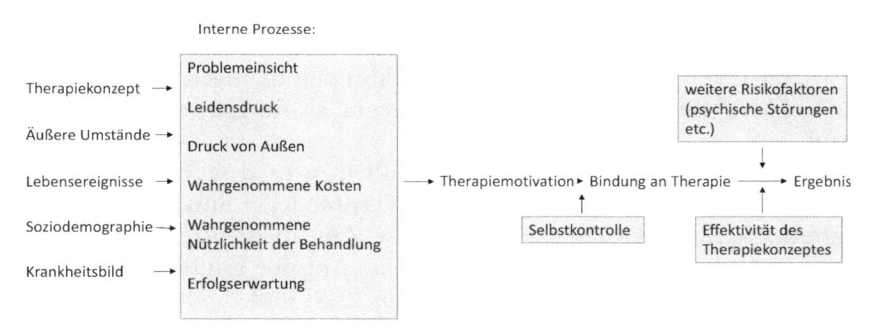

Faktoren	Interne Prozesse		
Therapiekonzept →	Problemeinsicht		weitere Risikofaktoren (psychische Störungen etc.)
Äußere Umstände →	Leidensdruck		
	Druck von Außen		
Lebensereignisse →	Wahrgenommene Kosten	→ Therapiemotivation ▸ Bindung an Therapie →	Ergebnis
Soziodemographie →	Wahrgenommene Nützlichkeit der Behandlung	Selbstkontrolle	Effektivität des Therapiekonzeptes
Krankheitsbild →	Erfolgserwartung		

Allgemeiner lässt sich die Fortführung der Behandlung durch Erwartungs-x-Wert-Theorien (und ähnlichen Ansätzen, siehe Eccles/Wigfield 2002) abbilden. Obwohl die Zahl entsprechender Theorien groß ist, stellt die multiplikative Verknüpfung der Bewertung der Verhaltensoptionen (Wert) mit der Bewertung der Eintretenswahrscheinlichkeit (Erwartung) eine gemeinsame Grundlage dar.[63] Obwohl diese Modelle eher im Bereich der pädagogischen Psychologie (aber auch der Sozial-, Gesundheits- und Umweltpsychologie) entwickelt und geprüft sind, lassen sich die elementaren Konzepte übertragen. Ein wichtiger Vorteil dieser Perspektive ist, dass es sich bei diesen Faktoren nicht lediglich um mögliche, meist atheoretische Indikatoren handelt (wie bspw. Alter oder Geschlecht), sondern um möglicherweise kausale, theoretisch begründete und dynamische Faktoren.

„Behandlungsmotivation" ist auch im hier betrachteten Kontext entsprechend dann zu erwarten, wenn a) die Behandlung subjektiv mit mehr Vor-

---

63 Barron und Hulleman (2015) betonen ergänzend die Rolle der Kosten/Barrieren.

teilen assoziiert ist als der Abbruch, b) die Wahrscheinlichkeit des Eintretens dieser Vorteile ausreichend hoch bewertet wird und c) es keine Barrieren oder „Kosten" gibt, die die (weitere) Behandlungsteilnahme verhindern. Umgekehrt lässt sich erwarten, dass ein Behandlungsabbruch umso wahrscheinlicher wird, je größer die Kosten, je geringer der wahrgenommene Nutzen/Wert und umso geringer die Erfolgserwartungen sind.

Der Aspekt der Bindung an die Behandlung kann im Übrigen auch analog zum „organizational commitment" (Hogan/Lambert/Griffing 2013) in affektives, normatives und „continuance commitment" unterteilt werden. Letzteres beschreibt eine Form der Bindung durch „sunken costs", also den Verbleib a) weil bereits so viel (Zeit, Geld, Aufwand) investiert wurden oder b) der Abbruch viel mehr Kosten bedeuten würde. Es handelt sich also um eine Art bilanzierende, kognitive Form der Bindung. Affektive Bindung beruht dagegen auf Wertschätzung, Bedürfnisorientierung usw., die jeweilige Person fühlt sich dort also „am richtigen Ort", während „normative" Bindung auf der Internalisierung als Aufgabe oder Pflicht beruht.

Insgesamt stimmen wir Barron und Hulleman zu, dass „die Komponente Erfolgserwartung der Erwartungs-x-Wert-Modelle einen umfassenden Sammelbegriff bereitstellt, der eine große Zahl theoretischer Überlegungen zur Bedeutung der Überzeugung, eine Aufgabe erfüllen zu können, abbildet und integriert" (Barron/Hulleman 2015: 504).[64]

Es scheint daher angebracht, nicht nur den tatsächlichen Zusammenhang der Erwartungen mit dem Behandlungsabbruch/Behandlungserfolg zu betrachten, sondern auch die Prädiktoren und Ursachen dieser Erwartungen.

2. Erfolgserwartung und Behandlungsabbruch: Forschungsstand

Merkmale, die den Abbruch bzw. die vorzeitige Beendigung einer Behandlung vorhersagen oder gar erklären können, wurden sowohl in der Psychotherapieforschung (z.B. Swift/Greenberg 2012; Bohart/Wade 2013: 221) sprechen für dieses Feld von „decades of research") als auch in der Kriminaltherapie (Olver et al. 2011) umfangreich beforscht. Bohart und Wade

---

64 Übersetzung der Autoren. Im Original: "The expectancy component of Expectancy-Value models offers an overarching, umbrella construct that can capture and integrate a wide range of theoretical perspectives focused on the importance of believing that one can accomplish a task".

fassen vier Bereiche zusammen, die im Fokus stehen: a) personelle Faktoren (Soziodemografie, Störungen, usw.), b) dynamische Prozessmerkmale (z.B. Erwartungen, Zufriedenheit, Motivation und Bindung), c) Lebensumstände (Finanzierung, Erreichbarkeit, usw.) sowie d) ausreichende Zielerreichung aus Perspektive der Klient*innen (nicht aber aus Sicht z.B. der Behandler*innen) (Bohart/Wade 2013: 223). Olver et al. (2011) zeigen für die Kriminaltherapie deutlich auf, dass die Personen mit hohem Bedarf zugleich das größte Risiko einer vorzeitigen Beendigung aufweisen. In ihrer Metaanalyse zeigt sich aber auch die negative Einstellung zur Behandlungsmaßnahme als ein Risikofaktor für den Behandlungsabbruch.

Auch für die Suchtbehandlung liegen Metaanalysen und narrative Reviews zu Prädiktoren vor, die mit der globalen Wahrscheinlichkeit eines vorzeitigen Abbruchs einer stationären Entwöhnungsbehandlung zusammenhängen (Brorson et al. 2013; Prendergast et al. 2002; Zarkin et al. 2002). Relevante Kontext- und Interaktionsfaktoren scheinen beispielsweise unwirksame Therapiekonzepte und eine mangelnde therapeutische Allianz zu sein. Als besonders relevant haben sich bisher allerdings individuelle Faktoren der Klient*innen herausgestellt (z.B. junges Lebensalter, geringes Bildungsniveau, psychische Begleiterkrankungen).

Die bisher ermittelten individuellen Faktoren sind damit im wesentlichen „statisch", sie verändern sich im Rahmen einer Entwöhnungsbehandlung also kaum. Weniger Aufmerksamkeit haben bisher „dynamische" Prozessmerkmale erhalten – vermutlich auch weil diese schwer zu operationalisieren sind (vgl. Hampton et al. 2011) und eine regelmäßige, möglichst häufig wiederholte Messung erfordern. Solche Merkmale zeichnen sich dadurch aus, dass sie sich a) über die Zeit der Behandlung in ihrer Ausprägung verändern können und b) damit die Wahrscheinlichkeit eines Abbruchs im Laufe der Zeit unterschiedlich beeinflussen können. Eine einfache aber zugleich auch weniger informative Variante stellt die (einmalige) Erhebung solcher Prozessmerkmale zu bestimmten Zeitpunkten dar, wobei die Erhebung vor Antritt der Behandlung für prognostische Aussagen naheliegt. Ein solches Vorgehen macht aus einer „dynamischen" Variable natürlich eine „statische" (vgl. Harris et al. 2015). Van Houwelingen und Putter (2012) bezeichnen solche eigentlich zeitabhängigen (aber nur zu T_0 gemessenen) Messungen passend als „ageing covariates". Indem solche einmalig gemessenen Merkmale mit den Zeitintervallen t oder einer Funktion von t verbunden werden, lassen sich sogenannte „definierte" zeitabhängige Variablen bilden (Kleinbaum/Klein 2012).

Während also von theoretischer Seite dynamische Faktoren wie die Erfolgserwartung benannt werden, ist die empirische Forschung im Bereich der Suchtbehandlung weniger umfangreich. So sehen Hampton et al. (2011) Hoffnung/Zuversicht zwar nicht als einmalige positive Komponente, die entsprechend z.b. nur zu Beginn der Therapie erfasst werden müsste, vielmehr ziehe und verändere sie sich möglicherweise durch den gesamten Prozess. In ihrer Studie befragten die Forscher*innen einmalig 289 Klienten in Suchttherapieeinrichtungen u.a. mit dem Treatment Motivation Questionnaire (TMQ) (Ryan et al. 1995) und der Beck Hopelessness Scale (BHS) (Beck et al. 1974). Zudem bezogen die Forscher*innen die Ergebnisse der Fragebögen auf das Therapieende (erreichte Therapieziele oder nicht) (Hampton et al. 2011: 403). Mittels Regressionsanalysen wurde ermittelt, dass das Vorliegen von Hoffnung ein signifikanter Prädiktor für Motivation ist (β =.97, t=2.87, p=.004, Hampton et al. 2011: 404). Außerdem steigerte eine stärkere Motivation signifikant die Wahrscheinlichkeit die Therapie regulär abzuschließen (β =.05, OR=1.06, OR 95 %, CI: 1.01 – 1.11, p=.032, Hampton et al. 2011: 404). Ein hohes Maß an Hoffnung auf ein positives Therapieende wurde mit häufigerem Therapieantritt, aktiverer Beteiligung am Therapieprozess und somit auch mit häufiger erfolgreichem Therapieabschluss assoziiert.

Auch eine Studie von Simoneau und Bergeron (2003) untersuchte im Schwerpunkt motivationale Faktoren. Befragt wurden dazu 140 Klient*innen in den ersten sechs Wochen einer stationären Therapieeinrichtung. Insbesondere ein hohes Ausmaß an Zuversicht das Ziel zu erreichen sowie Rückmeldungen des sozialen Umfelds (z.B. Therapeut*in), steigerten die subjektive Kompetenzwahrnehmung. Diese sowie das Behandlungssetting (ambulant vs. stationär) und die z.T. daraus resultierenden Autonomiegefühle erwiesen sich als Prädiktor für Motivation. Externaler Druck wiederum sagte nicht das Ausmaß der Motivation voraus (Simoneau/Bergeron 2003). Es kann also angenommen werden, dass externe Zwänge den Therapieantritt initiieren, sich dann aber die Motivation erhöht, wenn sich konkrete Zielerwartungen ausbilden (Simoneau/Bergeron 2003). Zudem wurde durch diese Studie deutlich, dass sich Ziele während der Behandlungszeit ändern: Die untersuchten Klient*innen traten die Therapie wegen ihrer Drogenprobleme an, entwickelten später aber auch eine Sensibilität gegenüber ihrem Alkoholkonsum. Die wahrgenommene Nützlichkeit der Behandlung erwies sich zudem als starker Prädiktor, sich an die Behandlung zu binden (Simoneau/Bergeron 2003).

Die bisherigen Ergebnisse deuten auch darauf hin, dass mit positiven Erfolgserwartung auf einen regulären Therapieabschluss zumindest die Bindung an den therapeutischen Prozess erhöht werden kann, was wiederum zum längeren Verbleiben in der Behandlung führt (Welsh/McGrain 2008).

Es gibt jedoch auch Studien, die darauf hindeuten, dass dieser Effekt nicht für die Klient*innen gilt, die sich aufgrund justizieller Auflagen in Therapie begeben (Hampton et al. 2011). Der Begriff der Erfolgserwartung ist derart vielfältig, dass anhand der wenigen empirischen Untersuchungen noch nicht abschließend beurteilt werden kann, wie hoch der Einfluss auf einen regulären Therapieabschluss tatsächlich ist und ob dieser Einfluss auch für Personen aus dem Strafvollzug gilt.

Auf Grundlage einer Befragung von Inhaftierten, die aus der Haft heraus eine stationäre Suchtmitteltherapie angetreten haben und deren zuständige Suchtberatung, wird sich im Folgenden der Frage gewidmet, welchen Einfluss Erfolgserwartung auf ein reguläres Therapieende hat und welche Prädiktoren mit einer hohen Erfolgserwartung einhergehen.

3. Eigene Untersuchung

Der Kriminologische Dienst Niedersachsen führte zwischen 2011 und 2012 eine Fragebogenbefragung unter allen Inhaftierten durch, die sich aus der Haft heraus in eine stationäre Entwöhnungsbehandlung begeben haben. Dabei wurden zum einen die Inhaftierten selbst und zum anderen auch die zuständigen Suchtberater*innen befragt. Insgesamt liegen Daten von 267 Inhaftierten vor.

Die Inhaftierten wurden dazu befragt, aus welchen Gründen[65] sie eine stationäre Drogentherapie antreten wollen und inwiefern Unterstützung durch andere Menschen[66] vorhanden ist. Zudem sollten Fragen im Bereich Impulsivität[67] und Selbstwirksamkeit[68] beantwortet werden. Des Weiteren wurde detailliert nach dem Suchtmittelkonsum vor und in der Haft sowie nach Suchtdruck[69] und Entzugserscheinungen gefragt. Abschließend wurde auch nach der Entlassungssituation gefragt (Wohnung, Arbeit etc.).

Schließlich wurde das *Ausmaß an Erfolgserwartung* mit folgender Frage erhoben, die den Inhaftierten kurz vor Antritt der Suchtmitteltherapie gestellt wurde: „Wie hoch schätzen Sie die Wahrscheinlichkeit ein, dass Sie die Drogentherapie planmäßig abschließen?" (Antwortoptionen: wird

---

65 Selbst generierte Items zu Gründen für eine Entwöhnungstherapie. Skala beinhaltet auch Items zur Veränderungsmotivation.
66 Skala von Hosser (2000).
67 Lösel (1975, Handlungskontrolle), Tangney et al. (2004, Selbstkontrolle) und Utz (1979, Belohnungsaufschub).
68 Schwarzer (1986).
69 Severity of Dependence (SDS), Gossop et al. (1995).

nicht passieren, wird wahrscheinlich nicht passieren, 50:50, wird wahrscheinlich passieren, wird sicher passieren). Die ersten beiden Antwortoptionen wurden aufgrund geringer Ausprägungen in den Kategorien zusammengefasst[70] (siehe Abbildung 2), so dass die abhängige Variable drei Ausprägungen aufweist.

Die zuständigen Suchtberater*innen wurde zur strafrechtlichen Vorgeschichte und aktuellen Inhaftierung des Inhaftierten befragt. Ebenfalls wurde nach der aktuellen Hauptdroge gefragt und es sollten Angaben zu bisherigen Behandlungen im Suchtbereich gemacht werden. Ausführlich wurden zudem Angaben zum Behandlungsverlauf in Haft erhoben.

Nach Abschluss der Entwöhnungsbehandlung, im Jahr 2013 und 2014, wurde zudem für alle Befragte*n erhoben, ob die Entwöhnungsbehandlung erfolgreich abgeschlossen wurde oder es zu einem Abbruch der Therapie kam. Das Therapieende wurde durch die Therapieeinrichtungen gemeldet (reguläres Ende vs. Abbruch).

Im Folgenden wird aus Platzgründen lediglich betrachtet, welche Zusammenhänge eine (hohe) Erfolgserwartung mit dem Therapieabbruch hat und welche Faktoren mit der Erfolgserwartung zusammenhängen könnten.

In Anlehnung an das Modell von Drieschner et al. (2004) wird vermutet, dass a) eine höhere Erfolgserwartung vor Behandlungsbeginn einen positiven Zusammenhang mit dem regulären Abschluss zeigt, sowie b) dass sich die Erfolgserwartung durch personelle Merkmale vorhersagen lässt. Dabei dürften sowohl akute Belastungen negativ (Suchtdruck), bessere erwartete Lebensumstände (Arbeit, Unterkunft) aber positiv mit der Erwartung einhergehen. Gerade subjektive Hinweise auf die aktuelle Suchtbelastung (Sucht – und Leidensdruck) dürften zwar einerseits mit einer erhöhten Wahrscheinlichkeit einhergehen eine Behandlung aufzunehmen, allerdings ebenso wie „objektive" Hinweise (Konsumverhalten, z.B. Konsum in Haft) eher negativ mit dem tatsächlichen Erfolg und der Erfolgserwartung zusammenhängen. Bezogen auf die Lebensumstände betonen Drieschner et al. (2004) zwar, dass insbesondere im Kontext von Suchtmittelbehandlungen Aspekte der sozialen Situation der Klient*innen die internen Prozesse, zu denen auch Erfolgserwartung gehört, beeinflussen kann, benennt diese Faktoren aber nicht konkret. Je positiver allerdings die Situation nach der Suchtmitteltherapie erwartet wird (Wohnung in Aussicht, Beschäftigung in Aussicht), umso größer dürfte einerseits die Bindung an die Behandlung sein (mehr zu verlieren), aber andererseits auch

---

70 Lediglich zwei Personen gaben an, der planmäßige Abschluss werde „vermutlich nicht passieren".

die generelle Erfolgserwartung. Hier spielen vermutlich aber auch Aspekte der Persönlichkeit herein (wer eine Beschäftigung in Aussicht hat, übernimmt wahrscheinlich auch generell selbst mehr Verantwortung für die eigene Lebensgestaltung usw.).

Soziodemografische Merkmale (Alter, Bildung) dürften als eher distale Merkmale einen geringeren Effekt auf die Erfolgserwartung zeigen, auch wenn solche Faktoren sich teilweise als Prädiktoren erwiesen haben. Zugleich kann die Suchthistorie und insbesondere die Zahl bisheriger (erfolgreicher/misslungener) Suchtbehandlungen als wichtiger Faktor für die Erfolgserwartung vermutet werden. Eine schwere Suchthistorie dürfte dabei mit geringeren Erwartungen einhergehen, besonders, wenn bereits Suchtmitteltherapien gescheitert sind.

3.1 Ergebnisse

3.1.1 Erfolgserwartung und Behandlungsabbruch

Zum Zusammenhang zwischen der Art des Abschlusses der Suchtmitteltherapie (Abbruch vs. reguläre Beendigung) und der Erfolgserwartung gibt Abbildung 2 Auskunft. Zwei Personen haben angegeben, die Behandlung wahrscheinlich nicht zu beenden und taten dies anschließend auch nicht.

Abbildung 2. Zusammenhang zwischen Erfolgserwartung und Therapieabbruch- bzw. Beendigung (N=254[71] in %)

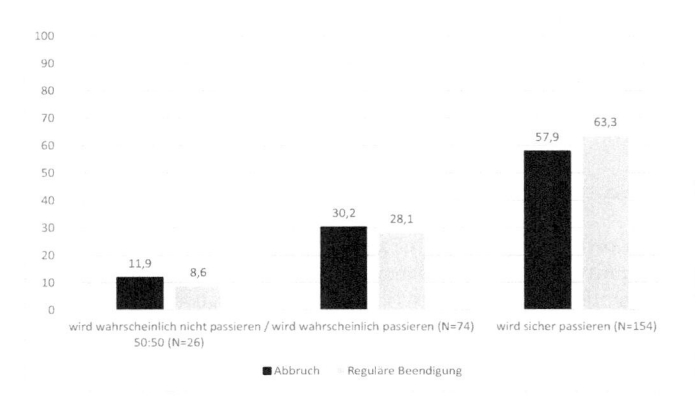

---

71 13 Inhaftierte haben diese Frage nicht beantwortet.

3 Verbesserte Handlungsmöglichkeiten für die Praxis

Erst in der Kategorie „wird sicher passieren" dreht sich das Verhältnis von „Abbrechern" und regulären „Beendern" um, denn von den insgesamt 154 Personen, die glauben, die Therapie sicher zu beenden, taten dies auch mehr als die Hälfte. Dieses Ergebnis ist jedoch nicht statistisch signifikant (Cramers V=.065; p=.586, r^{72}=.061 p=.333).[73]

Insgesamt wird eine hohe Zuversicht unter den Inhaftierten deutlich, denn 61 % der Befragten glauben, dass sie die anschließende Suchtmitteltherapie „sicher" abschließen. Dies ist zunächst wünschenswert, da ein hohes Ausmaß an Erfolgserwartung sich vermutlich positiver auf z.B. die Therapiemotivation auswirkt (siehe oben), als ein Mangel an Erfolgserwartung. Welche Faktoren nun aber ein hohes Ausmaß an Erwartung begünstigen wird im Folgenden beschrieben.

3.1.2 Prädiktoren hoher Erfolgserwartung vor Beginn der Behandlung

Zur Vorhersage einer (hohen) Erfolgserwartung für die spätere suchtmitteltherapeutische Behandlung konnten vier Bereiche herangezogen werden, für die theoretisch ein Zusammenhang mit der Stärke der Erwartung vermutet werden kann (siehe oben): Soziodemografie, suchthistorische Merkmale (z. B. Schwere der Sucht), aktuelle Suchtbelastung und Integration nach der Therapie (Aspekte des Übergangsmanagements). Zunächst wurde bivariat analysiert[74], welche Faktoren möglicherweise mit der abhängigen Variable „Zuversicht" zusammenhängen könnten. Die zweite Spalte in Tabelle 1 gibt die Ergebnisse im Einzelnen wieder.

Soziodemografische Merkmale und Merkmale der Suchtgeschichte zeigen in bivariaten Analysen keinen bedeutenden Zusammenhang mit der Ausprägung von Erfolgserwartung auf ein reguläres Ende der Suchtmitteltherapie. Jedoch zeigt sich, dass je stärker die aktuelle Belastung eingeschätzt wird, die Erfolgserwartung auf ein reguläres Therapieende eher ge-

---

72 Spearman-Korrelationen (r), Signifikanzniveau=0,05 (p*).
73 Eine explorative Analyse der Daten ergab keine signifikanten Unterschiede in den vorliegenden Prädiktoren zwischen den „Abbrechern" und „Beendern" mit hoher Erfolgserwartung. Lediglich die Variable „Geschlecht" zeigt einen signifikanten Zusammenhang (r=-.214; Cramers V=.214; p=.008, d.h. dass Frauen mit hoher Erfolgswartung bivariat betrachtet, mit höherer Wahrscheinlichkeit die Therapie regulär beenden als Frauen mit geringerer Erfolgserwartung). Dieser Zusammenhang ist jedoch aufgrund der geringen Anzahl von Frauen in diesem Datensatz und besonders in dieser Kategorie (N=15) vorsichtig zu interpretieren.
74 Spearman-Korrelationen (r), Signifikanzniveau=0,05 (p*).

ringer ausgeprägt ist. Umgekehrt wird aus diesen bivariaten Analysen deutlich, dass mit einer guten Entlassungsperspektive der Ausgang der anstehenden Suchtmitteltherapie zuversichtlicher eingeschätzt wird. Inwiefern sich diese Analysen auch multivariat bestätigen, wird im Folgenden beschrieben (s. Tabelle 1).

Nachdem die Variablen der *Soziodemografie bzw. Legalbiografie* sowie der *Suchtgeschichte* in den bivariaten Analysen keinerlei bedeutenden Einfluss auf eine hohe Zuversicht zeigte (s. Tabelle 1), wurde aus methodisch-ökonomischen Gründen auf den Einbezug der Variablen in den folgenden Modellen verzichtet.

3.1.3 Analysen zu den Prädiktoren für Erfolgserwartung

Zur Frage, welche Prädiktoren bzw. welche Umstände bei einem*r Inhaftierten dazu führen, dass die subjektive Erfolgserwartung auf ein reguläres Therapieende steigt, wurden drei Modelle berechnet.

Im Modell 1 wurden der Zusammenhang zwischen den *aktuellen Belastungen* und der Ausprägung von Erfolgserwartung analysiert. Hier zeigten sich relativ hohe und signifikante Effekte: Je höher der Suchtdruck zum Zeitpunkt der Befragung angegeben wurde, desto eher wird eine niedrige Ausprägung von Erfolgserwartung beschrieben. Zudem zeigte sich, dass Drogenkonsum in Haft negativ mit der Erfolgserwartung zusammenhängt. Beide Effekte sind mit breiten Konfidenzintervallen ausgewiesen und die Punktschätzungen somit als eher unsicher zu bewerten. Die hohe Ausprägung der Schätzer sowie eine statistische Signifikanz auf einem 5%-Niveau, deuten jedoch auf einen relevanten Prädiktor hin.

Die *Integration nach der Therapie* wurde von den Inhaftierten benannt und im Modell 2 aufgenommen. Hier zeigte sich, wie vermutet, dass die Aussicht auf eine Wohnung bzw. Wohnmöglichkeit positiv mit einer hohen Ausprägung von Zuversicht zusammenhängt. Für das Vorliegen einer Beschäftigung nach Therapie deutet der Schätzer in eine ähnliche Richtung, überschreitet aber die zugrunde gelegte Schwelle zur statistischen Signifikanz nicht.

Abschließend wurden alle relevanten Variablen gemeinsam in *Modell 3* aufgenommen. Die Faktoren der aktuellen Belastung (Suchtdruck und Konsum in Haft) zeigen erneut einen negativen Einfluss auf die Ausprägung von Zuversicht, auch unter Kontrolle weiterer Variablen zur Entlassungssituation. Ein geringer Suchtdruck wirkt sich günstig auf die Ausprägung der Erfolgserwartung aus. Zudem zeigt sich, dass ein Konsum in

Haft als Risikofaktor für eine geringe Erfolgserwartung gilt. Erwartungsgemäß hängen Suchtdruck und Konsum in Haft signifikant zusammen (r=.24), denn der Konsum in Haft könnte auch als Ausdruck eines hohen Suchtdrucks gewertet werden. Wenn die befragte Person angegeben hat, dass sie eine Wohnung in Aussicht habe, steigt die Wahrscheinlichkeit auf eine hohe Zuversicht auf einen regulären Therapieabschluss. Der Einfluss der Beschäftigungssituation nach Therapieende erwies sich wie im Modell 2 als nicht signifikant.

Tabelle 1. *Einflussfaktoren auf eine hohe Erfolgserwartung („wird sicher passieren"). Spalte 2: Spearman-Korrelationen, Spalten 3–4: ordinale Regression, abgebildet: Schätzer, Signifikanzen und in Klammern CI-95 %*

	Bivariate Zusammenhänge (r)	M1[75]	M2[76]	M3[77]
Soziodemographie				
Alter	.11			
Berufliche Qualifizierung	.00			
Vorstrafen	.00			
Geschlecht	-.03			
Suchtgeschichte				
Alter bei erstem Konsum	.08			
Anzahl Entwöhnungsbehandlungen	-.06			
Mind. eine regulär beendete Entwöhnungsbehandlung[78]	.171+			
Stärke der Abhängigkeit	-.46			
Aktuelle Belastungen				
Suchtdruck (Ref. hoch)	**-.18***			

---

75 N=248, Nagelkerkes R2=.06, p=.002.
76 N=249, Nagelkerkes R2=.05, p=.003.
77 N=243, Nagelkerkes R2=.10, p=.000.
78 Da diese Angabe 140 fehlende Werte aufweist, wurde sie nicht für weitere Berechnungen genutzt.

	Bivariate Zu-sammenhänge (r)	M1	M2	M3
Niedrig		.69* (.12;1.25)		.65* (.14;1.40)
Konsum in Haft (Ref. ja)	-.16*			
Nein		.53* (.00;1.06)		.54* (.02;1.22)
Integration nach der Therapie / Übergangsmanagement				
Wohnung in Aussicht (Ref. ja)	.18*			
Nein			-.71* (-1.29;-.13)	-.54+ (-1.21;.10)
Beschäftigung in Aussicht (Ref. ja)	.15*			
Nein			-.43 (-.97;.12)	-.41 (-1.37;-.12)

+: p <.10 *: p <.05 **: p <. 01

4. Diskussion

Aus theoretischer Perspektive lässt sich fordern, dass neben den „klassischen" (statischen) Faktoren (Alter, Bildung, Persönlichkeitsstörungen, Vorinhaftierungen, Intelligenzquotient, weiterführend zu den Risikofaktoren für Behandlungsabbrüche der Straftäterbehandlung bei Olver et al. 2011), die einen Behandlungsabbruch vorhersagen können, auch „weicheren", dynamischen Faktoren Aufmerksamkeit geschenkt werden sollte. Die Ergebnisse der vorliegenden Studie sind dabei allerdings kein weiterer Baustein für die Evidenz der Bedeutung der subjektiven Perspektive der Behandelten für den Prozess der Behandlung, denn tatsächlich zeigte sich kein statistisch signifikanter Zusammenhang der Erfolgserwartung mit dem tatsächlichen Abschluss und schon auf den ersten Blick sind die geringen Unterschiede nicht beeindruckend. Allerdings konnte nur auf eine Messung der Erfolgserwartung vor Beginn der Behandlung zurückgegriffen werden, die Aussagekraft der Ergebnisse ist daher auf diesen Punkt beschränkt. Konkret muss festgehalten werden, dass auch bei Angabe hoher Erfolgserwartung bei gut der Hälfte der Personen die Suchtmitteltherapie vorzeitig beendet wurde.

Einschränkend muss weiterhin erwähnt werden, dass es sich hier um eine Querschnittsuntersuchung handelt, die Auskünfte über Inhaftierte zu einem bestimmten Messzeitpunkt gibt. Sowohl die Ausprägungen der Erfolgserwartung als auch weitere Risikofaktoren (Suchtdruck und die Entlassungsperspektive) können sich im Laufe der Zeit ändern. Diese Veränderungen können hier nicht abgebildet werden. Dazu bedarf es Prozessforschung, die zu mehreren Messzeitpunkten die Dynamik von Therapieverläufen besser abzubilden vermag. Zudem konnten wir in die Modelle nur die Variablen aufnehmen, die erhoben wurden, womöglich hängt Erfolgserwartung aber auch noch von anderen Faktoren ab, die hier nicht abgefragt wurden.[79] Offen bleiben daher weiterhin die Fragen, ob die Erfolgserwartung vor Beginn der Behandlung einen stärkeren Zusammenhang mit frühen Abbrüchen sowie ob die im Verlauf gemessene Erfolgserwartung eine höhere Vorhersageleistung zeigt.

Akzeptiert man vorerst die Prämisse, dass die Zuversicht/Erwartung ein wichtiger Punkt für die erfolgreiche Behandlung ist, rücken die möglichen Bedingungen dieser in den Vordergrund. Weder die Suchthistorie noch soziodemografische Merkmale zeigten in der aktuellen Studie einen relevanten Zusammenhang mit der Erfolgserwartung vor Behandlungsbeginn.

Umgekehrt zeigten die proximalen Merkmale (Suchtbelastung, Erwartung positiverer Lebensumstände) einen erkennbaren Zusammenhang. Sollte dieser über die Zeit stabil bleiben – was in künftiger Forschung zu prüfen bleibt – lägen hier auch über die Behandlung hinweg beeinflussbare Bedingungen vor, die auch als positive Zwischenziele betrachtet werden können bzw. deren Erhalt begleitende Therapieziele darstellen können. Während der Inhaftierung könnte darauf hingewirkt werden, den gefühlten Suchtdruck zukünftiger Klient*innen der Suchthilfe zu verringern (z.B. durch Substitution, weiterführend Fährmann et al. (im Druck) oder durch Einzel- und Gruppenmaßnahmen). Daneben könnte sich bereits während des Strafvollzuges, vielleicht in Zusammenarbeit mit der zukünftigen Therapieeinrichtung, darum bemüht werden, dass die Inhaftierten später eine Wohnung und Beschäftigung zumindest in Aussicht haben. Eine günstige Entlassungsperspektive hängt mit Erfolgserwartung auf einen regulären Therapieabschluss zusammen. An dieser günstigen Entlassungsperspektive könnte fortlaufend, auch während der Therapie gearbeitet werden, um die Erfolgserwartung auf einem hohen Niveau halten zu können.

---

79 Es handelte sich primär um ein Evaluationsprojekt, die Erfolgserwartung war daher kein zentrales Konstrukt im Erhebungsinstrument.

In jedem Fall bedarf es mehr Forschung, die institutionsübergreifend z.b. ehemalige Inhaftierte auch in den Therapieeinrichtungen befragt, um dem Strafvollzug besser aufzeigen zu können, welche Aspekte während des Vollzuges noch zu bearbeiten sind, um bessere Therapieerfolge zu erzielen. Aber auch Studien zu „Rückkehrer*innen" aus der Therapieeinrichtung in den Strafvollzug fehlen. Mit solchen Studien könnten die Inhaftierten im Strafvollzug womöglich noch besser auf die erneute Therapie vorbereitet werden. An der Schnittstelle zwischen Haft und Freiheit oder Haft und Suchtmitteltherapie kann es zu Veränderungen z.B. in der Einstellung der Inhaftierten kommen, die in beiden Institutionen zu beachten sind, da sie sich auf Behandlungen auswirken könnten.

Zusammenfassung

Aus bisherigen Untersuchungen wird deutlich, dass eine hohe Erfolgserwartung sich günstig auf die Behandlungsmotivation (Drieschner et al. 2004) und damit mittelbar oder gar unmittelbar auf das Ergebnis der Behandlung (Olver et al. 2011) auswirkt. Insofern ist auch trotz der vorliegenden Ergebnisse noch eher anzunehmen, dass eine hohe Erfolgserwartung auch günstig für eine erfolgreiche Suchtmitteltherapie ist. Es scheint jedoch wichtig, diese Vermutung auch weiterhin empirisch zu prüfen, möglichst mit längsschnittlichen Daten und mit einer differenzierten Operationalisierung der Erfolgserwartung.

Die Vorhersage der Erfolgserwartung scheint der Literatur nach einerseits über distale/statische personelle Merkmale (z.B. Soziodemografie) vorhersagbar zu sein, anderseits legen unsere Ergebnisse eher die Relevanz proximaler Merkmale (Suchtdruck, erwartete Lebensumstände) nahe.

Weitere Forschung scheint angesichts des einerseits wichtigen Problems der Behandlungsabbrüche und zugleich der noch nicht umfassend erforschten Rolle der Merkmale der Behandelten für erfolgreiche Behandlungen im Bereich der Suchtmitteltherapien erforderlich.

Literaturverzeichnis

Ajzen, I. (1988): Attitudes, personality, and behavior. Open University Press.
Atkinson, J. W. (1957): Motivational determinants of risk takin behaviour.In: *Psychological Review*, 64, 359–372.

Barron, K. E./Hulleman, C. S. (2015): Expectancy-Value-Cost model of motivation. In: Wright, J. D. (Hrsg.): International encyclopedia of the social & behavioral sciences, Oxford: Elsevier, 503–509.

Beck, A. T./Weissmann, A./Lester, D./Trexler, L. (1974): The measurement of pessimism: the Hopeless Scale, In: *Clinical Psychology*, 42, 861–865.

Bohart, A. C./Wade, A. G. (2013): The client in psychotherapy. In: Lambert, M.J. (Hrsg.): Bergin and Garfield's handbook of psychotherapy and behavior change, New Jersey: John Wiley & Sons, 219–257.

Breuer, M. M./Gerber, K./Buchen-Adam, N./Endres, J. (Hrsg.) (2014): Kurzintervention zur Motivationsförderung. Ein Manual für die Arbeit mit straffällig gewordenen Klientinnen und Klienten. Adaptierte Fassung des "Short Motivational Programme: Session guide for use with offenders" des Department of Corrections, New Zealand (Anstiss, 2003; Steyn & Devereux, 2006; Devereux, 2007): Pabst.

Brorson, H. H./Arnevik, E. A./Rand-Hendriksen, K./Duckert, F. (2013): Drop-out from addiction treatment: A systematic review of risk factors. In: *Clinical Psychology Review*, 1010–1024.

Cornish, D. B./Clarke, R. V. (2014): The Reasoning Criminal. Rational choice perspectives on offending, New Brunswick/London: Transaction Publishers.

Dahle, K.-P. (1995): Therapiemotivation hinter Gittern. Zielgruppenorientierte Entwicklung und Erprobung eines Motivationskonstruktes für die therapeutische Arbeit im Strafvollzug, Regensburg: Roderer Verlag.

Drieschner, K. H./Lammers, S. M./Van der Staak, C. P. (2004): Treatment motivation: an attempt for clarification of an ambiguous concept. In: *Clinical Psychology Review*, 23, 1115–1137.

Eccles, J. S./Wigfield, A. (2002): Motivational beliefs, values, and goals. In: *Annual review of psychology*, 53(1), 109–132.

Egg, R. (1992): Praxis und Bewährung der §§ 35 ff. BtMG. Überblick. In: Egg, R. (Hrsg.): Die Therapieregelungen des Betäubungsmittelrechts – deutsche und ausländische Erfahrungen. Kriminologie und Praxis (KuP) (Bd. 9), Wiesbaden: Eigenverlag der Kriminologischen Zentralstelle.

Egg, R. (Hrsg.) (1999): Drogenmissbrauch und Delinquenz. Kriminologische Perspektiven und praktische Konsequenzen, Wiesbaden: Eigenverlag der Kriminologischen Zentralstelle.

Endres, J. (2014): Determinanten der Behandlungsteilnahme und des Behandlungsabbruchs bei inhaftierten Sexualstraftätern. In: *Forum Strafvollzug*, 40(3), 237–243.

Fährmann, J./Schuster, S./Stöver, H./Häßler, U./Keppler, K. H. (erscheint 2021): Der Anspruch auf Substitutionsbehandlung im Gefängnis. Über eine umstrittene Praxis im Justizvollzug und vor Gericht. In: *Neue Zeitschrift für Strafrecht*.

Gößling H.W./Gunkel, S./Schneider, U./Melles, W. (2001): Häufigkeit und Bedingungsfaktoren des Behandlungsabbruchs im stationären Drogenentzug. In: *Forensische Psychiatrie, Psychologie, Kriminologie*, 69, 474–481.

Gossop, M. et al. (1995): The Severity of Dependence Scale (SDS): psychometric properties of the SDS in English and Australian samples of heroin, cocaine and amphetamine users. In: *Addiction*, 90, 5, 607–14.

Hampton, A. S./ et al. (2011): Pathways to treatment retention for individuals legally coerced to substance use treatment: The interaction of hope and treatment motivation. In: *Drug and Alcohol Dependence*, 118, 400- 407.

Harris, G.T./Rice, M.E./Quinsey, V.L./Cormier, C.A. (2015): Violent Offenders: Appraising and Managing Risk, Washington: American Psychological Association.

Hogan, N. L./Lambert, E. G./Griffin, M. L. (2013): Loyalty, love, and investments: The impact of job outcomes on the organizational commitment of correctional staff. In: *Criminal justice and behavior*, 40(4), 355–375.

Holdsworth, E./Bowen, E./Brown, S./Howat, D. (2014): Client engagement in psychotherapeutic treatment and associations with client characteristics, therapist characteristics, and treatment factors. In: *Clinical Psychology Review*, 34, 428–450.

Hosser, D. (2000): Soziale Unterstützung im Jugendstrafvollzug: Der Einfluss sozialer Beziehungen auf das Befinden und die soziale Einstellung von Inhaftierten, Universität Braunschweig.

Huebner, B. M./Cobbina, J. (2007): The effect of drug use, drug treatment participation, and treatment completion on probationer recidivism. In: *Journal of Drug Issues*, 37(3), 619–641.

Kleinbaum, D. G./Klein, M. (2012): Survival Analysis, New York: Springer.

Kurze, M. (1994): Strafrechtspraxis und Drogentherapie (2. Aufl.), Band 12., Wiesbaden: Eigenverlag der Kriminologischen Zentralstelle.

Lösel, F. (1975): Handlungskontrolle und Jugenddelinquenz, Stuttgart: Ferdinand Enke Verlag.

McMurran, M./Theodosi, E. (2007): Is treatment non-completion associated with increased reconviction over no treatment? In: *Psychologie, Crime & Law*, 13, 4, 333–343.

McMurran, M./Ward, T. (2010): Treatment readiness, treatment engagement and behaviour change. In: *Criminal Behaviour and Mental Health*, 20, 75–85.

National Institute on Drug Abuse (NIDA) (2009): Principles of drug addiction treatment, online verfügbar unter: http://www.drugabuse.gov/publications/principles-drug-addiction-treatment/principles-effective-treatment_[Stand: 18.08.2020].

Olver, M. E./Stockdale, K. C./Wormith, J. S. (2011): A Meta-Analysis of predictors of offender treatment attrition and its relationship to recidivism. In: *Journal of Consulting and Clinical Psychology*, 79, 1, 6–21.

Piper, W. E./Perrault, E L. (1989): Pretherapy preperation for group members. In: International Journal of group psychotherapy, 39, 17–34.

Prendergast, M. L./Podus, D./Chang, E./Urada, D. (2002): The effectiveness of drug abuse treatment a meta-analysis. In: *Drug and Alcohol Dependence*, 67, 53–72.

Ryan, R. M./Plant, R. W./O'Malley, S. (1995): Initial motivations for alcohol treatment: relations with patient characteristic, treatment involvement and dropout. In: *Addictive Behaviors*, 20, 279–297.

Rosenstock, I. M. (1965): Why people use health services, Milbank Memorial Fund Quarterly, 44, 94–127.

Rüesch, P./Hättenschiler, J. (2001): Risikofaktoren des Behandlungsabbruchs im stationären Drogenentzug: Die Bedeutung der Behandlungsmotivation und der subjektiven Verarbeitung des Entzuges. In: *Wiener Zeitschrift für Suchtforschung*, 11–18.

Schwarzer, R. (Hrsg.) (1986): Skala zur Befindlichkeit und Persönlichkeit (Forschungsbericht 5), Berlin: Freie Universität, Institut für Psychologie, Pädagogische Psychologie.

Simoneau, H./Bergeron, J. (2003): Factors affecting motivation during the first six weeks of treatment. In: *Addictive Behaviors*, 28, 1219–1241.

Suhling, S./Pucks, M./Bielenberg, G. (2013): Ansätze zum Umgang mit Gefangenen mit geringer Veränderungs-und Behandlungsmotivation. In: Wischka, B./Pecher, W./van den Boogaart, H. (Hrsg.): Behandlung von Straftätern, Herbolzheim: Centaurus, 233–293.

Stark, M. (1992): Dropping out of substance abuse treatment: a clinical oriented review. In: *Clincal Psychology Review*, Vol. 12, 93–116.

Statistisches Bundesamt (2020): Bestand der Gefangenen und Verwahrten in den deutschen Justizvollzugsanstalten nach ihrer Unterbringung auf Haftplätzen des geschlossenen und offenen Vollzugs, online verfügbar unter: https://www.destatis.de/DE/Themen/Staat/Justiz-Rechtspflege/Publikationen/Downloads-Strafverfolgung-Strafvollzug/bestand-gefangene-verwahrte-xlsx-5243201.html [Stand: 18.08.2020].

Swift, J. K./Greenberg, R. P. (2012): Premature discontinuation in adult psychotherapy: A meta-analysis. In: *Journal of consulting and clinical psychology*, 80(4), 547.

Tangney, J. P./Baumeister, R. F./Luzio Boone, A. (2004): High Self-Control Predicts Good Adjustment, Less Pathology, Better Grades, and Interpersonal Success. In: *Journal of Personality*, 72, 2, 271–324.

Utz, H. E. (1979): Untersuchungen zum Belohnungsaufschub: ein Beitrag zur Konstruktvalidierung, London: Minerva Publ.

Querengässer, J./Ross, T. (2015): Behandlungsverläufe als determiniertes Chaos. In: *Monatsschrift für Kriminologie und Strafrechtsreform*, 98(4) 335 – 347.

van Houwelingen, H./Putter, H. (2012): Dynamic prediction in clinical survival analysis, Boca Raton: CRC Press.

Welsh, W. N./McGrain, P. N. (2008): Predictors of therapeutic engagement in prison-based drug treatment. In: Drug and Alcohol Dependence, 96, 271–280.

Zarkin, G.A./Dunlap, L.J./Bray, J.W./Wechsberg, W. M. (2002): The effect of treatment completion and length of stay on employment and crime in outpatient drug-free treatment. In: Journal of Substance Abuse Treatment, 23, 261–271.

Zurhold, H./Vertheim, U./Reimer, J. (2013): Medizinische Rehabilitation Drogenkranker gemäß § 35 BtMG ("Therapie statt Strafe"): Wirksamkeit und Trends, online verfügbar unter: https://www.bundesgesundheitsministerium.de/fileadmin/Dateien/5_Publikationen/Drogen_und_Sucht/Berichte/Abschlussbericht/Abschlussbericht_Forschungsstudie____35_BtMG.pdf [Stand: 18.08.2020].

3.3.2 Übergangsmanagement als Netzwerkaufgabe im Fokus von Gesundheit und Substitution (Farschid Dehnad)

Vorwort

Wir befinden uns im Frühling des Jahres 2016. Der Gefangene Mustermann kommt zum Sozialen Dienst, weil ihm der Anstaltsarzt berichtet hat, dass er die Substitution nicht mehr wie bisher fortführen darf, da es zum aktuellen Zeitpunkt keinen Anschlussarzt nach der Haftentlassung gibt, der die Behandlung übernehmen könnte. Dies hat zur Folge, dass er jetzt bis zu seinem Haftende, immerhin in wöchentlichen Intervallen, runterdosiert werden muss. Gemäß dem Leitfaden für Ärzt*innen zur substitutionsgestützten Behandlung Opiatabhängiger wird darunter die Reduktion der aktuellen Dosis bis zur Substitutionsmittelabstinenz verstanden (BAS 2018). Über den Suchtberatungsdienst hat er bereits versucht, diverse Arztpraxen zu motivieren, aber die wenigen, die überhaupt noch Plätze zur Verfügung haben, teilten alle mit, dass er nur bei vorhandenem Krankenversicherungsschutz einen davon erhält. Die Anfrage bei seiner Krankenkasse ergab dann, dass sie ihm dieses vor seiner Haftentlassung nicht bestätigen dürfen. Er bekam lediglich einen Brief, in dem man ihm mitteilte, dass er bei erneutem Bezug von Leistungen der Grundsicherung für Arbeitsuchende nach dem SGB II wieder als Mitglied aufgenommen wird. Das daraufhin ebenfalls angeschriebene Jobcenter erklärte, dass es erst nach Haftentlassung zuständig werde, wenn der Betroffene überhaupt wieder in seinen bisherigen Wohnort ziehen würde, was auch noch nicht gesichert feststand. Sein Antrag könne schon gar nicht während der Inhaftierung so entscheidungsreif bearbeitet werden, dass zum Haftende Krankenversicherungsschutz vorliegt. Vollzuglich nahm Herr Mustermann an allen empfohlenen Behandlungsmaßnahmen erfolgreich teil und wies keine Disziplinarverfahren wegen Drogenkonsums auf. Später allerdings versorgte er sich innerhalb des subkulturellen Justizvollzugssystems unter den Gefangenen mit illegalen Substanzen und verschuldete sich hoch. Besonders weil er unbeschäftigt und somit unverschuldet bedürftig war, da er sich zwar um Arbeit bemüht hat, ihm aber keine zugewiesen werden konnte, war es ihm nur noch in Abhängigkeit von seinem Taschengeld möglich, sich mit zusätzlichen Nahrungs- und Genussmittel zu versorgen, welches ihm auf Antrag zu Beginn des Monats im Voraus gewährt wird (§ 43 NJ-VollzG). Die gesamte Situation der Abdosierung hatte ihn emotional überfordert und war mit intensiven Ängsten verbunden. Er sah seine psychische und somatische Stabilität extrem gefährdet. Möglicherweise wäre er mit einer Substitution nicht in diese für ihn hochproblematische Situation geraten. Denn seine Opiatabhängigkeit ist auch eine schwerwiegende, chronisch-rezidivierend verlaufende psychische Störung. Damit zählt er zu den Patienten*innen, bei denen komorbide psychische Erkrankungen wie depressive Störungen (57 %), Persönlichkeitsstörungen (31 %), Angststörungen (25 %), Schlafstörungen (21 %), posttraumatische Belastungsstörung oder akute Belastungsreaktion (12 %) sowie Psychosen (5 %) auftreten (Scherbaum 2015). Und selbst eine partielle Abstinenz aufgrund der Abdosierung birgt die enorme Gefahr, dass zum Entlassungszeitpunkt eine niedrigere Substanztoleranz dazu führt, dass es beim erneuten Konsum illegaler Substanzen zurück in Freiheit zu gefährlichen Überdosierungen kommt (Initiative Gesundheit in Haft 2019: 9). Hier sieht sich Herr Mustermann in seiner psychischen Belastung und dem näher rückenden Entlassungstermin dann sogar mit Ängsten und Gefühlen zum Thema Sterben konfrontiert, da vor allem eine Intoxikation mit Opiaten beim Drogentod nach Haftentlassung die dominierende Rolle spielt (Kappos-Baxmann 2007). Gerade deshalb ist für die Wiedereingliederung von ehemals inhaftierten Personen in unsere Gesellschaft eine rechtzeitige und effektive Vorbereitung der Entlassung von besonderer Bedeutung und enorm wichtig. Das Bundesverfassungsgericht hat dazu schon 1973 in seinem Urteil zu 1 BvR 536/72 bekräftigt, dass auch für Gefangene und für aus dem Gefängnis entlassene Menschen das Sozialstaatsprinzip gilt und der Staat eine Pflicht zur Vor- und Fürsorge habe, auch "für Gruppen der Gesellschaft, die aufgrund persönlicher Schwäche oder Schuld, Unfähigkeit oder gesellschaftlicher Benachteiligung in ihrer persönlichen und sozialen Entfaltung behindert sind" (Bundesarbeitsgemeinschaft für Straffälligenhilfe 2013). In diesem Zusammenhang gilt es auch immer wieder darauf hinzuweisen, dass das Bundesverfassungsgericht seinerzeit neben den Gefangenen eben auch ganz explizit die Entlassenen genannt hat (BVerGE 1976: 202ff.).

Übergangsmanagement

Unter der Bezeichnung Übergangsmanagement werden jegliche Maßnahmen zur gezielten und strukturierten Entlassungsvorbereitung, der Sicherstellung von unterstützender Betreuung nach der Entlassung und deren Verknüpfung verstanden. Dabei sei „eine systematische Schaffung von Förderketten zur erfolgreichen Wiedereingliederung von Strafgefangenen" notwendig. (Wirth 2014).

3.3 Übergangsmanagement, Kooperation und Netzwerk

Ziel soll es sein, durch eine individualisierte, problem- und ressourcenorientierte Unterstützung in existenziellen Lebensbereichen eine selbstbestimmte Teilhabe an der Gesellschaft zu ermöglichen. Ressourcenorientierung basiert hier auf der Annahme, dass Menschen in ihrer Entwicklung, ihrer Lebensführung und ihrer Alltagsbewältigung, ebenso wie in der Überwindung von privaten, gesundheitlichen sowie sozialen Anforderungen und Schwierigkeiten auf Ressourcen angewiesen sind, deren Verfügbarkeit und erfolgreicher Einsatz Voraussetzung für ein zufriedenstellendes, straftatfreies, gesundes, suchtfreies, persönliches und soziales Leben und das Überwinden von Krisen sind.

Das Übergangsmanagement (ÜM) in der JVA Hannover beginnt deshalb bereits mit dem ersten Tag der Inhaftierung und umfasst insbesondere die Entlassungsvorbereitung in der abschließenden Phase des Vollzugs. Der gesetzliche Auftrag dazu ist in Niedersachsen in § 68 des Niedersächsischen Justizvollzugsgesetzes (NJVollzG) bestimmt und wird durch eine Allgemeinverfügung (Niedersächsisches Justizministerium 2018a) zum Übergangsmanagement ergänzt, die auch für die Partner*innen im ÜM und demnach für die Vollstreckungsbehörde, den Allgemeinen Justizsozialdienst, also Bewährungshilfe, Gerichtshilfe und Führungsaufsicht, sowie die freie Straffälligenhilfe gilt.

Ressourcen

Nach Nestmann ist eine Ressource zunächst „alles, was von einer bestimmten Person in einer bestimmten Situation wertgeschätzt oder als hilfreich erlebt wird", wobei diese erst zu einer wirklichen Ressource wird, „wenn sie von einem Menschen für dessen individuelle Zwecke genutzt wird" (Nestmann 1996: 359ff.). Vor allem im Justizvollzug bekommen individuelle Ressourcen eine größere Bedeutung und sind elementarer Bestandteil gelingender Hilfe, was ein späteres Leben frei von Kriminalität fördern kann.

Eine erfolgreichere Anwendung von Ressourcen kann deshalb auch nur unter der Voraussetzung einer ressourcenorientierten Haltung und Denkweise bei Gefangenen stattfinden. Als Grundlage für diese erfolgreiche Ressourcenorientierung stehen vor allem die systemischen-lösungsorientierten Theorien (Jeschke 2010). Diese stehen in der Tradition der Humanistischen Psychologie, die jeden Menschen und somit auch Gefangene, als Gestalter*innen der eigenen Möglichkeiten, ausgestattet mit guten Gaben und in der individuellen Existenz einzigartig betrachtet. Individualität

3 Verbesserte Handlungsmöglichkeiten für die Praxis

und autonomes Denken werden betont (Fromm/Funk 2009: 34f). Denn in Anerkenntnis, dass Probleme dem Grunde nach kleinere Ziele sind, geht es darum eine optimale Orientierung einzuschlagen, welche direkt auf die Zukunft ausgerichtet ist. Es ist von Bedeutung diese als eine Verhaltensoption im Hier und Jetzt zu sehen. Bamberger sagt dazu: „Das Leben des Klienten ist immer mehr als nur ein Problem." (Bamberger 2005: 33). Befreit von so einer dogmatischen Analyse der negativen Komplexität in der Vergangenheit kann jetzt sehr genau auf die Ressourcen und vorhandenen Kompetenzen des Gefangenen zurückgegriffen werden, wenn der Fokus auf das wesentlich nützliche eines gewünschten positiven Lebensgefühls und der Bedürfnisse nach Haftentlassung gerichtet ist. Dies passiert mehr im Sprechen und weniger im Betrachten von Problemen. Oftmals sind es die noch nicht selbst verinnerlichten aber bereits funktionierenden allgemeinen Lösungen, die ein Gefangener zunächst einmal unbewusst für sich entdeckt und später erfolgreich nutzen kann.

Durch Behandlungs-, Gruppen-, Sport- und Bildungsmaßnahmen kann steuernd Einfluss auf Persönlichkeitsmerkmale genommen werden. Dabei darf sich das Übergangsmanagement allerdings auch nicht auf eine reine Handhabung der Sozialtechnik mindern lassen, denn als Teil der Sozialen Arbeit sollte es sich „durch die Willensbildung der Betroffenen legitimieren und sich nicht einer Vorstellung dominant verschreiben" (Becker 2018: 39).

Vor allem Drogen gebrauchende Gefangene mit geminderten Ressourcen dürfen deswegen nicht auf den Status von ausschließlich defizitären Straftäter*innen reduziert werden. Bei ihnen handelt es sich, gerade unter dem Fokus Gesundheit und Substitution, um eine sehr vulnerable Gruppe innerhalb der Gefangenenpopulation.

Gesundheit und Justizvollzug

Gesundheit ist nach modernem Verständnis ein komplexes, ganzheitliches Konzept. Es umfasst mehrere Aspekte, wie auch die Definition der World Health Organization (WHO) betont: „Gesundheit ist ein Zustand des vollständigen körperlichen, geistigen und sozialen Wohlbefindens und nicht nur das Fehlen von Krankheit oder Gebrechen" (WHO 1946: 1). Dieses hat sie mit ihrer Ottawa Charta auch noch einmal konkretisiert (WHO 1986). Denn ein guter Gesundheitszustand ist eine wesentliche Bedingung für soziale, ökonomische und persönliche Entwicklung und entscheidender Bestandteil der Lebensqualität. Politische, ökonomische, soziale, kulturelle, biologische sowie Umwelt- und Verhaltensfaktoren können alle entweder der Gesundheit zuträglich, aber auch unzuträglich sein. Gesundheitsförderndes Handeln zielt darauf ab, durch aktives anwaltschaftliches Eintreten diese Faktoren positiv zu beeinflussen und der Gesundheit zuträglich zu machen (WHO, 1986: 1ff.).

Sowohl die bis 2007 noch bundeseinheitlich geregelte medizinische Versorgung in Haft im Strafvollzugsgesetz (§§ 56–66) versuchte dem gerecht zu werden, als auch das seit dem 01.01.2008 geltende Niedersächsische Justizvollzugsgesetz (NJVollzG § 56–63) nachdem mit der Föderalismusreform (Niedersächsicher Landtag 2007) zum 01.09.2006 die einzelnen Bundesländerländer die Kompetenz für eine eigene Strafvollzugsgesetzgebung bekamen.

In Niedersachsen beschreibt seitdem das Achte Kapitel des NJVollzG (§§ 56–63) die gesundheitliche Versorgung der Gefangenen, was keinen Krankenversicherungsschutz mehr notwendig macht, denn während einer richterlich angeordneten Unterbringung im Justizvollzug (Untersuchungshaft, Freiheitsstrafe oder freiheitsentziehende Maßregel der Besserung und Sicherung) ruht der Anspruch auf Leistungen. Diese Personen unterliegen nicht mehr der Versicherungspflicht in der gesetzlichen Renten-, Kranken- und Pflegeversicherung.

Gleichwohl hat die WHO Europa Standards für die Gesundheit im Gefängnissystem benannt, um sicherzustellen, dass Gefangene als Patient*innen behandelt werden:

- Menschen, die im Gefängnis sind, haben das gleiche Recht auf Gesundheitsversorgung wie alle anderen.
- Die Gefängnisverwaltungen sind dafür verantwortlich, dass die Gefangenen eine angemessene Gesundheitsversorgung erhalten und dass die Haftbedingungen das Wohlergehen der Gefangenen und des Gefängnispersonals fördern.
- Das Gesundheitspersonal muss Gefangene in erster Linie als Patient*innen und nicht als Gefangene behandeln.
- Das Gesundheitspersonal muss die gleiche berufliche Unabhängigkeit haben wie die Berufskolleg*innen, die in der Gemeinde arbeiten.
- Die Gesundheitspolitik in Gefängnissen sollte in die nationale Gesundheitspolitik integriert werden und die Verwaltung der öffentlichen Gesundheit sollte eng mit den in Gefängnissen verwalteten Gesundheitsdiensten verknüpft sein.
- Dies gilt für alle Gesundheitsfragen, ist jedoch besonders wichtig für übertragbare Krankheiten.

- Die Europäischen Gefängnisregeln des Europarates enthalten wichtige Standards für die Gesundheitsversorgung von Gefängnissen (Coyle 2007).

Die Zeit, die Gefangene im Justizvollzug zu verbüßen haben, sollte deshalb auch keine Restriktion der medizinischen Versorgung und Behandlung beinhalten. Bietet doch gerade in der komplexen Situation einer Substanzgebrauchsstörung das Gesundheitssystem im Vollzug auch Chancen. Auf der einen Seite besteht ein unmittelbarer niedrigschwelliger Zugang zum Medizinischen Dienst, und andererseits gibt es in der Regel erfahrene Ärzt*innen, die über umfängliche praktische Kenntnisse über die charakteristischen Problemlagen der Gefangenen verfügen. Dennoch darf man hier nicht das Spannungsfeld aus dem Fokus verlieren, in dem sich ein differenziertes, auf Schadensminimierung und Suchtbegleitung abzielendes Versorgungs-, Beratungs- und Behandlungsangebot im Gegensatz zu den vollzuglichen Reaktionen auf Konsum von legalen wie illegalen Substanzen befindet. Letztere bestehen vor allem aus „Kontrolle (Drogentests, Zellkontrollen), Sanktionen (Arbeitsplatzverlust, Freizeiteinschränkungen) und Stigmatisierung (nicht lockerungsgeeignet, kein offener Vollzug)" (Thane 2017: 12).

Substitution und Justizvollzug

Grundsätzlich ist der Strafvollzug kein umfänglich geeigneter Ort für Menschen, die unter einer Opiatabhängigkeit und Substanzgebrauchsstörung leiden, denn der Aufenthalt in einer totalen Institution verstärkt negative Tendenzen zur Regression, Realitätsflucht und Passivität. So bleibt es in Abhängigkeit von individuellen Ressourcen auch nicht aus, wenn Gefangene versuchen, sich in einem Zusammenwirken von „sekundären Anpassungen, Konversion, Kolonisierung und Loyalität" (Goffman 1961: o.S.) der neuen erzwungenen Lebenswirklichkeit zu stellen.

Die Problemsituation für Menschen mit einer Substanzgebrauchsstörung in der totalen Institution Justizvollzug zeichnet sich auch dadurch aus, dass drogengebrauchende Gefangene meist auch davor schon mit der extramuralen Subkultur der Drogenszene vertraut waren und diese nun in den Gefängnisalltag integrieren und unter den Bedingungen der Haft fortsetzen. (Kreuzer/Wille 1988).

Auch ist das Konsumverhalten durch einen hohen Mischkonsum mehrerer, sich teilweise wechselseitig beeinflussender Substanzen, gekennzeichnet, da die Droge der Wahl oftmals nicht zugänglich oder nicht finanzierbar ist. So werden verschiedene Mittel wie Opiate, Beruhigungsmittel, Schlafmittel und Alkohol parallel konsumiert, was zu oft unterschätzten Risiken führt. (Boetticher/Stöver 2006).

Auf dem Praxisworkshop zum Übergangsmanagement in Niedersachsen, der von den in Niedersachsen tätigen Akteur*innen im ÜM (Ambulanter Justizsozialdienst, Justizvollzug und Anlaufstellen für Straffällige) seit 2009 veranstaltet wird, hat der Autor im April 2017 als Leiter im Café Transit zum Thema „Durchgehende Substitutionsbehandlung" um Argumente und Stellungnahmen von den Teilnehmenden gebeten.

Negativ wurde kommentiert:
- in einer Vollzugsanstalt wird Drogenfreiheit vorausgesetzt.
- das Substitutionsmittel wird zum Teil lediglich als eine andere stimmungsändernde Droge gesehen, deren Verfügbarkeit die notwendige Persönlichkeitsentwicklung verzögert.
- Abstinenz als Chance zur gesundheitlichen Stabilisierung.
- Es besteht die Gefahr, dass das Substitutionsmittel zweckentfremdet und innervollzuglich verkauft wird („Dealen im Knast").
- Förderung krimineller Subkulturen, die zur Destabilisierung der Sicherheit und Ordnung beitragen.
- Gefahr des Beikonsums.
- Es fehlen räumliche und personelle Ressourcen, dadurch entstehen zusätzliche organisatorische Aufgaben was den Personaleinsatz und die bauliche Infrastruktur betrifft.
- Die Kosten der Substitutionsbehandlung.
- Inhaftierte werden nicht im Sinne des Erlernens von legalem Verhalten gefördert, sondern in illegalen Verhaltensweisen bestärkt und damit auch zur Begehung weiterer Straftaten im Vollzug veranlasst.

Positiv wurde kommentiert:
- Grundsätzlich beeinflusse die Substitutionsbehandlung das institutionelle Verhalten positiv, indem sie Drogen suchendes Verhalten verringert und so die Anstaltssicherheit verbessert.
- Weniger selbstverletzendes Verhalten und/oder Suizidversuche bei der Aufnahme aufgrund deutlich geminderter Entzugserscheinungen.
- Verringerter Drogenhandel und somit gesteigerte Produktivität in den Arbeits- und Ausbildungsbetrieben bei den Inhaftierten.
- Strafrückfälligkeit ist erheblich weniger wahrscheinlich unter Inhaftierten, die eine Substitutionsbehandlung erhalten.
- Substitution kann dem entgegenwirken, dass drogenabhängige Inhaftierte, die im subkulturellen Milieu verhaftet sind oder resignativ das

Haftende abwarten und deshalb bisher nicht vom Resozialisierungsangebot des Vollzuges profitierten.
- Die Substitutionsbehandlung im Gefängnis erleichtert wesentlich den Eintritt in und die Fortführung von Behandlungen nach der Entlassung, verglichen mit Inhaftierten, die sich Entgiftungsprogrammen unterzogen haben.
- Substitutionsbehandlung bedingt täglichen Kontakt zwischen den Mitarbeitern des Medizinischen Dienstes und den Inhaftierten und fördert damit eine Beziehung, die als Grundlage dienen kann, um weitere Gesundheitsfragen anzugehen.

Die differenzierte Diskussion fand aber darin Einigkeit, dass die Aspekte a) vollzugspolitische Vorgaben und b) medizinische Versorgung im Hauptfokus stehen. Aus diesem Grund wird in Haft die Substitution nicht nur als rein ärztliche Maßnahme, sondern gleichzeitig auch als Vollzugsmaßnahme bewertet.

Im Jahr 2019 gab es am Stichtag 31. März 65.796 Gefangene und Sicherungsverwahrte in den Justizvollzugsanstalten in Deutschland, sowohl im geschlossenen wie im offenen Vollzug (Statista 2020). Schätzungen gehen grundsätzlich davon aus, dass 30 – 50 % der Gefangenenpopulation an einer Substanzgebrauchsstörung leiden (Schuster/Fährmann 2019). Es wird auch davon ausgegangen, dass trotz bestehender Indikation im Gefängnis nur ca. 3 % der Opiatabhängigen behandelt werden; in Freiheit ca. 30 – 50 %. (Keppler 2014: 275). Die Entwicklung hat sich hier aber auch leicht auf ca. 10 % der Gefangenen verbessert (Stöver o.J.). Der Drogen und Suchtbericht der Bundesregierung von 2019 weist zum Stichtag des 31.08.2018 aus, dass von den männlichen Gefangenen, die aufgrund ihrer Abhängigkeitserkrankung theoretisch für eine Substitutionsbehandlung infrage kommen könnten, nur 21,4 Prozent substituiert wurden Von den weiblichen Gefangenen, bei denen eine Opioidabhängigkeit oder eine Abhängigkeit mit multiplem Substanzgebrauch festgestellt wurde, wurden am Stichtag 53,6 Prozent substituiert (Drogen und Suchtbericht der Bundesregierung 2019). Auch muss in diesem Zusammenhang besonders berücksichtigt werden, dass im Sinne von Methadon Mainteance Treatment (MMT) zwingend zwischen einer methadongestützten Entgiftungsbehandlung und einer Substitutionstherapie Opioidabhängiger unterschieden werden muss. (Keppler 2014: 255).

Unter der MMT bezeichnet man eine Intervention zur Behandlung von Opioid- bzw. Heroin-Abhängigkeit, wo die bisherigen praktischen Erfahrungen zeigen, dass die Patienten*innen wesentlich mit Verbesserungen der körperlichen und psychischen Gesundheit profitieren. MMT wird auch als ein entscheidender Faktor im Prozess der sozialen Wiedereingliederung angesehen und trägt zur Verringerung drogenbedingter Schäden wie Sterblichkeit und Morbidität sowie zur Prävention von Infektionskrankheiten bei (Michels/Stöver/Gerlach 2007).

Mit der vom Vorstand der Bundesärztekammer (BÄK) verabschiedeten Richtlinie zur Durchführung der substitutionsgestützten Behandlung Opioidabhängiger 2017 wurde auch noch einmal bestätigt, dass die Richtlinie „…unter Beachtung des ärztlichen Berufsrechtes für alle Ärzte, die eine solche Behandlung durchführen…" gilt (BÄK 2017) und somit auch für die Ärzt*innen in einer Strafvollzugsanstalt. Auch wenn zwischen Inhaftierten und den Anstaltsärzt*innen keine privatrechtliche Beziehung im Sinne eines Vertrages besteht, so handelt es sich allerdings um ein öffentlich-rechtliches Verhältnis.

Im Zusammenwirken dieser Richtlinie der BÄK mit der geänderten Betäubungsmittelverschreibungsverordnung (BtMVV), die am 22.05.2017 in Kraft getreten ist, hat das Justizministerium in Niedersachsen im Januar 2018 über einen modifizierten Erlass für die medikamentöse Substitution bei opiatabhängigen Gefangenen dann auch entschieden, vom bisherigen Ziel der Freiheit von jeder Abhängigkeit Abstand zu nehmen (Niedersächsisches Justizministerium 2018b). Jetzt sind die Ziele der Substitutionstherapie immer individuell zu definieren und dem Behandlungsverlauf auch anzupassen. Eine mögliche Opiatabstinenz soll aber als Fernziel weiterhin im Rahmen der Substitutionsbehandlung thematisiert werden (ebd.). Eine sehr positive Entwicklung in die richtige Richtung, denn es zeigt sich, dass eine zieloffene Herangehensweise in der Behandlung einer Substanzgebrauchsstörung vernunftgemäß und indiziert ist.

Denn vor allem schadensmindernde Aspekte in der Reduktion des Konsums und auch Abstinenz wären möglich. Körkel spricht vom „Abstinenzmonopolismus" und dass dieser „bis heute für die Mehrzahl suchtbelasteter Menschen von Schaden" ist, „denn er behindert alternative Behandlungen und zementiert Karrieren des Scheiterns und der Entwürdigung bei den Menschen, die zu Abstinenz nicht bereit oder nicht in der Lage sind und perpetuiert das Elend in ihrem sozialen Umfeld und die Schäden für die Gesellschaft." (Körkel 2019: 7).

Idealerweise wäre aus diesem Grunde vor allem eine kontinuierliche Behandlung gemäß des „Throughcare"-Konzepts anzustreben, das eine durchgehende geeignete medizinische Versorgung beim Übergang von Freiheit in Haft und wieder zurück ohne Versorgungsabbrüche vorsieht. (Behrens/Lehmann 2014).

Throughcare basiert auf den Ergebnissen des Forschungsprojekts „Übergangsmanagement für Gefangene mit problematischem Drogengebrauch" der Generaldirektion Justiz, Freiheit und Sicherheit der Europäischen Kommission aus den Jahren 2008-2011. Es bezieht sich sowohl auf die Vorkehrungen zur Verwaltung der Kontinuität der Versorgung vor, während und unmittelbar nach der Inhaftierung, als auch für die Zeit nach der Haftentlassung. Es ist ein Unterstützungspaket notwendig, das eingerichtet werden sollte, wenn Gefangene die Drogen missbrauchen das Ende eines Behandlungsprogramms im Gefängnis erreichen, eine Haftstrafe vollenden oder die Behandlung beendet haben. Es handelt sich nicht einzig nur um einen diskreten Behandlungsprozess, sondern vor allem um einen ganzheitlichen Ansatz, einschließlich des Zugangs zu zusätzlicher Unterstützung für Themen wie psychische Gesundheit, Wohnen, Finanzmanagement, Familienprobleme, Erlernen neuer Fähigkeiten und Beschäftigung (MacDonald 2009).

Dieses ganzheitliche medizinische Verständnis umfasst auch die Tatsache, dass es Gefangene gibt, bei denen es selbst nach erfolgter Abdosierung und langjähriger Haftstrafe angezeigt sein kann, im Sinne eines optimalen Übergangsmanagements wieder mit der Substitution anzufangen, wenn die individuelle Entscheidung gefallen ist, dass man nach der Haftentlassung in Freiheit erneut Drogen zu sich nehmen wird. Die Richtlinien der Bundesärztekammer sehen dafür in begründeten Einzelfällen eine Substitutionsbehandlung nach ICD F11.21 (Opiatabhängigkeit, gegenwärtig abstinent, aber in beschützender Umgebung – wie z. B. Krankenhaus, therapeutische Gemeinschaft, Gefängnis) explizit vor (BÄK 2010).

Netzwerkarbeit in der JVA Hannover

Um den individuellen wie gesamtgesellschaftlichen negativen Folgen entgegenzuwirken, sowie zumindest die Integration von substituierten Haftentlassenen mit Anspruch auf Grundsicherung für Arbeitsuchende gemäß dem Zweiten Sozialgesetzbuch (SGB II) zu optimieren, trafen sich zunächst zu einem Initiativtreffen am 20.10.14 ein Fallmanager sowie ein Teamleiter Markt und Integration des Jobcenter Region Hannover und der Autor in seiner Funktion als Entlassungskoordinator der JVA Hannover mit dem Ziel, genau dazu eine verbindliche Kooperationsvereinbarung zu gestalten. In großer Offenheit und interdisziplinär wurden eine Menge von Vorteilen gesehen, die eine Vernetzung zwischen vollzugsinternen und -externen Dienstleistungen in sich trägt:

3.3 Übergangsmanagement, Kooperation und Netzwerk

- Zugang zu den einzelnen Institutionen,
- informelles Kommunikationsnetzwerk,
- Wissenstransfer,
- Erweiterung des Handlungsrepertoires,
- umfängliche Problembewältigung,
- parallele Sachbearbeitung wird vermieden,
- Steigerung der Wirtschaftlichkeit.

Darüber hinaus mussten administrative Strukturen, finanzielle Voraussetzungen und technische Fragen definiert werden.

Aus dieser Kerngruppe heraus entwickelten sich zehn weitere interdisziplinäre Netzwerktreffen, ergänzt durch fachspezifische personelle Besetzung und Vertreter*innen unterschiedlicher Hierarchieebenen.

Zusätzlich erfolgte eine inhaltliche Begleitung durch den Arbeitskreis Sucht, Drogen & Aids: Ein Zusammenschluss aus 23 Organisationen der Sucht-, Drogen-, AIDS-, Wohnungslosen- und Jugendhilfe, Elternkreisen und Selbsthilfegruppen der Stadt und der Region Hannover. Unterstützung gab es auch durch den Runden Tisch Sucht & Drogen: Dieser wurde auf Beschluss der Ratsfraktionen von SPD und Bündnis 90/Die Grünen der Landeshauptstadt Hannover im Jahr 1990 gegründet, verbunden mit der Forderung, die Drogenhilfeaktivitäten in Hannover durch die Verwaltung zu koordinieren und zu planen (Lessing 2012).

Kooperationsvereinbarung

Ziel aller Beteiligten war es, die Betreuung und Integration nach Haftentlassung so zu verbessern, dass ein nahtloser Übergang in die Anschlusssubstitution erfolgt, inklusive Krankenversicherungsschutz am Entlassungstag. Dabei sollten die Bedürfnisse und Wünsche der substituierten Gefangenen respektiert werden, denn vor allem die krisenbehaftete Zeit der ersten Wochen nach der Entlassung ist für substituierte Haftentlassene geradezu überlebenswichtig. Diese Zeit muss gut vorbereitet sein, denn „nicht zuletzt Nachsorge und ggf. langfristig angelegte Nachbegleitung entscheiden über den Erfolg der vollzuglichen Bemühungen während der Haftzeit." (Walkenhorst/Koop 2019: 249).

Die umfängliche Sicherung der Teilhabe am Leben in der Gemeinschaft setzt allerdings auch voraus, dass die Leistungserbringung unmittelbar nach Haftentlassung erfolgt. Hierzu haben sich im September 2016 dann die JVA Hannover, die JVA Sehnde, dass Jobcenter Region Hannover und die AOK Niedersachse als Vertragspartner zur Aufgabe verpflichtet, in de-

3 Verbesserte Handlungsmöglichkeiten für die Praxis

ren Zusammenwirken diese Ziele erreicht werden können und eine Kooperationsvereinbarung geschlossen (Vereinbarung zur Zusammenarbeit 2016).

Jobcenter Region Hannover
- Der Antrag auf ALG II wird schon in Haft angenommen und bis zum Entlassungstag entscheidungsreif bearbeitet.
- Die Krankenkasse wird über die Antragsbearbeitung und den grundsätzlichen ALG-II-Anspruch schriftlich informiert und zur Übersendung eines vorläufigen Behandlungsscheins aufgefordert.
- Am Tag der Haftentlassung wird bei persönlicher Vorsprache die abschließende Bearbeitung des Antrags vorgenommen.
- Bescheid und Behandlungsschein werden ausgehändigt.
- Der Vorgang wird nach Wohnsitznahme an den entsprechend zuständigen Jobcenter-Standort abgegeben. Von dort erfolgt die zeitnahe Einladung und Betreuung im Rahmen des Fallmanagements.

AOK Niedersachsen
- Erfassung der Meldung durch das Jobcenter Region Hannover.
- Erteilung der Versicherungszusage bei bestehendem Leistungsanspruch.
- Zusendung des Behandlungsscheins an das Jobcenter Region Hannover.

JVA Hannover
- Information über das abgestimmte Verfahren im Rahmen des Aufnahmeverfahrens: hier durchlaufen Polizeizugänge, Selbststeller und Gefangene, die auf dem Transportweg in die JVA Hannover verlegt werden, feste Stationen wie die Fachbereiche Sicherheit, Ausstattung und Versorgung (Aufnahmekammer), Medizin (Zugangsuntersuchung) und Vollzugsgeschäftsstelle (Aufnahme).
- Beratung und Unterstützung der Gefangenen insbesondere bei der frühzeitigen Antragstellung im Jobcenter Region Hannover.
- Erschließung eines Substitutionsplatzes und Unterstützung bei der Beibringung der hierfür erforderlichen Dokumente.

Für den Sozialen Dienst in der JVA Hannover organisiert eine Anstaltsregelung (JVA Hannover 2020) das Vorgehen, wodurch mindestens acht Wochen vor der Entlassung aus Haft der Gefangene bei der Suche nach einem freien Substitutionsplatz unterstützt werden muss. Spätestens sechs Wochen vor der Haftentlassung unterstützt der Soziale Dienst bei der Antragstellung für das ALG II bei der für die JVA Hannover zuständigen Geschäftsstelle des Jobcenters Region Hannover.

3.3 Übergangsmanagement, Kooperation und Netzwerk

Sämtliche Arbeitsabläufe werden im Buchhaltungs- und Abrechnungssystem im Strafvollzug (Basis-Web) notiert. Ferner gehen sämtliche Durchschriften des Schriftverkehrs zur Gefangenenpersonalakte (GPA).

Davon unberührt bleiben die Tätigkeiten des Medizinischen Dienstes oder des Suchtberatungsdienstes. Der Inhaftierte entscheidet abhängig von seiner eigenen Situation, von wem er sich wie vornehmlich beraten lassen will.

Sollte sich keine Anschlusspraxis für die Substitution finden, besteht die Zusage einer hannoverschen Schwerpunktpraxis, wenn am Entlassungstag der Krankenversicherungsschutz gesichert ist. Die psychosoziale Betreuung kann durch das Klinikum Region Hannover nahtlos fortgeführt werden, wenn im Vorfeld Kontakt zur entsprechenden Institutsambulanz aufgenommen wurde, um das weitere Vorgehen abzusprechen.

Zwei weitere Krankenkassen, die an den Gesprächen eine Zeit lang beteiligt waren, konnten sich aufgrund ihrer Organisationsstrukturen nicht der Vereinbarung anschließen, aber zumindest eine davon hat mitgeteilt, eine wohlwollende Empfehlung in Bezug auf das vereinbarte Verfahren an ihre Geschäftsstellen aussprechen zu wollen.

Auf Seiten der Sozialhilfeträger nach SGB XII in der Region Hannover wurde keine Notwendigkeit gesehen, sich explizit der Vereinbarung anzuschließen, vor allem auch unter Berücksichtigung der Eigenständigkeit der Kommunen, da diese lediglich im Rahmen entsprechender Satzungen zur Übernahme von Sozialhilfeleistungen nach dem SGB XII für die Region Hannover als örtlicher Sozialhilfeträger herangezogen werden. Dennoch ist im Rahmen der Leitungsrunde Soziales mit den regionsangehörigen Kommunen im Dezember 2016 abgestimmt worden, dass die Kooperationsvereinbarung in SGB XII-Fällen analog anzuwenden sei. Der Text der Vereinbarung ist den entsprechenden Städten und Gemeinden im Rahmen der genannten Leitungsrunde auch bekannt gegeben worden.

Im Frühjahr 2018 hat sich dann die JVA Vechta für Frauen, Abteilung Hildesheim, der Kooperationsvereinbarung angeschlossen. Die Vereinbarung sieht ein Verfahren zum Beitritt vor, der es anderen Krankenkassen und Justizvollzugsanstalten formlos ermöglicht, dieser beizutreten oder diese gegen sich gelten zu lassen.

Fazit

Inwieweit die Kooperationsvereinbarung die Ziele des Justizvollzugs wirkungsvoll als Merkmal relevant beeinflusst, indem sie die Substitution in-

3 Verbesserte Handlungsmöglichkeiten für die Praxis

nerhalb der JVA mit garantieren kann und zusätzlich eine Wirkung nach Haftentlassung durch die nahtlose Fortführung dieser sicherstellt – Suhling spricht hier von möglichen Outcome-Indikatoren, die in Abhängigkeit der Zielebene besprochen werden müssen (Suhling 2018) – könnte von der Wissenschaft überprüft werden.

Auch offenbaren die bisherigen Erfahrungen, dass mit der Kooperationsvereinbarung ein positiver Aspekt dazugekommen ist, von dem substituierte Haftentlassene in dem kritischen Zeitabschnitt, der auf die Entlassung folgt, durch die koordinierte Zusammenarbeit der beteiligten Institutionen sehr profitieren können.

Anfängliche Unsicherheiten auf Seiten der Kooperationspartner*innen, wenn die Personen nicht in das direkte Geschehen der Verhandlungen eingebunden waren, wurden durch das funktionierende Netzwerk, der eindeutigen Zuständigkeit in den Aufgaben und durch die Benennung fester Ansprechpersonen die im Einzelfall bestimmend intervenierten, zur Zufriedenheit in der Anwendung des Verfahrens gelöst.

Nachwort

Im Herbst 2019 gestaltet sich die Entlassungsvorbereitung im Rahmen des Übergangsmanagements für den Gefangenen Mustermann individuell nun gefestigt. Durch den Sozialen Dienst hat er bereits aus Haft heraus einen Antrag auf Leistungen nach dem SGB II gestellt, das Jobcenter hat seine Krankenkasse darüber informiert und ihn gemeldet. Seine behandelnde Anschlusspraxis besitzt nun Sicherheit, dass Krankenversicherungsschutz vorliegen wird und hat den medizinischen Dienst der JVA darüber informiert, dass sie die Substitutionsbehandlung nahtlos aufrechterhalten wird. In der JVA erfolgt keine Abdosierung, und die weitere Teilnahme an der Psychosozialen Betreuung durch den Suchtberatungsdienst ist ebenfalls gesichert. Beschaffungsdruck und Verschuldungsoption sind deutlich minimiert. Herr Mustermann verspürt weniger Zukunftsangst.

Am Entlassungstag bekommt er beim Jobcenter u.a. seinen Leistungsbescheid, inklusive des Mehrbedarfs für die anfallenden Fahrkosten vom Wohnort zur Substitutionspraxis sowie seinen Krankenbehandlungsschein, den die Krankenkasse dem Jobcenter zuvor zugeschickt hatte, ausgehändigt.

Die gesamte positive suchtmedizinische Versorgungssituation für Herrn Mustermann ist damit die entscheidende Basis geworden, welche es ihm proaktiv ermöglicht, seine zukünftige Lebensperspektive so zu organisieren, dass er selbstbestimmt und in sozialer Verantwortung jetzt auch ein Leben ohne Straftaten zu führen und zu gestalten vermag.

Literaturverzeichnis

BÄK – Bundesärztekammer (2017): Richtlinie zur Durchführung der substitutionsgestützten Behandlung Opioidabhängiger.

BÄK – Bundesärztekammer (2010): Bekanntmachungen: Richtlinien der Bundesärztekammer zur Durchführung der substitutionsgestützten Behandlung Opiatabhängiger – Vom Vorstand der Bundesärztekammer in seiner Sitzung am 19. Februar 2010 verabschiedet. In: Dtsch Arztebl 2010; 107(11), 511–516.

Bamberger, G.G. (2005): Lösungsorientierte Beratung (3. Aufl.), Weinheim/Basel: Beltz.

BAS Bayerische Akademie für Sucht- und Gesundheitsfragen (2018): Leitfaden für Ärzte zur substitutionsgestützten Behandlung Opiatabhängiger (4. vollst. überarb.Aufl.), München: Bayerische Akademie für Sucht- und Gesundheitsfragen BAS Unternehmensgesellschaft.

Becker, Uwe (2018): Resozialisierung zwischen Recycling und Resonanz. In: Bruns, Sabine/Reichenbach, Marie-Therese: Resozialisierung neu denken (2., erw. Aufl.), Freiburg i. Brs.: Lambertus-Verlag, 30–41.

Behrens, S./Lehmann M. (2014): Aus medizinischer Sicht. In: Lehman, Marc/ Behrens, Marcus/Drees, Heike (Hrsg.): Gesundheit und Haft. Handbuch für Justiz, Medizin, Psychologie und Sozialarbeit, Lengerich: Pabst Science Publishers, 121–134.

Boetticher; Stöver H. (2006): Kommentar zum Strafvollzugsgesetz In Feest, Johannes (Hrsg.): StVollzG-Kommentar (5. Neu bearb. Aufl.), Neuwied: Luchterhand,

Bundesarbeitsgemeinschaft für Straffälligenhilfe e.V. (2013: Soziale Gerechtigkeit in der Gefangenenarbeit, Informationsdienst Straffälligenhilfe 2013(3), online verfügbar unter: https://www.bag-s.de/fileadmin/user_upload/PDF/Infodienst/3_2013_BAG-S_Infodienst_Webseite_Archiv.pdf [Stand 15.12.2020].

Bundesverfassungsgericht (BVerfG) (1976): Aktenzeichen: 1 BvR 536/72, online verfügbar unter: https://dejure.org/dienste/vernetzung/rechtsprechung?Gericht=BVerfG&Datum=05.06.1973&Aktenzeichen=1%20BvR%20536/72 vom 20.05.20 und https://www.telemedicus.info/urteile/Allgemeines-Persoenlichkeitsrecht/Personen-der-Zeitgeschichte/Straftaeter/90-BVerfG-Az-1-BvR-53672-Lebach.html [Stand 29.06.20].

Coyle, A. (2007): Standards in prison health: the prisoner as a patient. In: Møller, Lars et al.: Health in prisons: A WHO guide to the essentials in prison health, Copenhagen: WHO Regional Office for Europe, 7–14.

Die Drogenbeauftragte der Bundesregierung (2019): Drogen und Suchtbericht 2019, Deutsche Bundesregierung. Online verfügbar unter: https://www.bundesgesundheitsministerium.de/fileadmin/Dateien/5_Publikationen/Drogen_und_Sucht/Berichte/Broschuere/Drogen-_und_Suchtbericht_2019_barr.pdf [Stand 15.12.2020].

Fromm, E./Funk, Rainer (Hrsg.) (2009): Humanismus als reale Utopie, Der Glaube an den Menschen (2. Aufl.), Berlin: Ullstein Buchverlage.

Goffman, Erving (1961): Asylums: Essays on the social situation of mental patients and other inmates, New York: Anchor Books. Online verfügbar unter: https://de.wikipedia.org/wiki/Totale_Institution [Stand 03.06.20].

Jeschke, Karin (2010): Systemisches Arbeiten. In: Möbius, Thomas/Friedrich, Sibylle (Hrsg.): Ressourcenorientiert arbeiten. Anleitung zu einem gelingenden Praxistransfer im Sozialbereich, Wiesbaden: VS Verlag für Sozialwissenschaften, 51–61.

JVA Hannover, Anstaltsregelung (2020): Übergangsmanagement der JVA Hannover, Lfd. Nr. 2.32.0, vom 06.07.2020 (JVA interne Regelungen/ministerielle Erlasse, nicht öffentlich zugänglich).

Kappos-Baxmann, Ismene (2007): Epidemiologie und Risikoabschätzung der Rauschgifttodesfälle 1990 – 1997 in Hamburg unter Berücksichtigung von Haftaufenthalten im Hamburger Vollzug, Universität Hamburg: Dissertation.

Keppler ,K. (2014): Substitution in Haft. In: Lehmann, M./Behrens, M./Drees, H.: Gesundheit und Haft. Handbuch für Justiz, Medizin, Psychologie und Sozialarbeit, Lengerich: Pabst Science Publishers 2014, 253–276.

Körkel, J. (2019): Abstinenz als Primärziel der Behandlung – ein zeitgemäßes Therapiekonzept? Fachtagung des DBH zum Thema „Führungsaufsicht", Frankfurt am Main. Online verfügbar unter: https://www.dbh-online.de/sites/default/files/doku/vortraege/koerkel_190506_0.pdf [Stand 16.12.2020].

Kreuzer, Arthur/Wille, Rolf (1988): Drogen- Kriminologie und Therapie mit einer ausführlichen Darstellung aktueller Drogenprobleme einschließlich Aids, Heidelberg: v. Decker u. Müller.

Lessing, A. (2012): Wir vernetzen Vielfalt – Runder Drogentisch Hannover, 79. Deutscher Fürsorgetag des NDV. Online verfügbar unter https://www.google.com/url?sa=t&rct=j&q=&esrc=s&source=web&cd=&ved=2ahUKEwiOpLvVvtLtAhWHFxQKHYkrDucQFjAAegQIAxAC&url=https%3A%2F%2Fwww.hannover.de%2Fcontent%2Fdownload%2F363555%2F6955934%2Ffile%2Fdrogentisch.pdf&usg=AOvVaw1iRMjJE2s9ihx-H70HAGhF [Stand 16.12.20].

MacDonald, M. (2009): Throughcare – Working in Partnership. Online verfügbar unter: http://www.throughcare.eu/index.html [Stand 21.05.20].

Michels, I.I./Stöver, H./Gerlach, R. (2007): Substitution treatment for opioid addicts in Germany. In: Harm Reduct J 4, 5. Online verfügbar unter: https://harmreductionjournal.biomedcentral.com/articles/10.1186/1477-7517-4-5 [Stand 16.12.2020].

Nestmann, F. (1996): Psychosoziale Beratung – Ein ressourcentheoretischer Entwurf. Verhaltenstherapie und Psychosoziale Praxis, 28(3), 359–376.

Niedersächsischer Landtag (2007): Niedersächsisches Gesetz- und Verordnungsblatt: Nds. GVBl, Nr. 41. Online verfügbar unter: https://www.niedersachsen.de/download/66176/Nds._GVBl._Nr._41_2007_vom_20.12.2007_S._719-753.pdf [Stand 16.12.2020].

Niedersächsisches Justizministerium (2018a): Übergangsmanagement, AV d. MJ v. 9. 1. 2018 (4260–403.116); Übergangsmanagement zwischen den Justizvollzugsanstalten, dem Ambulanten Justizsozialdienst Niedersachsen, den Staatsanwaltschaften und den freien Trägern der Straffälligenhilfe. Online verfügbar unter: http://www.voris.niedersachsen.de/jportal/?quelle=jlink&query=VVND-333500-MJ-20180109-SF&psml=bsvorisprod.psml&max=true [Stand 16.12.2020].

Niedersächsisches Justizministerium (2018b): Medizinische und paramedizinische Richt- und Leitlinien im niedersächsischen Justizvollzug. In: Medikamentöse Substitution bei opiatabhängigen Gefangenen, Erlass 4558 – 302. 13 vom 18. Januar 2018.

Scherbaum, N. (2015): Komorbide psychische Störungen bei Opiatabhängigen! In: Suchttherapie 15(01): 22–28. Online verfügbar unter: https://www.thieme.de/de/psychiatrie-psychotherapie-psychosomatik/komorbide-psychische-stoerungen-bei-opiatabhaengigen-58652.htm [Stand 26.06.20].

Initiative Gesundheit in Haft (2019): Prison Health Is Public Health, 6 Eckpunkte-Papier Haft. Online verfügbar unter: https://gesundinhaft.eu/wp-content/uploads/6EckpunktePapierHaft05042019.pdf [Stand 16.12.2020].

Schuster, S./Fährmann, J. (2019): Substitutionsbehandlung im Gefängnis aus einer menschenrechtlichen Perspektive. In: Akzept e.V./Deutsche AIDS-Hilfe (Hrsg.): 6. Alternativer Drogenbericht 2019, Lengerich: Papst Science Publishers, 157–165.

Statista (2020): Anzahl der Gefangenen und Verwahrten in den Justizvollzugsanstalten (geschlossener und offener Vollzug) in Deutschland von 2009 bis 2019. In: Rudnicka, J.: Gefangene und Verwahrte in den Justizvollzugsanstalten in Deutschland bis 2020. Online verfügbar unter: https://de.statista.com/statistik/daten/studie/225/umfrage/gefangene-und-verwahrte-seit-dem-jahr-2000/ [Stand 24.03.20].

Stöver, H. (o.J.): Suchtkrankheit, Delinquenz und Stigmatisierung – wie weiter' Onlinemagazin des GVS PARTNERschaftlich. Online verfügbar unter: https://www.partnerschaftlich.org/themenmagazine/2020-02/suchtkrankheit-delinquenz-und-stigmatisierung-wie-weiter.html#pagetop [Stand 25.06.2020].

Suhling, S. (2018): Wirkungsforschung und wirkungsorientierte Steuerung im Strafvollzug. In: Maelicke, B./Suhling, S. (Hrsg): Das Gefängnis auf dem Prüfstand, Wiesbaden: Springer Fachmedien, 23–47.

Thane, Katja (2017): Drogen im Gefängnis: Umgang mit Konsum und Konsumentinnen und Konsumenten, 57. DHS Fachkonferenz SUCHT – Forum Sucht und Haft, Deutsche Hauptstelle für Suchtfragen, Essen, Deutschland 10.10.2017.

3 Verbesserte Handlungsmöglichkeiten für die Praxis

Vereinbarung zur Zusammenarbeit (2016): Vereinbarung zur Zusammenarbeit zwischen der Gemeinsamen Einrichtung Jobcenter Region Hannover, Justizvollzugsanstalt Hannover, Justizvollzugsanstalt Sehnde, AOK Niedersachsen vom 01.08.2016. Online verfügbar unter: https://www.google.com/url?sa=t&rct=j&q=&esrc=s&source=web&cd=&cad=rja&uact=8&ved=2ahUKEwiz9reMzdLtAhXj0eAKHWBwCOkQFjAAegQIBRAC&url=https%3A%2F%2Fwww.hannover.de%2Fcontent%2Fdownload%2F760448%2F19071732%2Ffile%2FVereinbarung_Zusammenarbeit_Schlussfassung.pdf&usg=AOvVaw1z-Ny_Szw6jGFGcN3mOt5C [Stand 16.12.2020].

Walkenhorst, P./Koop, G. (2019): Was bleibt HAFTen. Die Bedeutung von Nachsorge, Entlassungsvorbereitung und Übergangsgestaltung. In: Schaede, S./Koop, G./Wirth, W. (Hrsg.): Forum Strafvollzug Zeitschrift für Strafvollzug und Straffälligenhilfe, 19(4), 249.

WHO – Weltgesundheitsorganisation (1946): Verfassung vom 22. Juli 1946. Online verfügbar unter: http://apps.who.int/gb/bd/PDF/bd47/EN/constitution-en.pdf [Stand 20.05.20].

WHO – Weltgesundheitsorganisation (1986): Internationale Konferenz zur Gesundheitsförderung 21. November 1986, Ottawa-Charta. Online verfügbar unter: http://www.euro.who.int/__data/assets/pdf_file/0006/129534/Ottawa_Charter_G.pdf [Stand 20.05.20].

Wirth, Wolfgang (2014): Übergangsmanagement im Strafvollzug: Anwendungsfelder – Schwerpunkte. In: Kerner, Hans-Jürgen/Marks: Internetdokumentation des Deutschen Präventionstages, Hannover. Online verfügbar unter: www.praeventionstag.de/Dokumentation.cms/2823 [Stand 16.12.2020].

3.3.3 Das PLUS für die Haftentlassung – Versorgungsverbesserung durch sektorübergreifende Netzwerke (Gero Moog & Thomas Walker)

Ganzheitliche Versorgung mit partizipativem Ansatz

Die PLUS-Initiative verfolgt das Ziel, die regionale Gesundheitsversorgung von Drogenkonsumierenden und Substituierten nachhaltig und strukturell zu verbessern. Gemeinsame Initiatoren von PLUS sind die AbbVie Deutschland GmbH & Co. KG, der Caritasverband für Stuttgart e.V. und die Deutsche Leberhilfe e.V. Sie gründeten 2014 PLUS, um gesundheitliche Chancenungleichheiten abzubauen und die Betroffenen besser an das Versorgungssystem anzubinden. Zu diesem Zweck werden niedrigschwellige Präventions- und Unterstützungsangebote initiiert, Zuweiser-Strukturen aufgebaut und Substitutionspatient*innen weiter stabilisiert.

Drogenkonsumierenden und Substituierten bietet PLUS einen breiten Konzeptansatz in diversen Lebenssituationen. Ein maßgeschneidertes Hilfsprogramm soll den Betroffenen eine gesellschaftliche Anbindung ermöglichen. Das PLUS-Angebot besteht unter anderem aus Kompetenztrainings zur Bewältigung alltäglicher Aufgaben und Schulungen zu relevanten Themen im Kontext einer Drogensucht, beispielsweise das erhöhte Risiko für per Blut-zu-Blut-Kontakt übertragene Infektionskrankheiten. Die Betroffenen profitieren von individuellen Freizeitangeboten, die deren Alltagstruktur stärken, und einer umfassenden Beratung bei psychischen, gesundheitlichen und gesellschaftlichen Problemen. Außerdem werden sie besser an Substitutionseinrichtungen, Wohnungsämter und Jobcenter angebunden.

Das Versorgungsangebot der PLUS-Initiative festigt die allgemeine Lebenssituation von Drogenkonsumierenden und Substituierten und sorgt so gleichzeitig auch dafür, dass sie dem Thema Gesundheit wieder einen höheren Stellenwert einräumen können. Zusätzlich ermöglicht ihnen das partizipative Peer-PLUS-Peer-Konzept, selbst an der Ausgestaltung der PLUS-Projekte teilzunehmen. Das Übernehmen von Verantwortung lässt die Betroffenen neues Selbstvertrauen schöpfen und macht sie zu PLUS-Botschafter*innen, die die Bekanntheit der PLUS-Initiative im Suchtumfeld fördern. Außerdem sorgt die aktive Mitgestaltung für ein zielgruppenadäquates Versorgungsangebot.

3 Verbesserte Handlungsmöglichkeiten für die Praxis

Regionale Anpassung und überregionale Vernetzung

Die PLUS-Initiative ist deutschlandweit in verschiedenen Städten vertreten.[80] Da zwischen den Standorten große Unterschiede im Suchtsetting, den vorhandenen Hilfsstrukturen und den Bedürfnissen der Zielgruppe bestehen können, orientiert sich das PLUS-Konzept stark an der örtlichen Versorgungssituation. Vorhandene Strukturen, wie die Drogen- und Suchthilfe, Substitutionseinrichtungen, Infektiolog*innen und Hepatolog*innen werden auf lokaler Ebene besser vernetzt, um die Zusammenarbeit zwischen den Akteur*innen zu fördern.

Zusätzlich zur regionalen Zusammenarbeit fördert PLUS auch die überregionale Vernetzung der Akteur*innen. Dafür laden die verantwortlichen Institutionen jährlich zum bundesweiten PLUS-Forum ein, bei dem Best-Practice-Cases ausgetauscht sowie aktuelle Versorgungsthemen diskutiert werden. In Workshops und interaktiven Talk-Runden diskutieren Akteur*innen aus unterschiedlichen Bereichen über aktuelle Ansätze und entwickeln gemeinsam neue Maßnahmen und Konzepte. So erarbeiteten im Rahmen des 2. bundesweiten PLUS-Forums im September 2019 rund 60 Expert*innen aus Medizin, Drogenhilfe, sozialen Einrichtungen, Justizvollzug und pharmazeutischen Unternehmen die sogenannte Bochumer Erklärung. Dabei handelt es sich um ein politisches Eckpunktepapier, das Handlungsfelder für eine zeitnahe Elimination der Hepatitis C im Suchtumfeld ausmacht und konkrete Forderungen an die Politik stellt. Die geforderten Maßnahmen unterstützen das gemeinsame Bestreben der Weltgesundheitsorganisation und der Bundesregierung, Hepatitis C als Bedrohung der öffentlichen Gesundheit bis zum Jahr 2030 zu eliminieren (WHO 2017: 1; BMG/BMZ 2016: 2). Bei dieser Infektionskrankheit gelten Drogenkonsumierende als Hochrisikogruppe. 80 % der Neudiagnosen, deren Infektionsweg bekannt ist, gehen auf intravenösen Drogenkonsum zurück (Meurs et al. 2019: 3). In der vom Robert Koch-Institut (RKI) durchgeführten DRUCK-Studie wurden 66 % der erfassten Drogenkonsumierenden positiv auf Antikörper gegen das Hepatitis-C-Virus (HCV) getestet (RKI 2016: 4). Im Vergleich dazu liegt die Prävalenz in der deutschen Gesamtbevölkerung bei 0,3 bis 0,5 % (Poethko-Müller et al. 2013: 5; Zimmermann 2018: 6). Hepatitis C kann unbehandelt zur Leberzirrhose führen.

---

80 Unter dem folgenden Link www.HCVVersorgungPLUS.de finden Sie die PLUS-Initiative im Internet und das politische Eckpunktepapier *Sechs Punkte für eine Elimination im Suchtumfeld*: https://www.hcvversorgungplus.de/ [Stand 19.12.2020].

Eine Leberzirrhose erhöht das Risiko, an einem Leberzellkarzinom zu erkranken, bei dem die Überlebenszeit nach der Erstdiagnose meist nur Monate bis wenige Jahre beträgt (RKI 2018: 7). Die PLUS-Initiative legt in ihrem Versorgungsprogramm einen Fokus auf Hepatitis C und setzt durch die regionale Vernetzung der Akteur*innen die Empfehlung des RKI aus der DRUCK-Studie konsequent um (RKI 2016: 4). Neben Drogenkonsumierenden und Substituierten adressiert PLUS auch weitere Hochrisikogruppen für Hepatitis C, z. B. Prostituierte und Männer, die Sex mit Männern haben (MSM). Die PLUS-Partner*innen in Hamburg und Kassel gehen gezielt auf aktuell oder ehemals Inhaftierte zu, die ebenso zur Hochrisikogruppe gehören. Ein Fokus liegt dabei auf dem Übergangsmanagement zwischen Haft und Freiheit.

Die Bedeutung des Haftsettings für PLUS

Zwischen Inhaftierten und intravenös Drogenkonsumierenden gibt es eine große Schnittmenge. Von den in der DRUCK-Studie befragten Drogenkonsumierenden weisen 81 % Hafterfahrung auf. 30 % von ihnen gaben an, auch in Haft intravenös Drogen konsumiert zu haben (RKI 2016: 4). Die Prävalenz der HCV-Infektionen liegt bei Inhaftierten mit bis zu 20,6 % ca. 70-mal höher als in der Gesamtbevölkerung, bei der die Prävalenz 0,3 bis 0,5 % beträgt (Opitz-Welke 2018: 8; Zimmermann 2018: 6). Dieser Unterschied ist selbst im Vergleich zu anderen Infektionskrankheiten drastisch: Beispielsweise sind mit dem Hepatitis-B-Virus (HBV) bis zu 2,4 % der Inhaftierten infiziert, bis zu 1,2 % sind HIV-positiv. In der Gesamtbevölkerung liegen die Prävalenzen für HBV- und HIV-Infektionen bei ca. 0,3 und 0,1 % (Opitz-Welke 2018: 8). In der Bochumer Erklärung werden daher auch konzertierte Maßnahmen gegen Hepatitis C in Haft gefordert. Da das teilweise auch in Haft praktizierte „Needle Sharing" das Risiko einer Ansteckung deutlich erhöht, könnten Infektionsketten durch die Vergabe steriler Konsumutensilien unterbrochen werden (RKI 2016: 4). Die PLUS-Partner*innen und Expert*innen fordern außerdem eine konsequente Umsetzung des Äquivalenzprinzips, die gesundheitliche Gleichbehandlung für Menschen in Haft und Freiheit. Dies bedeutet auch den Zugang zur HCV-Therapie, die gleichzeitig die Chancen auf Resozialisierung nach der Haft verbessert. Doch auch über die gesundheitliche Versorgung hinaus gibt es Hürden, die den Wiederaufbau sozialer Strukturen und die Reintegration in die Gesellschaft nach der Haftentlassung erschweren, beispielsweise die unsichere Wohn- und Arbeitssituation. Viele

3 Verbesserte Handlungsmöglichkeiten für die Praxis

Betroffene sind auf besondere Unterstützung angewiesen. Die PLUS-Initiativen in Hamburg und Kassel begleiten diese Betroffenen und geben ihnen die Chance, wieder am gesellschaftlichen Leben teilzunehmen. Dafür setzen die Verantwortlichen auf eine verstärkte Zusammenarbeit zwischen Akteur*innen innerhalb und außerhalb des Justizvollzugs.

In Hamburg und Kassel gehen die PLUS-Partner*innen gezielt auf (ehemals) Drogenkonsumierende mit Hafterfahrung zu. Erfahrungsberichte aus diesen PLUS-Städten zeigen, wie die bedarfs- gerechte Versorgung konkret funktionieren kann.

Für gesundheitliche Chancengleichheit in Haft und in Freiheit: Plus in Kassel:

Eine HCV Infektion ist in Deutschland bezogen auf die Gesamtbevölkerung eher selten. Wir gehen nach aktuellen Schätzungen von einer Prävalenz von 0,5 % (RKI 2018) aus. Anders stellt sich die Situation im Strafvollzug dar. Auch hier kann man die Zahl der HCV Infizierten nur schätzen, aber selbst konservative Berechnungen gehen von einer Prävalenz von 20,6 % (RKI 2018) der Inhaftierten aus.

Die Gründe für diese hohe Zahl an HCV Infizierten sind vielfältig. Zum einen haben wir es im Strafvollzug in Deutschland sehr häufig mit Menschen zu tun, die eine Suchterkrankung in der Vorgeschichte hatten und in der Mehrzahl auch weiter haben. Zum anderen stellt der Strafvollzug selbst eine Ursache für Suchtverhalten dar. So konnte die „Druckstudie" eine klare Assoziation zwischen der Länge der Haftdauer bzw. der Zahl der Inhaftierungen und dem Risiko eines intravenösen Drogenkonsums nachweisen (RKI 2016; Zimmermann et. al. 2018). Hafterfahrung stellt einen wesentlichen Risikofaktor für eine HCV Infektion dar, wobei das Risiko sowohl mit der Dauer der Gesamthaftzeit als auch mit der Anzahl der Inhaftierungen zunimmt (Zimmermann et. al 2018).

Ursächlich ist hier auch ein Risikoverhalten der Gefangenen im Strafvollzug. 21 % der Drogengebrauchenden in Haft benutzen gemeinsam Spritzen (16,3 % manchmal, 4,6 % immer), 30 % aller Gefangenen lassen sich in Haft tätowieren, 4,7 % der Männer und 13,9 % der Frauen lassen sich in Haft piercen, 4,7 % der Männer und 15,4 % der Frauen teilen sich Rasierklingen (Eckert et al. 2008). Schließlich berichten 3 % der Männer und 6 % der Frauen von ungeschütztem Anal- oder Vaginalverkehr (RKI 2016).

3.3 Übergangsmanagement, Kooperation und Netzwerk

Alle diese Ursachen tragen zur hohen Prävalenz der Hepatitis C unter Strafgefangenen bei.

Wie geht der deutsche Strafvollzug nun mit diesen bekannten Erkenntnissen um? Hier muss zunächst eine Besonderheit in der Gesundheitsversorgung bei Strafgefangenen erklärt werden. Mit dem Haftantritt sind Strafgefangene in Deutschland nicht mehr krankenversichert. Der Anspruch auf Leistungen für Strafgefange ruht, solange Versicherte sich in Untersuchungshaft befinden, nach § 126a StPO einstweilen untergebracht sind oder gegen sie eine Freiheitsstrafe oder freiheitsentziehender Maßregel der Besserung und Sicherung vollzogen wird. Die Versicherten haben als Gefangene Anspruch auf Gesundheitsfürsorge nach dem Strafvollzugsgesetz (StVollzG). Für die medizinische Versorgung sind die jeweiligen Anstaltsärzt*innen zuständig. Die Kosten der Gesundheitsversorgung von Gefangenen werden von der Freien Heilfürsorge übernommen. Die damit entstehenden Kosten muss das jeweilige Bundesland tragen, sie sind dem Etat des Justizministeriums zugeordnet.

Diese Regelung hat zur Konsequenz, dass therapeutische Innovationen, insbesondere dann, wenn sie kostenintensiv sind, nur mühsam in die medizinische Versorgung im Strafvollzug übernommen werden. Dabei ist das Kostenargument vermutlich nicht einmal das entscheidende, eher scheint, wie bei vielen anderen Behörden, eine generelle Zurückhaltung neuen Entwicklungen gegenüber zu bestehen.

Nicht zu vergessen ist auch, dass der medizinische Dienst im Strafvollzug seit Jahren unter Personalnot leidet und die Qualifikation der im Strafvollzug eingesetzten Ärzt*innen durchaus unterschiedlich ist. So wird nicht zwangsläufig eine internistische Ausbildung vorausgesetzt. Man kann nachvollziehen, dass Ärzt*innen im Strafvollzug sich schwer tun eine antivirale Therapie bei den Patient*innen mit einer chronischen Hepatitis C einzuleiten, deren Kosten das medikamentöse Budget der Justizvollzugsanstalten in einer beachtlichen Höhe belasten können.

Hat man sich dann doch dafür entschieden, muss ein Antrag für die Therapie gestellt werden. Dieser wird zwar in der Regel positiv beschieden, aber auf Grund der Umständlichkeit des Verfahrens ist eine Behandlung erschwert. Auch ist die Genehmigungspraxis je nach Bundesland unterschiedlich. So verwundert es nicht, dass trotz der sensationell hohen Behandlungserfolge der antiviralen Therapie seit Jahren die Behandlungsraten bei HCV infizierten Strafgefangenen niedrig sind und erst in letzter Zeit zaghaft anzusteigen scheinen. Von den geschätzt 10000 infizierten Strafgefangenen in Deutschland wurden in 2017 gerade einmal 170 mit modernen antiviral wirkenden Medikamenten behandelt (Stöver et al.2019).

Hinzu kommt, dass nach wie vor die Akzeptanz für eine solch teure Therapie nicht überall vorhanden ist. Besonders im nichtmedizinischen Dienst lässt sich im Einzelgespräch häufig ein Unverständnis für die Therapie einer Erkrankung heraushören, die sich die Betroffenen doch mutwillig selbst zugezogen hätten.

Unter Umständen wird eine Therapieentscheidung mit dem bisher erlebten Verhalten des Strafgefangenen und auch seiner Sozial-Prognose in Verbindung gebracht.

So kann hier eine sicher gut gemeinte Vorselektion der Patient*innen stattfinden, die dem Ziel der Elimination abträglich ist. Der infektionspräventive Ansatz wird dabei vernachlässigt.

Aus infektiologischer Sicht ist es, wie wir im Zusammenhang mit der uns allen bekannten Corona Infektionen erfahren durften, wichtig die Infektionsketten wenn möglich vollständig zu unterbrechen. Bezogen auf die besondere Situation der Hepatitis C Infektion im Strafvollzug bedeutet dies, dass zunächst jeder Neuzugang auf einen positiven Hepatitis C Befund getestet werden müsste. Bis das Ergebnis vorliegt, müsste man die Sozialkontakte der*s Gefangenen begrenzen. Sollte ein positiver Hepatitis C Befund vorliegen, muss ein Therapieangebot unterbreitet werden. Würde dieses ausgeschlagen, müsste während der Haftdauer über eine Einschränkung der Sozialkontakte innerhalb des Vollzugs gesprochen werden. Ob sich eine solche Restriktion umsetzen ließe und ob dies aus humanitärer Sicht akzeptabel wäre, ist zu diskutieren.

Wichtig wäre auch alle Strafgefangenen unmittelbar vor der Entlassung aus dem Vollzug erneut auf eine HCV Infektion zu testen. Hier könnte die Frage interessant sein ob und wie oft eine HCV Infektion während des Haftaufenthaltes auftritt und ob auch bereits erfolgreich Behandelte eine Reinfektion erfahren.

Dies sind natürlich weitreichende Forderungen, die vermutlich so nicht umzusetzen sind. Beginnen könnte man allerdings mit der Testung aller Gefangenen bei Hafteintritt und vor Haftentlassung.

Einige Justizvollzugsanstalten führen diese Eingangstestungen bereits durch, andere testen nur bei „Verdacht" auf eine Hepatitis C Infektion.

Klar ist, wer nicht testet kommt auch nicht in die Verlegenheit behandeln zu müssen und wer nichts über das Ausmaß möglicher Infektionsquellen in Haft weiß, muss sich auch nicht mangelnde Fürsorgepflicht bescheinigen lassen.

3.3 Übergangsmanagement, Kooperation und Netzwerk

Aber gerade dieser Punkt bedarf eine länderübergreifende Regelung. Nur wenn wir exakte Zahlen über Infektionshäufigkeit haben können wir entsprechend präventiv handeln.

Auf Grund der eingangs beschriebenen Kostenproblematik, die sich aus der Kenntnis der Infektionszahl und dem damit bestehenden Behandlungsdruck ergeben würde, scheint das Interesse bei dem Gesetzgeber allerdings gering zu sein, hier schnell Abhilfe zu schaffen. Nur vermehrter öffentlicher Druck kann hier ein Umdenken erzwingen.

Zurzeit ist Deutschland im europäischen Vergleich jedenfalls nicht führend. Sowohl in Schweden und in Großbritannien aber auch in Spanien (Bielen et al. 2018) wird deutlich mehr und konsequenter in Haftanstalten getestet und auch behandelt.

Aber auch in Deutschland hat sich inzwischen bei vielen die Erkenntnis durchgesetzt, dass sich etwas ändern muss. In vielen Justizvollzugsanstalten ist es dem Engagement des dort tätigen medizinischen Personals zu verdanken, dass mehr und mehr Strafgefangene getestet und auch behandelt werden. Daneben haben sich Initiativen gebildet, die die Behandlungssituation der Betroffenen in Haft aber auch nach der Haftentlassung verbessern wollen. Dieses Ziel verfolgt auch die PLUS Gesundheitsinitiative, welches bereits in vielen anderen Zusammenhängen bei der Umsetzung der Elimination der Hepatitis C engagiert ist.

In Kassel, einer Stadt in Nordhessen, in der sich eine der größten hessischen Justizvollzugsanstalten befindet, wird in Zusammenarbeit mit der AIDS-Hilfe, der Drogen Suchthilfe Nordhessen, der Justizvollzugsanstalt und dem Verein Fahrende Ärzte ein Projekt zur Verbesserung des Übergangsmanagement unterstützt.

Die AIDS-Hilfe in Kassel ist wie in anderen Städten auch seit Jahren in der Betreuung HIV Infizierter im Strafvollzug tätig. Dafür hat der Justizvollzug Beratungszeiten festgelegt, die von den Betroffenen regelmäßig zum Informationsaustausch aber auch zur Anbahnung von Behandlungsterminen nach der Haftentlassung genutzt werden.

Im Rahmen des PLUS Projektes wurde das Angebot auf HCV Infizierte erweitert. Hier werden der*m Betroffenen konkrete Termine für die Zeit nach der Haftentlassung bei Fachärzt*innen gemacht, was neben der HCV Therapie auch die Suhstitution miteinschließt.

Während der Beratungstermine geben die Mitarbeiter*innen der AIDS Hilfe an die Betroffenen Informationsmaterial über die Erkrankung, aber auch über mögliche Behandlungsoptionen im ambulanten Bereich aus. Auch wird eine Liste von substituierenden Ärzt*innen weitergegeben. Auf

3 Verbesserte Handlungsmöglichkeiten für die Praxis

Wunsch werden Kontakte zu den Praxen hergestellt und auch konkrete Termine vereinbart.

Ein weiterer Punkt ist das Angebot ein Konto bei einer Bank zu eröffnen. Während des Strafvollzugs bekommen die Strafgefangenen eine Entlohnung für die geleistete Arbeit. Am Tag der Haftentlassung wird dieses als Bargeld, sogenanntes Überbrückungsgeld, der entlassenen Person ausgehändigt.

Besonders bei bestehender Suchterkrankung kommt es dann häufig zum Rückfall noch am Entlassungstag, weil das Bargeld sofort in den Kauf von Drogen investiert wird. Aber auch bei fehlender Suchtproblematik ist es für entlassene Strafgefangene viel sicherer die in der Haft erarbeitete Entlohnung nicht als Bargeld bei sich zu führen. Da Banken in der Regel einer Kontoeröffnung ohne Sicherheiten nicht zustimmen, haben wir im Rahmen des PLUS Projektes mit einer online tätigen Bank eine entsprechende Absprache getroffen, die die Einrichtung eines Kontos noch während der Haftzeit erlaubt. Die erarbeiteten Geldbeträge können somit auf dieses Konto überwiesen werden und sind von Bankautomaten wieder abzurufen.

Ein nicht immer umsetzbares Vorhaben ist auch die Begleitung des Haftentlassenen innerhalb der ersten 12 Stunden nach Entlassung. Diese Maßnahme, die ebenso wie das Bankkonto vor allem die frühe Rückfälligkeit der Suchtkranken verhindern soll, ist natürlich zeit- und personalintensiv. Trotzdem versuchen wir dies im Rahmen des PLUS Projektes zu realisieren

Die fahrenden Ärzte sind eine gemeinnützige Organisation, die von einem Kollegen und mir vor mittlerweile 24 Jahren gegründet wurden. Die Zielsetzung war damals und auch heute das Engagement für Menschen in prekären Lebenssituationen und für Menschen mit Suchterkrankungen. Wir hatten uns zunächst vor allem für Menschen engagieren wollen, die von Wohnungslosigkeit betroffen sind und auf der Straße leben. Das Gesundheitsamt in Kassel bat uns dann auch die Beschaffungsprostitution mit in unser Betreuungsangebot aufzunehmen. Neben einem Fahrzeug, was auch der Namensgeber unseres Vereins ist und mit dem an zwei Tagen der Woche ein Behandlungsangebot für unsere Zielgruppe aufrechterhalten wird, haben wir auch ein stationäres Angebot im Sinne einer Praxis. Hier werden vor allem Menschen mit Migrationshintergrund behandelt. Über das Jahr verteilt werden in allen Betreuungsangeboten mehr als 1000 Menschen betreut, wobei es sich hier natürlich nicht nur um Erstkontakte handelt, sondern häufig auch um Stammpatient*innen.

3.3 Übergangsmanagement, Kooperation und Netzwerk

Außerdem geben wir einmal pro Woche eine kostenfreie warme Mahlzeit aus, allein dieses Angebot nehmen mehr als 40 Menschen in Anspruch. Leider ist uns dieses in der Zeit der Corona Pandemie verboten worden, wir hoffen aber bald das Angebot mit entsprechenden Sicherheitsauflagen wieder aufnehmen zu können.

Die fahrenden Ärzte finanzieren sich nur durch Spendengelder, es gibt keine staatliche Unterstützung, lediglich die im Rahmen der Ambulanztätigkeit ausgegebenen Medikamente werden durch das Gesundheitsamt der Stadt Kassel bezahlt.

In meiner Funktion als konsiliarisch beratender Gastroenterologe für die JVA Kassel besteht seit Jahren ein regelmäßiger und intensiver Kontakt mit dem medizinischen Dienst der Justizvollzugsanstalt. Immer wieder wurden mir in diesem Zusammenhang auch Patient*innen mit einer chronischen Hepatitis C vorgestellt, die zum Teil auch bereits eine fortgeschrittene Leberschädigung, teilweise auch bereits ein hepatozelluläres Karzinom aufwiesen.

Die dann vorgeschlagene Therapie wurde meistens auch konsequent umgesetzt. Allerdings zeigte sich auch hier, dass sehr kostenintensive Maßnahmen mit einer gewissen Zurückhaltung gesehen wurden und deren Realisierung dann einen langen Zeitraum einnahm. Hier war wiederum der aufwendige behördliche Weg ein Hauptproblem, aber auch das Argument der Notwendigkeit wurde ins Feld geführt. So stellte und stellt eine baldige Haftentlassung immer ein Ausschlusskriterium für eine Therapie mit antiviralen Medikamenten dar. Im Strafvollzug besteht oft noch die Vorstellung, dass Patient*innen nach der Haftentlassung eine baldige Therapie der Hepatitis C anstreben. Dies zeigt, dass die Situation nach Haftentlassung zum Teil etwas naiv gesehen wird.

Wir wissen, dass für Haftentlassene alle möglichen Aufgaben zu bewältigen sind und die Behandlung einer Erkrankung, die den Betroffenen zunächst keine Symptomatik bereitet, steht dementsprechend sehr weit hinten in der weiteren Lebensplanung.

Nur wenn dieses Problem bereits während der Haft thematisiert wurde und sinnvoller Weise der Kontakt zu einer behandelnden Praxis hergestellt wird, besteht die Chance, dass die Betroffenen zeitnah eine Behandlung realisieren.

Da viele dieser Patient*innen eine Substitutionstherapie mit Opiaten benötigen, ist es sehr wichtig im Rahmen der Vereinbarung zur weiteren Substitutionsbehandlung auch die geplante Hepatitis C Therapie festzulegen.

3 Verbesserte Handlungsmöglichkeiten für die Praxis

All dieses versuchen wir im Rahmen des PLUS Gesundheitsinitiative umzusetzen. Wir wissen auch, dass der geschützte Raum der Haft für die Durchführung der Therapie die bessere Alternative darstellt. Solange aber hier keine verbindliche länderübergreifende Lösung gefunden ist, wird man sich mit solchen Modellen wie dem PLUS Projekt in Kassel begnügen müssen.

Das Ziel ist die Elimination der Hepatitis C in Deutschland bis 2030. Nur wenn der Strafvollzug hier konsequent die gleichen Vorstellungen vertritt, ist dies zu realisieren.

PLUS in Hamburg: Mehr Chancen für das Übergangsmanagement

Ohne eine frühzeitige und intensive Entlassungsvorbereitung gelingt es vielen Haftentlassenen nicht hinreichend oder nicht rechtzeitig ihre Angelegenheiten sinnvoll und vor allem legal zu regeln. Es zeigt sich, dass der Übergang aus dem Strafvollzug in die Freiheit eine sensible Phase und für ein Gelingen der Reintegration entscheidend ist. Eine enge Zusammenarbeit zwischen Strafvollzug und ambulanten sozialen Diensten ist daher sowohl sinnvoll als auch wichtig. In diesem Zusammenhang ist das so genannte „Übergangsmanagement" zu nennen. Die genaue Ausgestaltung des Übergangsmanagements ist länderspezifisch und durch die ländereigenen Vollzugsgesetze geregelt.

In der Freien und Hansestadt Hamburg gilt seit 01.01.2019 das Resozialisierungs- und Opferschutzgesetz (HmbResOG),[81] das im Abschnitt 2 das integrierte Übergangsmanagement regelt. Die Fachstelle Übergangsmanagement ist aus der früheren Haftentlassungshilfe entstanden und bei den Bezirksämtern angesiedelt. Ihr obliegt die Ausgestaltung und Durchführung des Übergangsmanagements in den Hamburger Vollzugsanstalten. Zum Zweck der Eingliederungsplanung ist die Fachstelle angehalten, mit allen inhaftierten Klient*innen, ab sechs Monate vor der frühestmöglichen Entlassung aus der Haft ein Gespräch zu führen. Für die Inhaftierten ist die Teilnahme jedoch freiwillig. Anschließend kann die Durchführung des Übergangsmanagements an einen freien Träger abgegeben werden. Die Funktion der Steuerung und des Monitorings im Rahmen des Fallmanagements obliegt aber auch dann der Fachstelle (vgl. § 8 HmbResOG). Derzeit führt der freie Träger der Straffälligenhilfe „Integrationshilfen

---

81 HmbResOG Gesetz zur stationären und ambulanten Resozialisierung und zur Opferhilfe (Hamburgisches Resozialisierungs- und Opferhilfegesetz).

3.3 Übergangsmanagement, Kooperation und Netzwerk

e.V." in Kooperation mit „Aktive Suchthilfe e.V." das Übergangsmanagement in den Vollzugsanstalten Hamburg-Fuhlsbüttel und Hamburg-Billwerder zur sozialen und beruflichen Eingliederung Strafgefangener durch. „RAN – Resozialisierung. Arbeit. Nachsorge" ist ein vom Europäischen Sozialfond gefördertes Projekt und arbeitet in enger Kooperation mit der Fachstelle Übergangsmanagement sowie den Haftanstalten. Der Zeitraum des Übergangsmanagements dient der intensiven Unterstützung durch RAN bei der Entlassungsvorbereitung und beginnt ab sechs Monate vor einer Haftentlassung oder Verlegung in den offenen Vollzug, darüber hinaus für weitere sechs Monate im Anschluss. Wesentliche Bestandteile des Projektes sind die Motivation zur Teilnahme an Qualifizierungen während der Haft sowie die Unterstützung der beruflichen Zukunftsplanung im Rahmen einer Ausbildungs-, Weiterbildungs- und Qualifizierungsberatung bis hin zur individuellen Arbeitsvermittlung. Das umfasst auch die intensive Unterstützung bei Bewerbungen, um die Chance auf dem Arbeitsmarkt zu verbessern.

Das Klären und Sichern von Leistungsansprüchen nach der Haft, die Begleitung und Unterstützung bei der Arbeitsaufnahme nach der Entlassung oder Verlegung in den offenen Vollzug sowie Erhaltung und Suche nach Wohnraum gehören ebenfalls zu den Beratungsleistungen. Sofern es der Hilfebedarf erfordert, erfolgt auch die Vermittlung in Suchtberatung oder in Therapieeinrichtungen sowie eine Vermittlung in die Schuldnerberatung. Die Teilnehmenden werden zudem bei jeglichen Behördenangelegenheiten unterstützt und auf Wunsch begleitet, wie etwa bei der Beschaffung von Ausweisdokumenten.

Die Klient*innen, die am Übergangsmanagement teilnehmen, haben größtenteils multiple Schwierigkeiten. Neben einer fehlenden beruflichen Perspektive bestehen oftmals Sucht- oder Missbrauchsproblematiken sowie gesundheitliche Einschränkungen. Insbesondere die gesundheitlichen Belastungen haben Einfluss auf alle anderen Aspekte der Hilfeplanung. Schlechte medizinische Versorgung oder fehlendes Gesundheitsbewusstsein waren häufig auch bereits bei der Inhaftierung vorhanden.

Aufgrund dieser multiplen Hemmnisse und Problemlagen sowie der Inhaftierung als drastischer Einschnitt im Leben, werden gesundheitliche Aspekte von den Klient*innen zunächst nicht als wichtig oder vorrangig angesehen. Sie gelangen erst während der Gespräche im Rahmen des Übergangsmanagements ins Bewusstsein. Eine Sucht, insbesondere eine Substanzabhängigkeit wird dabei noch früher realisiert und bearbeitet als eine Krankheit. Virale Infektionskrankheiten wie HIV oder Hepatitis B und C sind den Klient*innen nur in den seltensten Fällen bekannt. Die Haftan-

3 Verbesserte Handlungsmöglichkeiten für die Praxis

stalten untersuchen nur bei einer Substitution das Blut der Inhaftierten. Eine darüber hinaus festgestellte oder bereits bekannte HIV-Infektion wird über den medizinischen Dienst und die Ambulanzen der Haftanstalten behandelt. Grundsätzlich wird in den Vollzugsanstalten davon ausgegangen, dass eine Ansteckung mit Hepatitis B und C oder HIV in Haft ausgeschlossen ist, da kein Konsum möglich sei. Tatsächlich kann eine Ansteckung innerhalb der Anstalten nicht nachgewiesen werden, da nicht regelhaft bei Zugang oder Entlassung getestet wird.

Bei einer Sucht- oder Missbrauchsproblematik wird eine Anbindung an die externen Suchtberatungen in der JVA angeregt. Die medizinische Versorgung erfolgt über die Ambulanzen der Haftanstalten. Termine bei Fachärzt*innen werden erst dann ermöglicht, wenn diese Leistung nicht über die Ambulanzen oder des Zentralkrankenhauses in Hamburg abgedeckt werden können. Eine freie Wahl der Ärzt*innen gibt es nicht.

Probleme bei der Behandlung und Versorgung von Krankheiten, Suchtmittelabhängigkeiten oder anderen medizinischen Maßnahmen sowie Medikation, treten oftmals erst bei der Haftentlassung in das Bewusstsein der Betroffenen. Insbesondere dann, wenn es um eine erneute Anmeldung bei der Krankenkasse geht. Grundsätzlich sollen Klient*innen mit Beginn der Inhaftierung (in der Regel bereits in der Untersuchungshaft) von der bestehenden Krankenversicherung abgemeldet werden. Mit Eintritt in die Justizvollzugsanstalt greift die Heilfürsorge als Krankenversicherung der Justiz. Zum Entlassungszeitpunkt soll eine Neuanmeldung oder Rückkehr zur Krankenkasse erfolgen. Dabei muss berücksichtigt werden, dass die Entlassungszeitpunkte nicht immer feststehen. Für eine Anmeldung bei einer Krankenkasse kann dies schon ein erstes Problem darstellen. Die Übergangsmanager*innen unterstützen dann kurzfristig, reagieren auf die individuellen Belange und binden die Klient*innen bestmöglich an.

Leistungsträger wie das Jobcenter oder die Bundesagentur für Arbeit fordern einen Versicherungsnachweis oder zumindest eine Bestätigung der Krankenkasse. Auf der anderen Seite fordern Krankenkassen zunächst den Nachweis, dass jemand im Leistungsbezug ist oder bereits Leistungen erhält. Hier sind überforderte Klient*innen dringend auf Hilfe angewiesen. Der Umgang mit Überbrückungsgeld, dessen Anrechenbarkeit auf das Arbeitslosengeld II sowie die Auswirkungen auf die Krankenversicherung ist den meisten Klient*innen nicht geläufig. Diese Information ist wichtig, um der geltenden Krankenversicherungspflicht nachzukommen und keine Beitragsrückstände entstehen zu lassen oder Nachzahlungsforderungen zu vermeiden.

3.3 Übergangsmanagement, Kooperation und Netzwerk

In Hamburg erfolgt die Abmeldung bei der Krankenkasse in der Regel problemlos durch die ersten zuständigen Abteilungsleiter*innen in der Untersuchungshaftanstalt oder Justizvollzugsanstalt. Eine Verzögerung der Neuanmeldung um Tage oder gar Wochen ist keine Seltenheit. Die Konsequenzen können dramatisch sein. Klient*innen, die substituiert werden, bekommen durch die Anstalten bei der Entlassung kein Substitut ausgehändigt. Sie sind auf eine schnelle Anbindung an die Ambulanzen oder Fachärzt*innen angewiesen. Ist dies aufgrund der fehlenden Krankenversicherung nicht möglich, beschaffen sich die Klient*innen die Substitute oder Drogen selbst und fallen zurück in den Konsum bzw. frühere Verhaltensmuster und Strukturen. Auch die Versorgung mit Medikamenten für chronische Erkrankungen ist gefährdet. Es gilt daher eine Unterbrechung oder einen generellen Abbruch der Medikation unbedingt zu vermeiden.

Durch die im Rahmen der PLUS- Gesundheitsinitiative organisierten Treffen, dem sogenannten „Runden Tisch", konnten schon verschiedene, für das Übergangsmanagement sehr wichtige Akteur*innen miteinander ins Gespräch kommen. Vertreter*innen der gesetzlichen Krankenkassen konnten so bereits die Rechtsgrundlage darstellen, auch wenn die Handhabung der verschiedenen Krankenkassen unterschiedlich ist. Allein die Tatsache, dass das PLUS Projekt die Teilnahme unterschiedlichster Träger, Behörden und Institutionen organisiert, stellt einen großen Erfolg dar. Die Absprachen und Kooperationen einzelner Behörden in Hamburg sind jedoch weiter verbesserungswürdig. Eine direktere Vernetzung der Leistungsträger und Krankenkassen wäre hilfreich und könnte eine Kontinuität der Versicherung gewährleisten. Das Risiko eines Rückfalls in die Straffälligkeit und die illegale Beschaffung von Substanzen könnte erheblich gesenkt werden. Um nachhaltig die Anbindungsstrukturen zu klären oder zu vereinfachen, werden auch andere Leistungsträger, wie das Jobcenter, zu den Treffen eingeladen.

Um über Infektionskrankheiten, insbesondere Hepatitis C, zu informieren und Behandlungsmöglichkeiten zu erläutern, wurden die Übergangsmanager*innen von einem Facharzt geschult. Dadurch können gesundheitliche Fragestellungen durch die Klient*innen eingeordnet werden.

Durch die PLUS-Initiative besteht eine gute Vernetzung zum Universitätskrankenhaus Hamburg-Eppendorf (UKE) sowie zum Institut für interdisziplinäre Medizin (ifi). Hinsichtlich der Behandlung von Infektionskrankheiten können Klient*innen so besser nach der Entlassung angebunden werden.

Um eine Substitution nach der Haft weiterzuführen oder anzuregen, können sie zusammen mit dem Übergangsmanagement Kontakt aufnehmen, um auch diese Anbindung zu gewährleisten. Dies kann sich zuweilen schwierig gestalten, da einige substituierende Ärzt*innen und auch die Substitutions-Ambulanzen sehr ausgelastet sind. Ein Scheitern dieser Anbindung nach der Haftentlassung, hat meist erneut die Rückfälligkeit der Klient*innen zur Folge.

Im Rahmen des Übergangsmanagements soll den Klient*innen nachhaltig Eigenständigkeit und Selbsthilfe vermittelt werden. Daher werden sie motiviert, trotz der Inhaftierung so viele Angelegenheiten wie möglich selbst zu regeln. Zur Unterstützung dienen durch das PLUS-Projekt entwickelte Klient*innen-Ordner, durch die Inhaftierte die Möglichkeit haben, Dokumente und wichtige Unterlagen selbst zu verwalten. Diese persönlichen Ringordner enthalten verschiedene Kategorien, wie z.B. berufliche Belange, Behördenpost, Schulden und medizinische Unterlagen. Ziel ist die Vollständigkeit von Unterlagen zur Beantragung von Leistungen zum Zeitpunkt der Entlassung. Für die berufliche Perspektive oder die Anbindung an einen Leistungsträger sollen Bewerbungsunterlagen sowie Haft- und Arbeitsbescheinigungen griffbereit sein. Gleiches gilt für die Schuldnerberatung und insbesondere für die medizinischen Unterlagen. Ein Nachweis über Behandlungen ist ebenso hilfreich wie die Angaben zur Medikation während der Haftzeit und dem Infektionsstatus, z.B. bezüglich HIV und Hepatitis C. Trotz Unterstützung durch das Übergangsmanagement soll die Verwaltung und Organisation dieser Unterlagen möglichst in der Selbstverantwortung der Klient*innen liegen.

Insgesamt zeigen die Erfahrungen aus dem Übergangsmanagement des Projektes RAN, dass ein regelhafter Austausch und die Vernetzung unterschiedlicher Träger und Behörden wichtig und notwendig sind.

Hamburg verfügt über ein umfangreiches Hilfesystem für Haftentlassene und Substanzabhängige. Jedoch muss aus der Sicht eines Helfenden gesagt werden, dass die Vernetzung dringend der Optimierung bedarf. Häufiges Konkurrenzdenken verschiedener Träger geht zu Lasten der Hilfesuchenden.

Bisher finden die Faktoren Gesundheit und Sucht bei der Haftentlassung in Hamburg nicht ausreichend Berücksichtigung und spielen eine eher untergeordnete Rolle bei der Wiedereingliederung von Strafgefangenen. Ein wichtiges Ziel des Plus-Projekts ist es, dies zu ändern, einen nahtlosen Übergang von der Haft in die Freiheit zu ermöglichen sowie die Vernetzung der beteiligten Institutionen weiter voranzutreiben und bürokratische Hürden zu überwinden. Dazu bietet die PLUS-Initiative eine Plattform für unterschiedliche Akteur*innen, auch weiterhin Problematiken direkt anzusprechen und Lösungen zu erarbeiten.

Literaturverzeichnis

Bielen, R./Stumo, S.R./Halford, R. et al. (2018): Harm reduction and viral hepatitis C in European prisons: a cross-sectional survey of 25 countries. In: Harm Reduct J. 2018;15(1): 25. doi:10.1186/s12954-018-0230-1.

Bundesministerium für Gesundheit/Bundesministerium für wirtschaftliche Zusammenarbeit und Entwicklung (2016): Bis 2030 – Strategie zur Eindämmung von HIV, Hepatitis B und C und anderen sexuell übertragbaren Infektionen.

Eckert, J./Weilandt, C. (2008): Infektionskrankheiten unter Gefangenen in Deutschland: Kenntnisse, Einstellungen und Risikoverhalten. Teilergebnisse des Projekts: "Infectious Diseases in German Prisons – Epidemiological and Sociological Surveys among Inmates and Staff". Wissenschaftliches Institut der Ärzte Deutschlands gem. e.V. (WIAD), Bonn.

Meurs, L./Dudareva, S./Diercke, M. et al. (2019): Hepatitis-C-Meldedaten nach IfSG, 2016–2018: Auswirkungen der Änderungen von Falldefinition und Meldepflicht. In: Epid Bull 30: 275–285.

Opitz-Welke, A./Lehmann, M./Seidel, P. et al. (2018): Medicine in the penal system. In: Dtsch Arztebl Int; 115: 808–14.

Poethko-Müller, C./Zimmermann, R./Hamouda, O. et al. (2013): Die Seroepidemiologie der Hepatitis A, B und C in Deutschland: Ergebnisse der Studie zur Gesundheit Erwachsener in Deutschland (DEGS1). In: Bundesgesundheitsblatt – Gesundheitsforschung – Gesundheitsschutz 56(5-6): 707–15.

Robert Koch-Institut (2018): Epidemiologisches Bulletin Nr. 29 19. Juli 2018. Online verfügbar unter: https://www.rki.de/DE/Content/Infekt/EpidBull/Archiv/2018/Ausgaben/29_18.pdf?__blob=publicationFile [Stand 20.12.2020].

Robert Koch-Institut (2016): Abschlussbericht der Studie „Drogen und chronische Infektionskrankheiten in Deutschland" (DRUCK-Studie). doi: 10.17886/rkipubl-2016-007.2.

Robert Koch-Institut (2018): RKI-Ratgeber Hepatitis C. In: Epid Bull 31: 299–307.

Stöver, H./Meroueh, F./Marco, A. et al. (2019): Offering HCV treatment to prisoners is an important opportunity: key principles based on policy and practice assessment in Europe. In: BMC Puplic Health 19(30). https://doi.org/10.1186/s12889-018-6357-x.

World Health Organization (2017): Global Hepatitis Report. Online verfügbar unter: https://apps.who.int/iris/bitstream/handle/10665/255016/9789241565455-eng.pdf;jsessionid=4C6F3B7D8CFCF120BCB0260CA6A45F87?sequence=1 [Stand 20.12.2020].

Zimmermann, R./Meurs, L./Schmidt, D. et al. (2018): Zur Situation bei wichtigen Infektionskrankheiten in Deutschland. Hepatitis C im Jahr 2017. In: Epid Bull 29: 271–281.

Autor*innenverzeichnis

Bäumler, Esther (Mag. iur.) ist Rechtsreferendarin am Landgericht Aachen und war von 2014–2019 wissenschaftliche Mitarbeiterin am Institut für Kriminologie der Universität zu Köln, an dem ihr Forschungsschwerpunkt auf illegalen Substanzen im Strafvollzug lag. In diesem Rahmen promovierte sie zum Drogenkonsum von Jugendstrafgefangenen und führte ein Forschungsprojekt mit Fokus auf Behandlungsmöglichkeiten von erwachsenen Konsumenten in Haft durch. Kontakt: esther.baeumler@gmail.com.

Dehnad, Farschid (Diplom Sozialpädagoge/Sozialarbeiter (FH)) ist Entlassungskoordinator der JVA Hannover im Fachbereich Behandlung, Arbeitsschwerpunkte: Übergangsmanagement, Netzwerk- und Soziale Arbeit. Kontakt: farschid.dehnad@justiz.niedersachsen.de

Guéridon, Marcel (MSc Psychologie) ist wissenschaftlicher Mitarbeiter des Kriminologischen Dienstes im Bildungsinstitut des niedersächsischen Justizvollzuges. Seine Tätigkeits- und Forschungsschwerpunkte liegen in der Evaluationsforschung, der wissenschaftlichen Begleitung der Sozialtherapie in Niedersachsen, dem sozialen Klima im Strafvollzug, der Modellierung vollzuglicher Urteils-und Entscheidungsprozesse sowie methodischen Aspekten der Strafvollzugsforschung. Kontakt: Marcel.Gueridon@justiz.niedersachsen.de

Häßler, Ulrike (Sozial- und Organisationspädagogin M.A.) ist wissenschaftliche Mitarbeiterin des Kriminologischen Dienstes im Bildungsinstitut des niedersächsischen Justizvollzuges. Ihre Themenschwerpunkte sind unter anderem: Suchtmittelabhängigkeit von Inhaftierten und die Digitalisierung des Justizvollzuges[82]. Kontakt: Ulrike.Haessler2@justiz.niedersachsen.de

---

82 Weitere Informationen: https://bildungsinstitut-justizvollzug.niedersachsen.de/wi r_ueber_uns/kriminologischer_dienst/das-team-des-kriminologischen-dienstes-83 437.html.

Autor*innenverzeichnis

Hein, Jan-Gert (Sozialarbeiter B.A.) ist seit 2017 Sozialarbeiter, zunächst im Anerkennungsjahr in der JVA Bielefeld-Brackwede und seit 2018 für die Drogenberatung im Strafvollzug aktiv. Zudem ist er Vorstandsmitglied im Verein zur Förderung der Straffälligenhilfe e.V. Bielefeld.

Jamin, Daniela (Sozialarbeiterin M.A.) ist wissenschaftliche Mitarbeiterin am Institut für Suchtforschung der University of Applied Sciences am Fachbereich 4 „Soziale Arbeit und Gesundheit". Sie war sowohl im Sozialdienst einer JVA, als auch als Übergangsmanagerin im Frauenvollzug tätig. Sie ist Co-Autorin des Ratgebers zur E-Zigarette und war bereits in internationalen Forschungsprojekten, u.a. zu den Themen Haftentlassung von Drogengebrauchenden (My first 48 hours out) und Drogen und öffentliche Sicherheit (DRUSEC), tätig. Kontakt: jamin@fb4.fra-uas.de

Keppler, Dr. Karlheinz war vom 1. August 1991 bis 31.08.2016 als Arzt an der Justizvollzugsanstalt für Frauen in Vechta tätig. Arbeitsschwerpunkte: allgemeinmedizinische und gynäkologische Versorgung der Inhaftierten, Sucht, Drogen, Infektionsprophylaxe, Prävention, Gesundheitsförderung, Hepatitis-Situation im Gefängnis. Vom 1. März 2000 bis 31.12.2016 zudem Tätigkeit in eigener Praxis mit Schwerpunkt Suchtmedizin. Seit dem 31.08.2016 pensioniert. Kontakt: karlheinz.keppler@web.de

Klatt, Dr. Thimna (Dipl.-Psych., M.Sc). war wissenschaftliche Mitarbeiterin und Projektleiterin am Kriminologischen Forschungsinstitut Niedersachsen. Mittlerweile ist sie beim Kriminologischen Dienst des Landes Nordrhein-Westfalen tätig. Ihre Forschungsschwerpunkte sind Straftäter*innenbehandlung, Jugendarrest, Jugenddelinquenz sowie Gewalt und Drogenkonsum im Justizvollzug. Kontakt: Thimna.Klatt@krimd.nrw.de

Knorr, Bärbel (Dipl. Sozialarbeiterin/Sozialpädagogin) arbeitet bei der Deutschen Aidshilfe und ist dort fachliche Leitung für das Themenfeld Strafvollzug. Zudem ist sie Gesundheits- und Sozialökonomin, systemische Therapeutin und Supervisorin. Kontakt: baerbel.knorr@dah.aidshilfe.de

Moog, Dr. Gero ist Vorsitzender des Vereins „fahrende Ärzte„, Facharzt für Gastroenterologie und Innere Medizin und CA des Elisabeth Krankenhauses und des Marienkrankenhauses in Kassel

Neidert, Mark (Dipl. Sozialarbeiter) ist als Sozialarbeiter bei der Drogenberatung Bielefeld tätig mit den Arbeitsschwerpunkten: Substitution und Arbeit mit gefangenen Drogennutzer*innen.

Shah, Bianca (Dipl. Sozialpädagogin) ist Abteilungsleiterin der Anlaufstelle für straffällig gewordene Frauen im Kreisverband AWO Frankfurt e.V. Sie hat Erfahrungen in der Arbeit mit Frauen und Migration. Sie ist Traumafachberaterin, systemische Beraterin und Mediatorin. Im Januar 2021 erschien ein Beitrag von ihr im Sammelband „Handlungsfelder der Sozialen Arbeit. Der berufliche Alltag in Beschreibung aus der Praxis" im Verlag Barbara Budrich GmbH. In ihrer Funktion als Abteilungsleiterin ist sie in der Bundesarbeitsgemeinschaft der Straffälligenhilfe im Fachausschuss Frauen vertreten. Kontakt: bianca.shah@awo-frankfurt.de

Stöver, Prof. Dr. Heino (Sozialwissenschaftler) ist Hochschullehrer an der Frankfurt University of Applied Sciences im Fachbereich Gesundheit und Soziale Arbeit. Er ist Direktor des Instituts für Suchtforschung (ISFF) und seit vielen Jahren im Bereich Forschung im Justizvollzug aktiv. Er ist Mit-Organisator zweier Konferenzserien „Europäische Konferenz zur Gesundheitsförderung in Haft" (seit 2004) und „Gefängnismedizintage" (seit 2013). Kontakt: heino.stoever@fb4.fra-uas.de

Walker, Thomas (Sozialarbeiter/Sozialpädagoge B.A.) ist bei der Aktiven Suchthilfe e.V. Hamburg angestellt und arbeitet seit 2015 als Übergangsmanager in den Hamburger Justizvollzugsanstalten Billwerder und Fuhlsbüttel sowie der Sozialtherapeutischen Anstalt Fuhlsbüttel. Seine Tätigkeit umfasst die psychosoziale Betreuung und Begleitung männlicher Inhaftierter vor und nach ihrer Entlassung.

Weber, Jan (M.Sc. Public Health) ist examinierter Krankenpfleger und studierter Gesundheitswissenschaftler. Derzeit ist er Mitarbeiter des Institutes für Allgemeinmedizin der Medizinischen Hochschule Hannover und mit Fragen der Versorgung schwerkranker und sterbender Patientinnen und Patienten befasst. Von 2015 bis 2020 war er am Kriminologischen Forschungsinstitut Niedersachsen e.V. u.a. an einer Studie zu den Entwicklungsbedarfen und Perspektiven der niedersächsischen Suchtprävention beteiligt. Seine Forschungsschwerpunkte liegen in der Versorgungsforschung sowie Prävention und Gesundheitsförderung. Kontakt: weber.jan@mh-hannover.de